놀이의 대인관계 신경생물학
The Interpersonal Neurobiology of Play

THE INTERPERSONAL NEUROBIOLOGY OF PLAY

by Theresa A. Kestly

Copyright ⓒ 2014 by Theresa A, Kestly

All rights reserved.

놀이의 대인관계 신경생물학

Theresa A. Kestly 저 | 이순행 · 윤진영 · 박랑규 공역

The Interpersonal Neurobiology of Play

학지사

21세기를 흔히 '뇌 과학의 시대'라고 한다. 뇌 과학의 비약적인 발전으로 인해 그동안 블랙박스처럼 처리되던 마음의 비밀과 대인관계의 역동이 하나씩 밝혀지면서 그와 관련된 서적들이 출간되고 있다. 놀이치료사로서 이러한 뇌 과학의 기제들이 대인관계 맥락에서 이루어지는 놀이치료에도 적용되지 않을까 고민하던 차에 발견한 책이 『The Interpersonal Neurobiology of Play: Brain-Building Interventions for Emotional Well-Being』이다.

이 책은 '대인관계 신경생물학' 관점에서 '놀이의 치료적 힘'과 '대인관계의 역동'에 대해 차근히 설명해 주고 있다. 놀이가 왜 중요한가? 상담 과정에서 관계가 왜 중요한가? 놀이치료 과정에서 아동의 마음은 어떻게 변화하는가? 치료적 효과는 어떻게 일어나는가? 너무 기본적인 질문들이고 임상 과정에서 직관적으로 중요성을 느끼는 부분이지만, 그간 많은 사람을 납득시킬 수 있을 만큼 충분히 설명할 수 있는 이론들이 많지 않았다. 이 책은 Panksepp, Porges, Siegel, Schore 등 최신의 신경과학자들의 이론들을 토대로 하여 놀이와 놀이치료, 놀이치료 관계, 놀이치료

역동, 놀이치료 효과에 대해서 설명하고 있다.

놀이치료 현장에서 내담 아동을 만나는 놀이치료사로서, 내담 아동의 부모에게 놀이치료에 대해서 설명해야 하는 부모교육자로서, 대학원생들에게 놀이치료를 가르치는 교육자로서, 그리고 놀이치료의 역동을 연구하는 연구자로서 상당히 큰 도약을 할 수 있게끔 도와주었듯이, 이 책이 임상가들에게 큰 도움이 되기를 희망한다. 이 책을 번역하면서 해당 분야의 서적을 참고하며 번역에 임하였고 단어의 선정에 많은 고심을 하였다. 그러나 생소한 단어 및 개념으로 인해 부족한 부분이 많으리라 생각된다. 오역이나 잘못된 단어 사용에 대해서는 앞으로도 독자들의 많은 조언을 기대한다.

마지막으로, 그동안 노심초사하며 기다려 주셨던 학지사 관계자들께 미안한 마음을 전한다. 또한, 이 책의 번역을 기꺼이 수락해 주신 학지사 김진환 대표님과 부족한 원고를 꼼꼼히 읽고 정리해 주신 편집부 여러분께 깊은 감사를 드린다.

2021년 5월

역자

Kenny와 함께 놀이실로 들어서려고 할 때 Kenny의 어머니가 말했다. "오늘은 선생님과 이야기를 좀 하렴. 이제 그냥 노는 것은 그만하고!" Kenny는 아무런 대답도 하지 않았고, 어머니 역시 어떤 반응을 기대한 것 같지는 않아 보였다. 그 순간 나는 Kenny가 아버지의 부재로 인한 스트레스에 대처하는 데 있어 놀이가 얼마나 중요한지에 대해 말하고 싶은 강한 욕구를 느꼈다. Kenny의 치료 과정에서 놀이는 결정적 요소였다. 그러나 아주 오래전이었고, 아직 뇌의 시대가 오지 않았을 때였다. Kenny가 건강한 발달 경로로 되돌아올 수 있도록 돕는 데 있어 놀이가 최선의 방법이라는 것을 과학적으로 설명하는 것은 쉽지 않은 일이었다. 그 당시 Kenny는 4세였는데, 첫 회기에 내 방에서 엄마와 찰흙을 가지고 놀이를 하면서 나를 "찰흙 아줌마"라고 불렀다. Kenny는 어머니의 꾸짖음에 전혀 개의치 않고 놀이실로 가고 싶어 했다.

Kenny와 놀이를 하면서 나는 Kenny의 어머니가 좌반구 주도적인 언어 중심의 사회에 깊이 뿌리 내린 정서를 드러냈다는 것을 깨달았다. 좌반구의 관점에서 놀이는 너무나 사소한 것으로,

해야 할 중요한 과제나 할 이야기가 없을 때 아이들이 하는 그런 시시한 것에 불과했다. '그냥 노는 것'이라는 말이 나의 귓가를 맴돌았고, 나는 그대로 있을 수 없었다. 이론적으로 그리고 과학적으로 놀이가 왜 중요한지 그 이유를 찾기로 결심했고, 마침내 왜 Kenny가 그토록 놀이하고 싶어 하는지를 Kenny의 어머니가 이해할 수 있도록 설명할 수 있게 되었다. 시간이 지나면서 부모에게 놀이의 중요성에 대해 설명하는 것은 점차 수월해졌다. 그리고 감사하게도 수많은 학문 영역의 연구 결과를 통해 퍼즐의 조각들을 맞출 수 있게 되었다. 특히, 신경과학과 대인관계 신경생물학 분야의 지식과 정보가 급속도로 쏟아져 나왔고, 이제 우리는 왜 놀이에 주목해야 하는지 그 이유를 알게 되었다.

신경과학자인 Jaak Panksepp(Panksepp & Biven, 2012)은 놀이는 '기쁨'이라는 정서를 느낄 수 있게 하는 뇌의 주요 원천이며, 태어날 때 이미 우리의 뇌에 내재해 있는 일곱 가지 동기 체계 중 하나라고 설명했다. 놀이는 그 자체의 신경 회로를 갖고 있으며, 아이들이 타인과 안전하게 연결되어 있다고 느낄 때 놀이의 신경 회로는 자연스럽게 활성화된다.

Panksepp은 놀이는 너무나 중요해서 현명함을 갖춘 문화라면 학령 전 아이들이 자연스럽게 놀이할 수 있는 놀이 안전구역을 만들기 위해 노력해야 한다고 믿고 있었다. Panksepp은 탐색적인 친사회적 놀이는 전두엽의 억제회로 발달에 있어서 매우 중요함을 강조하였다. 이 영역은 아동은 물론 성인이 충동적인 일차 과정 정서적 욕구를 조절하는 기능을 담당한다. Panksepp은 "생의 초기 동안의 충분한 놀이는 아동의 행복하고 공감적인 뇌마음의 발달에 문화적으로 그리고 후성적으로 상당한 도움이 되며, 놀이 경험은 전 생애를 걸쳐 중요하다."고 설명했다(Panksepp & Biven, 2012, p. 387).

놀이는 정말 중요한 것일까? 과연 놀이는 전 생애 동안 영향력을 미칠 수 있을까? 국립놀이연구소(National Institute for Play) 소장인 Stuart Brown, M.D.는 놀이의 영향력은 장기적으로 지속되며, 삶의 모든 단계에서 인간의 잠재력을 발휘할 수 있게 한다고 설명했다. 놀이를 연구하는 많은 학자는 아동의 신경생물학적 발달에 있어 놀이가 필수적이라는 데 동의한다. 더 나아가 Stuart Brown(Brown & Vaughn, 2009)은 과학적 연구와 임상 관찰을 근거로 아동에게 있어서 놀이는 성인의 안녕감(well-being)과 동일한 정도의 중요성을 갖는다고 제안했다. 이와 유사하게 Vaillant(2002)는 하버드 의과대학에서 수행된 성인 발달에 대한 연구에 근거하여 놀이성(playfulness)과 창조성(creativity)은 은퇴 이후의 안녕감과 행복감을 결정짓는 중요 요인 중 하나라고 결론지었다. 놀이성과 창조성 간에는 중복되는 요소가 많으며, 하버드 연구에 의하면 이 두 특성은 은퇴 이후의 생애를 슬픔과 질병으로 보내는지 아니면 행복과 건강함으로 마무리하는지를 결정하는 주요 기준이 되는 것으로 나타났다. 이 전향적인 종단연구에 따르면, 놀이할 수 있는 능력은 전 생애에 걸쳐 한 개인의 정서적 안녕감은 물론 신체적 건강에 영향을 미치게 된다(전향적 연구는 앞으로 발생하게 되는 사건을 기록하고, 반대로 후향적 연구는 기억에 근거하여 과거에 발생했던 사건을 기록하는 방식으로 이루어진다.).

연구참여자들이 은퇴 기간을 얼마나 행복하게 보내는지 예측하는 데 있어 삶의 방식, 특히 놀이를 즐기는 것은 유전적 요인이나 경제적인 부, 인종, 그리고 다른 요인들에 비해 훨씬 중요한 영향력을 갖는 것으로 밝혀졌다. 우리의 뇌는 놀이를 통해 많은 혜택을 얻게끔 진화해 왔으며, 놀이가 미치는 영향력에 있어 개인의 연령은 그다지 중요하지 않다. 놀이는 건강한 노화 과정의 핵심 요인이며 동시에 아동이 전두엽 조절기능 및 공감 기능을 발달시키는 데 직접적인 영향을 미친다. 신경과학 분야의 연구는 우리가 왜 그리고 어떻게 놀이 회로를 갖게 되었는지를 진지하게 고찰해 보아야 할 근거를 마련해 주고 있다. Panksepp의 실험연구를 통해 우리가 유전적으로 타고나는 동기 체계 중 하나인 놀이 회로에서 과연 무슨 일이 일어나는지 자세히 살펴보고자 한다.

그냥 노는 것?

만약 Kenny가 그냥 놀지만 말고 이야기를 하라는 어머니의 지시를 따랐다면, 아마도 Kenny는 놀이실에서 장난감과 미술재료에 몰두하지 못했을 것이다. 물론 나는 어머니의 심정을 충분히 이해하고 있었다. 당시 Kenny의 어머니는 이혼한 지 얼마 지나지 않았고, 반드시 대학을 졸업하여 가족을 부양해야만 하는 상황이었다. Kenny의 어머니는 치료비용을 부담스러워했지만 동시에 Kenny가 부모의 이혼으로 인해 겪게 된 분노와 슬픔을 극복하고 행복하게 지낼 수 있기를 진심으로 원하고 있었다. Kenny의 뇌에서 벌어지고 있는 일들을 면밀히 탐색한 결과, Kenny는 아버지와의 연결이 손상되면서 공포와 분노, 분리불안, 안전감의 결핍을 경험하게 되었으며 이로 인해 일탈된 행동을 보이게 되었다는 것을 이해할 수 있었다. 우리가 안전한 놀이실에서 관계성을 복구하고 놀이 회로를 다시 살려낼 수 있다면, Kenny가 이러한 감정을 충분히 표현하고 어머니와의 관계를 회복시킬 수 있는 방법을 찾게 될 것이라고 가정했다. 많은 동물 연구와 인간 대상 연구들은 아동이 놀이를 통해 자기 조절을 발달시킨다는 것을 보여 주고 있다. 또한, 자기 조절과 학업 성취 간에 유의미한 관련성이 있다는 연구 결과는 Kenny의 어머니와 같은 많은 부모에게 충분한 치료 이유로 작용할 수 있다. 그 당시 '왜' 놀이치료를 해야만 했는지 분명히 설명할 수는 없었지만, Kenny는 점차 좋아졌고 어머니는 만족스러워했다. 이는 '그냥 놀이를 한 것'의 결과였다. 한편, Kenny의 어머니가 직접 표현하지 않았을 뿐 내가 무언가 '말을 함으로써' Kenny에게 마법 같은 일이 벌어진 것이라고 생각한 것은 아니었는지 궁금하기도 했다.

진짜 마법은 어머니가 Kenny에게 '그냥 놀지 말라고' 꾸짖은 것에서 찾아볼 수 있다. Kenny 어머니의 꾸짖음에는 당시 우리 사회에 만연해 있던 놀이의 중요성을 무시하는 태도가 그대로 반영되어 있었지만, 다른 한편으로는 놀이의 핵심 특성이 내포되어 있기도 했다. 그것은 바로 우리가 다루기 어려운 문제에 봉착하여 힘겨워지는 그 순간 놀이가 그 힘을 발휘하게 된다는 것이다. 놀이는 우리를 성장으로 이끈다. 우리는 안전하고 지지적인 대인관계 환경 속에서 발생하는 놀이를 통해 주어진 현실로부터 일시적으로 벗어날 수 있고, 이는 우리가 처한 삶의 상황을 새로운 시각에서 바라볼 수 있는 기회가 된다. 타인의 존재와 함께하는 놀이를 통해 몸과 몸이 만나고 정서적 지지를 받으면서 우리의 관심 밖에 있었던 것들, 즉 정서, 신체적 느낌, 행동 패턴, 지각의 형태로 우반구에 저장되어 있던 이슈들이 표면으로 떠오르게 된다. 그리고 거기에서 우리는 그 이슈들을 직접적으로 충분히 경험하면서 동시에 다른 형태로 즐겁게 배열 그리고 재배열할 수 있게 된다. 고통스러운 이슈에 대처해 나가기 위해서는 안전과 용기가 필요하며, 이는 따뜻한 돌봄을 제공하는 타인과의 놀이를 통해 경험할 수 있다. 놀이라는 상징적 언어를 통해 고통스러운 이슈를 다른 방식으로 경험할 수 있게 하는 것이 바로 '그냥 노는 것'이다. 관계 안에서 놀이하기는 대부분의 경우 자동적으로 안전을 만들어 내고 안전은 치료적 변화 혹은 어떤 형태든 장기적으로 지속되는 학습이 발생하게 하는 데 첫 번째 필요조건이 된다. Fred Rogers가 언급한 대로, "중요한 무언가에 집중하고 있을 때 그런 것처럼, 우리는 놀이를 통해 안전한 거리를 가질 수 있다"(1994, p. 59).

지난 10년 동안 정신건강 분야에 큰 변화의 바람이 불었고, 이제 임상적 개입을 계획하는 데 있어 신경과학의 관점이 포함되기 시작했다. 그러나 많은 놀이치료사에게 있어서 새롭게 발견된 지식과 연구 결과를 놀이치료의 맥락에 적용하는 것은 쉽지 않은 일이었다. 이는 놀이의 중요성에 대한 왜곡된 시선에서 그 원인을 찾을 수 있다. 수많은 연구 결과에도 불구하고 학교에서의 놀이를 정당화하는 것은 여전히 불가능한 일이었다. 그 이유는 그 무엇보다도 학업적 성취가 우선시되고 강요되어 왔던 전반적인 사회문화적 분위기 때문이며, 이제는 심지어 운동장이나 휴식 시간 그리고 시험을 잘 보기 위해 배워야 하는 것이 아니라면 그 어떤 것이든 학교에서 사라지기 시작했다. 학교를 졸업하는 시점에 성공의 기준은 바로 시험을 통과하는 것이 되어 버렸다. 지난 20년 동안 신경과학 분야가 급성장하면서 많은 정보와 지식이 쏟아져 나왔지만 여전히 놀이 회로는 충분히 주목받지 못했다. 놀이 회로가 어떤 과정과 기제를 통해 진정한 치료적 변화와 장기간 지속될 수 있는 학습 동기를 만들어 내고, 또한 아동으로 하여금 배운 것에 온전히 몰두하게 만드는 신경 회로를 발달시키는 데 기여할 수 있는지에 관심을 기울이는 사람은 많지 않았다.

이제 우리의 과학적 지식은 상당한 수준에 도달하였다. 교육과 치유의 목적으로, 그리고 가정 안에서 타고난 뇌의 신경 회로와 협력하기를 원하는 사람들에게 놀이 경험의 신경생물학에 대해 언어로 설명할 수 있을 정도의 단계로 접어들었다. 부모와 교사, 임상가를 대상으로 놀이를 통해 고통스러운 경험으로부터의 치유가 어떻게 가능할 수 있는지 그리고 놀이가 자기 조절과 공감능력의 발달에 어떻게 기여할 수 있는지 이해시킬 수 있다면, 놀기 좋아하는 뇌(playful brain)와 협력하고자 하는 우리의 시도는 많은 사람들에게 반가운 위안으로 다가설 수 있을 것이다. 더불어, 관계 속에서 공유되는 기쁨은 사회적 유대를 강화시킨다. 우리들의 뇌가 함께 연결되어 온전한 사회적 관계가 형성되었을 때, 비로소 놀기 좋아하는 뇌와의 협력은 그 영향력을 발휘할 수 있다.

이 책을 통해 Kenny의 어머니와 같은 부모는 물론 동료 치료사나 교사, 심지어 어린 아동과 함께 놀이의 중요성에 대해 이야기를 나눌 때 도움이 될 수 있는 정보를 공유하고자 한다. 나는 그동안 보다 간단하면서도 명쾌한, 그리고 과학에 근거한 설명 방법을 모색해 왔다. 또한 놀이를 정당화시키기 위해서 신경과학을 적용한 최적의 근거 기반 놀이치료를 실시하기 위해 노력해 왔다. 더불어, 전직 교사로서 학교 상담사들이 놀이의 활용을 정당화하는 데 있어 맞닥뜨리는 고충에 대해 깊이 공감하고 있었다.

최근, 한 학교 상담사로부터 흥미로운 이야기를 전해 들었다. 내 담자였던 3학년 남아는 손인형 놀이를 통해 부모의 빈번한 타임아웃 명령으로 인해 침실에서 홀로 시간을 보내면서 느꼈던 외로움과 고립감을 표현했다. 그러나 아동이 상담사의 사무실에서 놀고 있는 것을 목격한 담임교사는 학교에서 아동이 노는 것을 허용했다는 이유로 상담사를 책망했다. 담임교사의 비난으로 인해 상담사는 아동으로 하여금 손인형 놀이 대신 일기를 쓰게 했다. 불행히도 아동의 경험적 이야기는 더 이상 출현하지 않게 되었으며, 개입을 할 수 있는 기회마저 사라졌다. 상담사는 아동에게 진정 필요한 것이 무엇인지 알고 있었지만, 교사에게 '왜' 손인형 놀이를 해야 하는지 그 이유를 설명할 수 없었다. 이 아동에게 있어 손인형 놀이는 우반구와 관련된 대인관계적으로 연결된 활동이었다. 이 놀이를 통해 아동은 상담사에게 공부에 집중하는 것을 방해하고 있는 자신의 문제를 보여 줄 수 있었다. 그러나 이 문제를 언어적으로 기술하는 것은 불가능했다. 그 이유는 아동이 수치심을 경험했기 때문이며, 또한 좌반구의 언어는 아동이 느꼈던 불편감과 연결되어 있지 않았기 때문이다. 직관적으로 상담사는 아동의 마음이 움직이는 바로 그 방식과 협력하고 있었지만, 담임교사에게 대인관계 신경생물학을 설명할 수 있는 이론적 틀을 갖고 있지 않았다.

이 책을 통해 대인관계 신경생물학에 기반하여 아동과 동료 그리고 우리 자신의 놀기 좋아하는 뇌와 협력하는 것이 기쁨으로 충만하며 통합된 삶을 살아가게 하는 데 어떻게 기여할 수 있는지 함께 나누고자 한다. 이 책은 세 부분으로 구성된다. 제1부에서는 발달하는 뇌와 마음의 신경생물학의 관점에서 놀이에 대한 기본적인 이론적 개념을 설명한다. 제2부에서는 마음 안의 뇌를 기본 전제로 놀이와 관련된 다양한 주제를 탐색한다. 제2부는 놀이의 힘이 발휘되는 데 있어 결정적 요소로 작용하는 따뜻한 관계가 존재하는 치료적 놀이실에 대한 설명으로 시작한다. 그 다음으로 대인관계 신경생물학의 관점에서 관계적 놀이가 무엇을 의미하는지, 그리고 관계적 놀이가 아동의 조절 회로 및 공감 회로 발달에 어떻게 기여할 수 있는지 살펴본다. 더불어, 통합의 주요 도구가 되는 스토리텔링 놀이와 관계성의 기본 토대가 되는 마음챙김에 대해서도 함께 알아보고자 한다. 제3부에서는 우리의 가정, 임상 현장, 그리고 학교에서의 놀이의 현재 위상에 대해 고찰해 보고자 한다. 놀이는 점차 사라져 가고 그 중요성은 축소되고 있는 현시점에서 다양한 질문을 제기한다. 우리는 어떻게 놀이의 위상을 되찾을 수 있을 것인가? 놀이가 전 생애를 거쳐 우리의 삶에 중요하다는 것을 과학적 관점에서 어떻게 설명할 수 있을 것인가? 놀이를 우리의 삶과 관계 속으로 다시 한 번 소환하기 위해 우리는 무엇을 할 수 있는가?

이 책은 대인관계 신경생물학(Badenoch, 2008; Schore, 2009; Siegel, 1999, 2007, 2010, 2012)을 기본 이론으로 구성되었다. 더불어, 놀이를 통한 개입을 이해하고 실시하는 데 있어 조율, 신경통합, 건강한 애착의 영향력은 물론 안녕감과 회복력 발달의 관점이 갖는 중요성을 강조한다. 이러한 관점은 정신건강 분야에서의 최신 흐름을 반영한다. 이제 임상가들은 결함의 관점과 처방 중심의 의학적 모델에서 벗어나 서로에게 애착을 형성하고자 하는 모든 인간의 타고난 경향성과 협력할 수 있는 방안을 모색하는 것에 집중하기 시작했다. 뇌는 본래 통합을 향해 나아가고자 하는 방향성을 가지며, 따라서 뇌와의 협력을 통해 관계적 가치와 의미로 충만한 삶을 이루어 나갈 수 있게 하는 조화로운 '춤'이 가능해질 수 있다. 애착은 이 모든 과정을 지원하는 역할을 한다. 또한 관계적 놀이가 신경통합을 촉진하는 과정과 기제에 대한 이해를 돕기 위해 다양한 임상 사례를 제시하였다. 각각의 사례들은 내담자들의 비밀을 보호하면서 동시에 진실성을 유지하기 위해 여러 임상적 사례들의 부분적인 자료를 조합하여 구성하였다.

놀이에 대한 탐색은 6세 여아인 Alice의 이야기에서 시작된다. Alice는 손인형 놀이를 통해 3세 즈음에 경험했던 치과 수술과 관련된 트라우마를 보여 주었다. Alice의 강렬한 놀이를 통해 전체성과 통합을 향해 나아가고자 하는 마음의 강한 힘을 깊이 깨달을 수 있었다.

역자 서문 5
저자 서문 7

제1부 놀이의 개념

제1장

놀이에서 안전한 환경과 관계 형성하기 23

부모와 교사에게 놀이를 설명하기 28
놀이의 수수께끼 29
뇌와 신경계 내의 놀이 회로 35

제2장

생의 초기 경험 49

부모-영아 놀이: 비언어적 의사소통의 원형 51
신경계에서의 놀이 53
왜 미시 분석인가 57
Panksepp의 놀이 회로와 Porges의 안전 감지 신경지 58
핵심 정서를 약화시키거나 강화시키는 신경계 65

제3장

왜 Bobby는
예의 바르게 행동할 수 없을까 77

발달하는 뇌의 층 83
마음의 놀이터로서의 대뇌피질 96

제4장

복잡성 이론과 신경 통합이
정신건강에 미치는 영향 105

복잡한 인생과 복잡성 이론 106
놀이 시 복잡해진 인생 114
통합의 경로 118

제5장

아이의 일부가 되기 131

놀기, 탐색하기, 유대감 형성하기 139
놀이: 애착의 중요한 구성 요소 142
정신 모델과 암묵기억 146
기억하는 법 149
놀이하는 어머니 160

제2부 마음의 뇌와 놀이하기

제6장

놀이: 이론에서 실제로 167

제7장

심리적 안전구역으로서의 놀이 171

자유, 보호 그리고 안전구역 173
놀이로의 초대 175

제8장

함께 놀이하기: 협력적 관계 191

놀이의 다면성 197
신체 놀이와 후성설 200

제9장

스토리텔링 놀이 205

Jack의 성공-어떻게 가능했는가 209
보석과 함께 떠나는 Jack의 여행 219

제10장

스토리텔링 놀이의
대인관계 신경생물학 231

내러티브의 신경생물학 242
신경 변화의 과학 250

제11장

마음챙김 놀이 261

제3부 부모, 교사, 동료와 협력하기

제12장

과거의 놀이에서 다시 시작하기 275

진지한 레고 놀이라고? 280
가족 레고 놀이 286
놀이에 대한 관점의 변화 288
놀이를 평가절하하는 좌반구와 대화하는 법 290
다시 시작하기 302
물감으로 놀이하기 307

부록 311
참고문헌 327
찾아보기 337

제1부

놀이의
개념

제1장

놀이에서
안전한 환경과 관계 형성하기

Alice는 놀이실에 도착하자마자 늑대와 돌고래 인형을 나에게 건네주었다. 아이는 놀이 선반에서 병원놀이 세트를 꺼내며 그것으로 놀이하기를 바라는 것 같았다. 나는 아이의 눈빛을 보며 오늘 우리가 해야 할 일이 무엇인지를 알 수 있었다. 우리가 이 특별한 인형을 가지고 논 것이 이번이 처음은 아니다. 하지만 아이가 병원놀이 세트에 관심을 보인 것은 이번이 처음이었다. 나는 늑대인형을 왼손에, 돌고래 인형을 오른쪽 손에 집어 들었다. Alice는 즉시 병원놀이의 의료기구들을 늑대의 입에 가득 채워 넣기 시작했다. 그리고 아이는 인형의 턱을 벨크로 스크랩으로 세게 묶어서 꼭 닫아 버렸다. 'Wolfie'라고 이름 붙인 늑대를 보면서 나는 그녀가 얼마나 압도되고 무기력했었는지 쉽게 상상할 수 있었다. 나는 'Dory'라고 이름 붙인 돌고래 인형을 Wolfie 얼굴 가까이로 데리고 가서 이렇게 말했다. "Wolfie야, 입안이 너무 많은 것으로 꽉 차 있어서 말을 할 수 없구나!" 이에 Wolfie는 슬프게 흐느껴 울며 살짝 고개를 끄덕였다. Dory는 Wolfie에게 "내가 도와줄 수 있어."라고 말했다. Wolfie는 큰 소리를 내며 날뛰기 시작했다. Alice는 웃음을 지어 보였다. Dory는 Wolfie를 진정시키기 위해 그가 느끼는 감정에 공감하려고 노력했다. 이를 보고 Alice는 큰 소리로 웃으며 "그거 다시 해 봐요!"라고 나에게 말했다. 나는 아이의 요청대로 Wolfie의 분노와 고통을 표현하기 위해 다양한 소리를 내면서 날뛰는 장면을 좀 더 극적으로 보여 주었다.

Dory가 다가와서 "너 정말 화가 많이 났구나!"라고 Wolfie에게 말하였는데, 그동안 잠시 Wolfie의 행동을 멈추었다. Alice는 흥분이 고조된 상태에서 내게 그 장면을 다시 해 보라고 명령했다.

이번에는 Wolfie가 자신의 고통에 항의하듯 소리를 크게 지르며 원을 그리며 뛰어다니다가 옆으로 쓰러지는 장면을 연출했다. Dory가 Wolfie에게 다가와서, "여기, 내가 도와줄게."라고 말했다. Dory는 Wolfie의 턱에 묶여 있는 벨크로 스크랩을 풀었다. 그러자 Wolfie는 입안 가득 있던 의료기구들을 마구 뱉어 냈다. Wolfie는 가쁜 숨을 내쉬다가 Dory에게 몸을 돌리고는 "고마워, Dory, 고마워."라고 속삭였다.

이 인형극이 진행되는 동안 Alice는 내가 정말 놀이를 하고 있는지 확인하기 위해 수시로 나를 쳐다보았다. 아이는 다시 미소를 지으며 입에 지퍼가 달린 악어 인형을 오른손에 쥐고 왼손으로는 그 지퍼를 열었다 닫았다를 몇 차례 반복했다. Alice가 또다시 나를 쳐다보았다. 이에 Dory는 Wolfie에게 다음과 같이 말하였다. "Wolfie, 봐봐, 우리에게 새로운 친구가 생긴 것 같아." 그리고 Dory는 악어에게 "안녕, 네 이름은 뭐야?"라고 말을 건넸다.

몇 달 전, Alice의 부모는 자녀의 학습 문제를 걱정하며 놀이치료를 의뢰하기 위해 내원하였다. Alice는 여섯 살이었고 학교에서 말하는 것을 거부하였다. 놀이치료 초기 두 회기 동안 아이는 어머니에게는 몇 마디 말을 건넸지만, 나에게는 그렇지 않았다. 아이는 나와 눈이 마주치는 것을 피했고 가능하면 어머니 가까이 붙어 있으려고 했다.

내가 Alice에게 처음 말을 건넸을 때, 아이의 몸은 경직되어 있었고 얼굴도 굳어져 있었다. 나는 온화한 태도로 천천히 다가가는 것이 중요하는 것을 느낄 수 있었다. 다행히 Alice는 놀이실에 오는 것을 진심으로 좋아했다. 아이는 나와 함께 있을 때 편안함을 느끼고 있다는 믿음이 생겼다. 왜냐하면 나와 함께 있을 때 아이 몸의 긴장이 풀리고 상호작용을 할 수 있었기 때문이다. 아이는 엄마가 놀이실에 없더라도 자유롭게 놀이 공간을 활보하기 시작했다. 3회기에는 간단한 문장으로 내게 말을 걸었으며 몇 차례 눈맞춤도 가능했다.

치료 초기에 Alice는 놀이실의 놀잇감들을 꼼꼼히 살펴보았다. 아이는 처음에 모래상자에 매료되어 수많은 장면들을 놀이로 표현했다. 아이가 트라우마를 경험한 것처럼 보인다는 나의 초기 인상과 일치하는 장면이었다. 그리고 나서 아이는 점토와 미술

재료들을 탐색했다. 아이는 손인형을 발견하고는 어떻게 가지고 놀아야 하는지 난감해하는 것 같았다. 나는 '서로에 대해 호기심을 가진 손인형'이라는 아이디어를 조심스럽게 제안했다. 이맘때쯤 Alice는 놀이실에서 이전보다 말을 더 많이 하고 있었기에 (학교에서는 여전히 말을 하지 않았지만), 손인형을 통해 말하게 하는 아이디어는 아이의 호기심을 끌 수 있는 것처럼 보였다. 이제 늑대, 돌고래, 지퍼 달린 악어와 함께하는 손인형 놀이는 아이가 자신의 이야기를 할 수 있는 목소리가 되어 주었다.

Alice의 발달력에 대해 듣기 위해 부모님을 처음 만나 면담했을 때, 나는 의학적 중재를 포함한 몇 가지 질문을 했다. 예를 들어, 아이가 응급실에 가 본 적이 있나요? 외과적 의료 처치를 받은 기록이 있나요? 부모님은 아이가 세 돌 때 치과수술을 받았다고 말했다. 나는 부모님에게 아이의 반응이 어떠했는지 물었다. 아버지는 Alice가 치과에 가는 것을 좋아하지 않았지만(지금도 여전히 좋아하지 않음) 수술 결과는 성공적이었다고 보고했다. Alice는 수술 받을 때 마취를 했었기 때문에 그렇게 크게 영향을 받지는 않았을 것이라고 보고했다.

그러나 Alice의 손인형 놀이는 아버지의 보고와는 전혀 다른 이야기를 보여 주었다. 이후 아버지와 전화 면담을 하면서, 치과수술에 대해 좀 더 상세히 물어보았다. 아버지 보고에 따르면, 아동전문치과에 Alice를 데리고 갔는데, 그 의사의 무뚝뚝한 치료적 태도에 놀랐다고 한다. Alice가 치과의사에게 완전히 겁을 먹은 상태여서, Alice의 어머니는 아이의 검사 진행을 위해 아이를 치과 의자에 붙잡고 있어야 했다. 또한 수술실의 내부적인 문제 때문에 수술이 예상보다 오래 걸렸고, 그 시간 동안 Alice가 마취에서 깨어났을 수 있으며, 세 살밖에 안 된 어린아이가 보호자가 없는 환경에서 느꼈을 두려움과 고통을 생각하니 매우 걱정이 되었다고 아버지는 보고하였다.

수술에 대한 자세한 설명을 듣고 나서 나는 선택적 함묵증[1]을 동반한 외상후 스트레스장애(Posttraumatic stress disorder: PTSD)[2]라는 진단을 확신할 수 있었다. 또한 생후 10개월에 입양되었다는 과거력을 들으니, Alice의 손인형 놀이가 더욱 이해가 되었다. 앞서 Alice는 자신의 놀이가 치과수술이라고 직접적으로 언급하지는 않았다. 손인형 놀이를 하는 동안, 아이는 내게 지시 이외에 다른 어떤 말도 하지 않았다(입안 가득 의료기구로 채워져 있는 상태에서 스트랩으로 입이 꽁꽁 묶인 늑대가 날뛰다가 잠시 멈추었을 때, 아이가 "다시 해 봐요."라고 지시하였다.). Alice는 세 살 때 겪었던 고통스럽고 압도적인 트라우마를 보여 주는 것 같았다. 수술 자체만으로도 충분히 트라우마를 유발할 수 있지만, Alice의 트라우마를 더욱 악화시킨 것은 수술실에서 아이가 겪었을 '유기' 경험이다. 더욱이 유대 관계를 거의 맺지 않는 냉정한 치과의사의 존재는 아이의 경험을 더욱 악화시켰을 것으로 보인다.

---

1) 선택적 함묵증(Selective mutism): 정상적으로 말할 수 있는 능력을 지니고 있음에도 불구하고 특정 상황 혹은 특정 사람에게 말을 할 수 없거나 말을 하지 않으려는 일종의 정신질환을 말한다.
2) 외상후 스트레스장애(Post traumatic stress disorder): 심각한 불안장애의 일종으로, 심리적 외상이라고 할 수 있는 사건에 노출된 후 발병한다.

어떻게 Alice는 손인형을 통해 이 트라우마를 내게 보여 줄 수 있었을까? 아이는 재외상경험 없이 이러한 장면을 어떻게 재연할 수 있었을까? 아이는 왜 내가 함께 있는 놀이실에서 이 장면을 연출할 필요를 느꼈을까? 가장 중요한 질문은 이 놀이가 아이의 불안을 감소시켰을까? 또한 이 놀이가 학교에서 말을 하는 데 도움을 주었을까? 그리고 Alice의 부모와 교사가 아이의 놀이를 이해할 수 있도록 어떻게 도움을 줄 수 있을까?

부모와 교사에게 놀이를 설명하기

대부분의 부모들은 자녀가 잘 성장하도록 돕기 위하여 자신이 할 수 있는 모든 것을 하려 한다. 그러나 놀이가 자녀의 건강한 성장에 필수적인 요소라는 것을 부모들에게 이해시키는 것은 늘 쉬운 일은 아니다. 부모들이 자녀를 치료실에 데리고 오면 그들의 시간과 재정적 자원의 효과를 극대화하도록 돕기 위하여 나는 첫 면담 시 신경과학적 관점에서 놀이에 대한 이해를 돕는다. 나는 놀이가 신경계에서 어떻게 작용하는지 설명하기 위해 시각 자료를 사용한다. 이러한 자료는 교사들에게도 유용하여 놀이가 어떻게 사회적 기술과 자기 조절 능력을 발달시켜 학습 능력을 향상시키는지 이해시키는 데에도 도움을 준다. 놀이(또는 놀이 경험의 부족)가 어떻게 신경계 발달에 영향을 미치는지 설명하면, 그들은 금세 자신의 감정과 행동을 알아차린다. 그들은 아이들뿐 아니라 자신에 대해서도 깨달음을 얻곤 한다. 교사들은 수업에 놀이를 통합시켜 학업 수행을 향상시키고 강화할 수 있는 방안을 찾기 시작한다. 다음 절에서 놀이와 특별한 관련성이 있는 신경생물학적 개념들을 몇 가지 살펴보고자 한다(〈부록〉에 있는 교육자료를 복사해서 사용할 수 있다.).

과학 분야에서 놀이에 대해 직접 언급한 두 명의 신경과자의 연구부터 시작하고자 한다. 먼저, 정서 신경과학자 Jaak Panksepp (1998, 2005, 2007, 2009; Panksepp & Blven, 2012)의 동물실험 연구부터 시작하여, Stephen Porges(2011; Porges & Carter, 2010)의 다미주 신경 이론(polyvagal theory)으로 넘어가 살펴보고자 한다.

그리고 두 신경과학자의 놀이 개념을 활용하여 놀이의 필요성을 어떻게 납득시키는지 기술하겠다. 두 연구자가 주장하는 것을 살펴보면, 우리 사회(학교 교실이나 놀이치료실, 아동 가정)에서 근본적으로 놀이가 어떻게 이루어져야 하는지에 대한 도움을 받을 수 있다.

놀이의 수수께끼

놀이를 정의 내리는 것은 쉬운 일이 아니다. 이 분야의 학자들은 놀이가 무엇인지에 대해 여러 의견을 제시해 왔지만 정확하게 정의 내릴 수 없었다. 조작적 정의의 어려움은 연구를 위한 관찰과 측정을 어렵게 하기에 많은 신경과학자들은 놀이 연구에 그다지 관심을 기울이지 못했다. 또한 놀이는 우리에게 좀 더 익숙한 신피질(인지 영역)과 관련되기보다도 좀 더 깊숙한 뇌 과정에 뿌리를 두고 있기에 개념적 접근으로 그 과정을 포착하고 수량화하는 것이 쉽지 않다.

이러한 어려움에도 불구하고, 신경과학자인 Jaak Panksepp은 놀이가 매우 중요하다고 믿으며, 자신의 학문적인 삶을 이 분야에 헌신하였다. 실험 연구를 통해 그는 놀이와 관련된 특정한 뇌 회로와 여섯 개의 정서 체계(동기 체계 또는 감정 체계라고 부르기도 함)를 발견하였다. 즉, **탐색하기**(SEEKING), **분노**(RAGE), **성욕**(LUST, 이는 사춘기를 기점으로 나타남), **두려움**(FEAR), **공포/슬픔/분리불안** (PANIC, GRIEF, Separation Distress), **돌봄**(CARE). ([그림 1-1]을 보라.) [주의: Panksepp의 일곱 가지 동기 뇌 회로를 발표할 때 표기한 것과 동일하게 여기서도 '영어 대문자(한글은 볼드체로)'로 표기하였다. Panksepp은 이러한 뇌 회로가 인간에게만 있는 것이 아니라 모든 포유류에게도 나타나는 타고난 본능이라고 말하였는데, 이러한 강조점을 상기시키기 위하여 영어 대문자(혹은 한글 볼드체)로 표기하였다.] 앞으로 살펴보겠지만, **탐색하기**는 다른 모든 회로에 영향을 미치는 일차적인 정서 동기 회로이다. 이 회로는 안전하다고 느껴지는 관계 가운데 있다면 **돌봄**, **성욕**, **놀이**와 연계하여 활성화되고, 안전하지 않고 지지원과 단절되어 있다고 느낄 때에 **두려움과 공포/슬픔/분리불안**과 연계하여 활성화된다. **탐색하기**가 좌절되면 **분노**가 발생한다(이 회로는 관계성이 단절된 상황에서 나타나기에 그림의 왼쪽에 해당된다.).

뇌의 동기* 회로
Jaak Pansepp

의미 있는 대상과의 관계가 **단절** 되었을 때 활성화되는 회로	의미 있는 대상과의 관계가 **연결** 되었을 때 활성화되는 회로
• 격노(분노)	• 돌봄(양육)
• 두려움(불안)	• 성욕(성적 흥분)
• 공포/슬픔(분리불안)	• 놀이(사회적 즐거움)
• 탐색하기(기대)	

[그림 1-1] Panksepp의 일곱 가지 동기 회로

*Panksepp 일곱 가지 고유한 동기 회로를 때때로 '정서 체계(emotional systems)' 혹은 '정동 체계(affective system)'라고 지칭하였다.

그림 배치는 회로의 활성화에 있어서 관계성이 단절되었느냐 연결되었느냐 하는 조건이 중요하다는 것을 보여 준다. 자세한 내용은 Panksepp(1988)을 참조하라.

어른들은 놀이를 그저 시간 낭비로 생각하거나 중요하지 않은 것에 시간을 소비하는 것으로 간주하지만, 아이들은 구조화된 과업에 참여하지 않아도 될 때에 대부분 놀이(특히, 다른 사람들과의 놀이)를 하며 시간을 보낸다. 아이들이 이렇게 놀이에 헌신하것 자체가 아마도 우리 인간이 놀이를 해야 하는 내재적 필요성을 가지고 있기 때문인지도 모른다. 읽기와 같은 학습 활동은 우리의 내재된 동기 체계에서 비롯되지 않는다. 하지만 놀이나 돌보기, 두려운 상황 피하기와 같은 활동/행위는 우리의 유전적인

본성의 일부이다. Panksepp(2009)은 이를 '생존을 위한 원시조상들의 수단'이라고 불렀다.

신경학자들은 다른 신경 체계에 비해 놀이 회로에 대해서는 관심을 덜 기울여 왔지만, Panksepp은 사회적 관계성의 근원으로써 놀이의 중요성에 주목하였다. 즉, 놀이는 관계의 '규칙'을 배울 수 있는 장이며, 지식을 확장시킬 수 있는 기반이 되며, "뇌에서 기쁨을 인식하는 주요 원천 중 하나일 수 있다"(Panksepp, 1988, p. 281). Panksepp은 동물실험 연구를 통해 인간을 포함한 모든 포유류의 뇌에 놀이 회로가 존재한다는 자료를 제공하였다. 놀이와 관련된 최근 연구들은 정신 외과 연구 논문을 인용하면서 대부분 동물을 대상으로 이루어졌지만, Jaak Panksepp은 정신 외과 연구 논문을 인용하면서 이 회로가 인간에게도 존재한다는 과학적 증거를 제공하였다(Panksepp, 1988, p. 281).

놀이란 무엇인가? Jaak Panksepp(2009)에 따르면, "우리 모두의 마음속에는 어릿광대(재미있게 해 주는 사람)가 있다. 그 덕분에 우리는 일에서 빠져나와 놀이를 하기로 하며 궁극적으로 심리치료 작업을 할 수 있기도 하다." 그는 "사회적 놀이(다른 사람들과 즐거운 신체적 활동에 참여하는 것)를 하려는 욕구가 포유류의 뇌 안에 본능적인 행동 장치로 설계되어 있는데, 이는 진화에 의해 우연히 남겨진 것이 아니라, 축복을 받은 것이다"(p. 16). 즉, 놀이는 유전적으로 설계된 체계이기에 단지 참여하기만 하면 발현되는 것이지, 경험에 의해서 만들어지는 것이 아니다[그러나 경험은 우리가 놀이에 참여하는 방식(혹은 참여하지 않는 방식)에 영향을 미친다.]. 그는 이러한 즐거운 활동의 사회적 본성에 대해서 강조하며 다음과 같이 말하였다.

놀이성은 경험 — 기대 과정(experience-expectant process)으로, 어린 동물들은 놀이를 통해서 사회적 지식을 배울 수 있으며, 서로에게 해도 되는 행동과 해서는 안 되는 행동을 배우는 정신적인 장(psychic place)이 되기도 한다. 동물들은 놀이를 하면서 효율적이면서도 친근한 방식으로 사회적 구조에 참여하는 방법을 배우게 된다. 어린 동물들은 놀이발성(play vocalization) — 아이들을 간지럽히면 내는 소리(예: 생쥐의 경우, 50KHz 소리를 냄) — 을 내면서 자신들이 놀이 활동을 얼마나 즐기고 있는지를 전달한다(2009, pp. 16-17).

이러한 소리는 설치류가 내는 웃음소리이지만, 이는 Alice가 Wolfie와 Dory, 지퍼 달린 악어를 가지고 놀면서 즐겁게 내던 소리와 크게 다르지 않다. 놀이 공간에서 형성된 안정감을 기반으로 아이와 나는 유쾌한 상호작용에 참여할 수 있었다. 대부분의 포유류는 두려움을 느끼거나 위험에 맞닥뜨렸을 때 놀이를 하지 않는다. 왜냐하면 그들은 생존을 보장하기 위한 노력에 에너지를 쏟기 때문이다. 배고픔과 질병과 같은 조건에서는 안정감이 손상되기에, 이때 놀이는 감소되거나 심지어 사라질 수도 있다.

놀이 능력은 어린 영아도 가지고 있지만, 대부분 어머니와 영아 간의 사회적 유대로 안정감이 느껴질 때 나타난다. 우리는 '돌봄'과 '탐색하기'라는 동반 체계에서 이를 확인할 수 있다. 어머니와 영아는 따뜻한 관심과 호기심을 가지고 상호작용하면서 웃음과 즐거움이 점차 증가하는 것을 경험한다. 이상적인 조건의 어머니는 어린 자녀가 충분히 즐거움을 느끼고 있다는 것을 감지하면 자녀를 다시 진정시킬 수 있도록 돕는다. 이런 유형의 상호작용은 영아의 조절 회로 구축을 돕고, 점진적으로 영아가 풍부한 정서 경험을 할 수 있도록 도우며, 다양한 정서를 잘 조절할 수 있는 능력을 발달시키도록 돕는다. 연구에 따르면, 활기 넘치는 대부분의 놀이는 기존의 사회적 유대의 맥락에서 일어나는데(Panksepp, 1998; Siviy, 2010), 이는 사회적 유대와 놀이 간에 서로 관련성 있다는 것을 입증하는 결과이다(제3장과 제5장에서 놀이와 애착에 대해 좀 더 살펴볼 것이다.).

이 책에서 우리는 상호적인 놀이, 즉 교육 환경과 가정, 치료 장면에서 이루어지는 상호적인 놀이에 초점을 맞출 것이다. Fred Rogers는 놀이를 정의 내리기 어려운 본질적인 이유를 다음과 같이 기술하였다. "놀이를 모든 사람의 마음에 꼭 들게 정의 내리는 것은 쉬운 일이 아니다. 이는 아마도 우리 내면의 깊은 곳에서 놀이의 무한한 가치에 대해 이미 '알고' 있기 때문일지도 모른다"(Rogers, 1994, p. 63). Panksepp은 '내면에 깊숙히' 내재되어 있는 놀이 회로의 속성, 사회적 관계에서 우리를 웃게 만드는 놀이의 위력을 우리에게 이해시키기 위한 연구를 진행하였다.

Alice는 '놀이의 무한한 가치'를 마음속 깊이 이해하고 있었다. 아이는 손인형을 이용하여 자발적으로 자신의 깊은 고통과 두려움의 경험에 다가갔다. 상호적인 놀이를 하면서 아이는 자신의 트라우마를 놀이치료실로 가져올 수 있었으며, 자신이 경험했던 것을 우리 놀이에 펼쳐 놓을 수 있었다. 그동안 아이는 언어를 통해서만 소통했기에 사회 참여 능력이 제한된 신경 회로만을 사용하였다면, 이제 나와의 관계에서 경험한 안정감을 기반으로 아이는 새로운 신경 회로를 연결할 수 있는 기회를 가지게 되었다. 나는 아이와 활기차면서도 즐거운 놀이를 하였지만, 그 과정에서 나는 Alice가 얼마나 힘겹게 자신의 트라우마와 관련된 작업을 하고 있는지를 부모에게 납득시키고자 하였다.

🗣 뇌와 신경계 내의 놀이 회로

우리가 함께 놀이를 할 때 Alice는 어떻게 트라우마에 압도되지 않고 그 경험에 접근할 수 있었을까? 이번에는 놀이의 맥락에서 어떻게 신경계가 작동되는지 간단하게 살펴보도록 하겠다. 우리는 신경계와 체화된 뇌(embodied brain)의 양방향성에 대해 탐구하면서, Stephen Porge(2011)에 의해 주장된 다미주 이론(polyvagal)을 통해 놀이가 어떻게 자기 조절력을 발달시키는 데 도움을 주는지 살펴볼 것이다. 그는 중요한 과학적 발견을 놀이 맥락에서 이해할 수 있도록 돕기 위하여 **교통신호**(traffic signal) 비유를 소개하였다.

신경계

이제 우리는 자율신경계의 속성, 특별히 놀이와 같은 대인관계 상황에서 자율신경계의 역할에 대해 밝힌 Stephen Porges의 작업을 살펴보고자 한다. 이해를 돕기 위하여 신경계의 맥락에서 뇌를 좀 더 면밀하게 살펴보도록 하겠다. 이것들을 살펴보면 우리는 놀이가 유발되는 과정에서 안전한 환경의 중요성을 더 잘 이해할 수 있으며, 상호작용적인 놀이가 어떻게 자기 조절을 돕는지 더 잘 이해할 수 있을 것이다.

현대 신경과학이 우리에게 알려 주는 것을 고려할 때, 뇌를 단순히 두개골 안에 있는 것으로 생각하기보다는 체화된 뇌의 관점에서 접근하는 것이 더 정확하다. 뇌 기능은 우리 몸 전체에 분산되어 있으며(Badenoch, 2011; Siegel, 2010), 심장과 소화관 전체에도 광범위한 신경 네트워크가 있어서 두개골 안의 뇌 부분으로부터 받은 정보를 수신하거나 위로 전달하는 등 복잡한 정보를 처리한다. Badenoch(2011)는 두개골 안에 있는 뇌뿐 아니라 심장뇌(heart brain)와 장뇌(gut brain)에 대해서도 말하였다. Siegel(2010)은 자궁 안에서의 초기 발달 동안 신경세포가 어떻게 우리 몸 전체에 확산되는지, 배아의 외배엽을 형성했던 세포가 안쪽으로 전개되면서 어떻게 척수를 형성하는지, 이동세포들이 척수의 한쪽 끝에 모이기 시작하여 어떻게 두개골을 감싸는 뇌가 되는지에 대하여 설명하였다. 다른 신경조직들은 우리의 근육, 피부, 심장, 폐, 소화 시스템과 연결된다. 이러한 체화된 뇌에 대한 개념은 놀이가 어떻게 자기 조절 발달을 촉진하는지 이해하는 데 도움을 줄 것이다.

[그림 1-2]에서 볼 수 있듯이, 신경계는 양방향적으로 기능한다. 즉, 말초신경계에 있는 감각신경을 통해 외부 세계에 대한 정보를 척수에 전달하며, 다시 두개골 안에 둘러싸인 뇌로 전달한다. 반대로, 에너지와 정보가 어떻게 두개골 뇌에서 말초신경계로 흐르는지도 알 수 있다.

중추신경계(Central nervous system: CNS)는 뇌와 척수로 구성되어 있다. 말초신경계는 자율신경계와 체감각신경계로 나누어진다. 자율신경계(Autonomic nervous system: ANS)는 교감신경계(sympathetic nervous system: SNS)와 부교감신경계(parasympathetic nervous system: PNS)를 포함하고 있다. 교감신경계는 각성 시스템 혹은 가속장치를 작동시키는 반면, 부교감신경계의 두 가지 미주신경(신미주신경과 구미주신경)은 모두 제어장치로 기능한다. 즉, 복측 미주신경(신미주신경)은 다른 사람과 관계를 맺기 위해 시스템을 준비시키고, 배측 미주신경(구미주신경)은 의식 감소를 이끄는 기능을 한다. 체감각신경계의 운동신경은 원심성으로 CNS의 흥분을 송신하여 말단(골격근)의 근육운동을 일으키고(원심성), 감각신경은 구심성으로 말단(감각기)의 자극을 수신하여 CNS로 흥분을 전달하며(구심성) 생리적인 변화나 심리적인 변화를 매개한다.

[그림 1-2]의 신경계 도식과 체화된 뇌를 기억하면서 Stephen Porges의 개념으로 넘어가 보도록 하겠다. 우리는 다미주신경

개념을 이용하여 놀이가 어떻게 신경계에서 기능하는지 살펴보도록 하겠다.

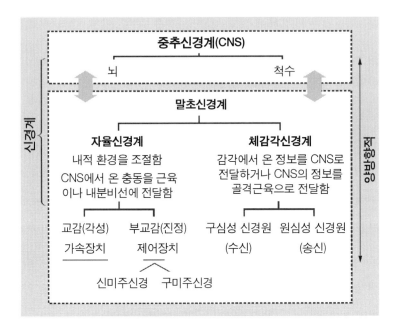

[그림 1-2] 신경계의 양방향적 기능을 보여 주는 그림

다미주신경: 교통신호 비유

Porges(Porges & Carter, 2010)는 교통신호 비유를 사용하여 다미주신경 이론의 세 가지 자율신경계(ANS) 유형을 소개하였다([그림 1-3]). 초록색 불은 안전하다는 것을 나타내는 신경계의 신호이고, 노란색 불은 위험하다는 신호이고, 빨간색 불은 생명을 위협하는 상황을 경고해 주는 신호이다. Porges에 따르면, ANS의 놀라운 적응기능은 특정 생리 상태에서 다른 상태로 신속하게 전환시키면서 우리를 보호한다. 그는 '신경지(neuroception)[3]'라는 새로운 용어를 만들어서, 우리가 안전, 위험, 위협 단서를 탐지하도록 어떻게 유전적으로 설정되어 있는지, 심지어 의식적으로 자각하기 훨씬 이전에 어떻게 환경(내적이든 외적이든)의 단서를 처리할 수 있는지를 설명하였다. 이러한 신경 감지 시스템은 위계적으로 조직화되어 있어서 우리의 의식적인 자각이 없이도 작동하며, 우리의 생물행동적 상태를 지속적으로 탐색·관리하면서 다른 사람들과 안전하게 관계를 유지할 수 있도록 도움을 준다.

----

3) 신경지(Neuroception): 다른 사람 혹은 환경의 특성을 (의식적인 인식 없이도) 탐지하여 방어 시스템을 약화시키고, 사회적 행동을 촉진하거나 가동성(싸우기-도망가기) 혹은 비가동성(차단, 해리)과 같은 방어 전략을 촉진하는 것을 말한다.

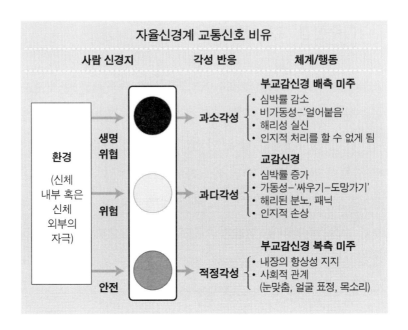

[그림 1-3] Porges의 자율신경계: 교통신호 비유

Stephen Porges의 허락을 받아 Porges (2011, 2012; Porges & Carter, 2010)에서 수정·적용함.

Porges 이론에 따르면, 진화에 기반을 둔 세 가지 회로[부교감 신경계 복측 회로, 교감신경계(SNS), 부교감신경계 배측 회로]는 우리 몸에서 자동적으로 작동하며 환경의 다양한 상황에 적응할 수 있도록 도움을 준다. 교감신경계와 부교감신경계가 균형을 유지하려 한다는 기존의 이론과는 반대로, Porges는 자율신경계가 어떻게 작동하는지 설명하기 위해서는 세 번째 회로인 '신' 복측 미주신경 회로라고 불리는 것을 설명할 필요가 있다고 말하였다. 또한 그는 세 가지 회로가 진화 순서와는 반대 방향으로 위계적으로 '작동'한다고 말하였다.

신경지에서 안전하다고 감지되면(초록불), 자동적으로 사회관계 체계(social engagement system, Porges의 용어) 혹은 '영리한(smart)' 복측 미주 부교감신경 체계가 작동한다. 복측 미주신경은 수초화[4]된 열 번째 뇌신경(미주신경) 가지로, 사회관계 체계의 모든 부분에 접근할 수 있으며 다른 사람과 관계를 유지할 수 있도록 한다. 이 회로가 활성화되면 우리 신경계는 최적의 각성 수준을 경험하고 대뇌피질에 효율적으로 접근할 수 있으며, 주의를 잘 유지할 수 있다. 또한 이 회로가 활성화되면 우리는 상대방과 눈맞춤을 하고 얼굴 표정을 짓고 고개를 돌려 의사소통을 한다.

그리고 우리는 감정을 잘 조절할 수 있으며, 안전감이 느껴지는 발성(예: 너무 날카롭거나 높지 않고 너무 낮거나 굵은 소리를 내지 않고 중간 범위의 소리를 내며, 사람들은 우리가 안정감을 느낀다는 것을 알 수 있다.)으로 자신을 표현할 수 있다. 복측 미주신경은 얼굴 근육을 통제하는 신경과 연결되어 있기에 생기 있는 얼굴로 사람들에게 다가가기에 주변 사람들이 안전감을 느끼며 다가와서 편안히 머물도록 한다. 내이 근육은 다른 사람이 내는 말소리의 높낮이에 반응하여 조절되는데, 우리가 다른 사람과의 관계에서 안전감이 느껴지는 상황에서 귀 기울이도록 한다. 예를 들어, 굵고 낮은 목소리는 종종 사람들을 놀라게 하거나 겁먹게 하

---

4) 수초화(Myelination): 신경의 축삭돌기 주변의 수초 층(또는 피막). 이는 수초를 지닌 축삭돌기에서 자극이 전달되는 속도를 증가시킨다.

며, 날카롭고 높은 소리는 일반적으로 불안과 공포를 일으킨다고 Porges(2011)는 지적하였다(p. 249). 또한 수초화된 신미주신경은 뇌간 및 심장과 연결되어 있다. 특히, 심장과 연결되어 있는 미주신경의 '제어' 작동으로 인해 우리는 안정감을 느낄 때 심장박동의 고요함을 경험한다. 이러한 신미주신경의 '설정값'은 신경계가 선호하는 작동방식으로, 출생 전부터 마지막 숨을 거두는 순간까지 다른 사람과 관계를 맺도록 한다. 이러한 방식으로 신경계는 부모와 안전한 애착을 형성하도록 설계되어 있다. 이렇게 안전한 생리적 상태에서 우리는 인지 자원에 최대로 접근할 수 있다.

그러나 우리가 위험에 처해 있다고 신경지에 의해 감지되면, 사회관계 체계는 꺼지고 교감신경계(SNS)가 활성화될 것이다. 우리는 경계 혹은 방어 모드가 되어 자동적으로 싸우기 혹은 도망가기의 방어 전략을 가동하게 될 것이다. 만약 싸움을 통해 우리 자신을 보호할 수 있다면, 우리는 싸울 것이다. 하지만 싸워서 우리를 보호할 수 없을 것 같다고 느껴지면, 도망칠 것이다. 이러한 행동은 우리의 인지적 기능을 저하시키고 새로운 정보의 유입은 최소화하며, 오로지 위협의 근원에만 집중하도록 한다. 우리는 위험에 신속하게 대응하기 위해 뇌의 피질하 영역에 보다 적극적으로 관여하기 시작하면서 과잉경계적인 사람이 될 수도 있다. 우리의 전체 시스템은 생존을 보장하는 시스템과 빠르게 결합할 것이고 우리의 심장박동률은 증가할 것이다. 새로운 정보를 받아들일 수 있는 능력은 감소되고 사회관계 체계도 꺼지고, 안전한 느낌이 회복될 때까지 우리 자신을 조절하거나 다른 사람이 우리를 조절하도록 하는 것을 어렵게 한다. 비록 인지적 자원이나 대인관계 자원에 충분히 접근하지는 못하지만, 우리의 신경계는 좀 더 보호적인 모드로 효율적으로 전환되어 기능한다.

우리의 시스템이 생명의 위협을 감지하는 상황이 되면, 즉 신경지를 통해 싸우거나 도망치는 것이 더 이상 우리를 보호하지 못하는 상황이 되어 무력감을 느끼게 되면, 위험 신호(빨간불)가 켜지고 자율신경계의 세 번째 가지인 배측 미주신경 부교감신경계(좀 더 느리고 수초화되지 않는 가지)가 활성화된다. 우리의 신경계는 얼어붙기(freeze) 모드로 들어가서 죽은 척하거나 실신하는 방식(심박률의 감소, 소화의 중단, 실신, 해리)으로 스스로를 방어하려고 한다. 우리는 무감각해지고 수동적이 될 수 있다. 이 시점이 되면, 인지적 처리는 심각하게 손상되거나 완전히 차단되고 생리적 시스템은 고통스러운 경험으로부터 우리를 보호하기 위해 엔도르핀을 방출하기도 한다.

이러한 손상 때문에 우리는 움직일 수 없게 되거나 파충류 상태로 얼어붙은 상태에서 신체 자원을 보존하게 되는데, Porges(2011)는 이러한 가지를 '구' 배측 미주 시스템이라고 불렀다. 이러한 에너지 보존 상태에서는 산소 의존도가 높은 피질의 작동은 어렵다.

우리 신경계는 가장 최근에 발달된 사회관계 모드를 '선호' 하며, 사회관계 체계가 실패할 때만 이전의 포유류 모드로 돌아간다는 것을 알 수 있다. 포유류 시스템이 고장 나면 파충류 모드

로 돌아간다. 진화론의 관점에서 보면 이러한 신경계의 역방향
적 기능은 기존의 교감신경계와 부교감신경계의 균형 이론에 의
해 상상하던 것과는 상당히 다른 과정이다. Porges의 미주신경
이론은 양육 및 임상 실습, 교육 장면에 매우 중요한 영향을 미
친다. 우리가 현실에서 신경계의 다양한 모드에 어떻게 접근
할 수 있는지, 그리고 우리의 자녀들, 내담자들, 학생들이 '영리
한'(그리고 선호되는) 복측 미주신경에 다시 연결될 수 있도록 돕
기 위하여 무엇을 해야 하는지 제2부에서 자세하게 알아볼 것이
다. 또한 Porges의 이론은 놀이 행동 및 놀이치료에도 많은 영향
을 미쳤는데, 이에 대해서도 탐색해 볼 것이다.

초록불로서의 놀이

세 살이었던 Alice는 치과 수술을 생명을 위협하는 상황으로
느꼈을 것이고, 이로 인해 그녀의 몸, 특히 입과 얼굴 근육은 마
비되었을 것이다. 이러한 그녀의 반응은 치과 의자와 수술실에
서는 도움이 됐지만, 3년이 지난 지금은 그렇지 못하다. 부모, 선
생님, 치료사 모두 아동의 사회관계 시스템을 복원시키고 학교
에서 긴장을 풀고 말을 할 수 있도록 도움을 주고자 한다.
그런데 우리의 신경계는 위험을 감지하면 싸우기-도망가기-
얼어붙기 반응을 보이는데 이때 외상 경험의 기억은 신체에 기
반을 둔 암묵기억에만 남아 있고 명시기억에서는 차단된다. 명시
기억은 두 살부터 형성되기 시작하여 회로가 완성되는 다섯 살

정도까지 점차적으로 발달한다는 점을 감안할 때, Alice의 치과 경험은 기억나지 않지만 암묵기억에 주로 저장되어 있을 것이다. 암묵기억과 명시기억에 대해서는 제5장에서 좀 더 살펴볼 것이다.

Alice가 손인형으로 자신의 트라우마를 놀이하면서 암묵기억(주로 우반구에 저장되어 있는 정서, 신체 감각, 신제 움직임, 그리고 지각)에 접근하여 Woofie, Dory, 악어가 등장하는 명시적 이야기로 통합할 수 있었다. 비록 손인형 놀이는 Alice의 사실기억에 근거하고 있지는 않지만, 아동이 고통스럽고 무서웠던 치과 경험에서 느꼈을 신체 감각을 이해할 수 있게 도움을 주었다.

어떻게 Alice는 놀이라는 간접적인 경로를 통해서 트라우마를 이해하고 사회관계 체계로 되돌아갈 수 있을까? 치유를 위해 트라우마 기억을 언어적 자각을 통해 불러일으킬 필요가 있을까? Porges(2009, 2011)는 놀이가 사회관계 체계(북측 미주신경)의 손상 없이 우리를 움직일 수 있도록(교감신경계 각성) 돕는다고 믿었다. 이런 의미에서 Alice는 '그저 놀이만(Just playing)' 하는 것처럼 보이지만 실제로는 교감신경계의 적응적인 방어행동과 공격행동들을 탐색하고 있었다.

Alice가 치아 검사를 받는 동안 의자에서 움직이지 못하도록 어머니에 의해 꼭 붙잡혀 있었는데 이때 Alice는 교감신경계 각성(싸우거나 도망가기) 상태에서 배측 미주신경계의 얼어붙는 상태로 어떻게 전환되었는지 상상할 수 있다. 손인형 놀이를 하면서 Alice는 안전한 관계와 서로의 완전한 참여(처음 경험에서는 불가능했던)를 경험하면서 치과 경험을 재경험할 수 있었다. 나는 Woofie(입안 가득 의학적 도구들로 채워져 있고 벨크로 줄로 입이 묶인 상태)가 되어 반응을 할 때 '싸우기 혹은 도망가기'에 의해 움직이는 것처럼 가장하였다. 놀이라는 안전한 상황에서 Woofie의 교감신경계(SNS)의 작동에서 나타날 수 있는 분노발작을 보이면서 이 상태에서 벗어나려고 애를 쓰는 것을 연기하였고 Alice는 이를 보며 재미있어했다. Alice는 내게 Woofie의 분노발작 행동을 또 해 보라고 지시했는데, 이는 늑대 인형을 통해 교감신경계의 각성을 다시 경험하지만 동시에 늑대 행동을 통제할 수 있다는 것에서 커다란 안도감을 느꼈음이 틀림없다. Woofie가 쓰러졌을 때, Alice는 또한 치과 의자 또는 수술대에서 느꼈을 무력감으로 인해 배측 미주신경의 실신을 경험할 수 있었을 것이다.

Alice는 나를 쳐다보며 내 얼굴 표정에서 안전감이 느껴지는지, 그리고 '단지 놀이만 하고(just playing)' 있는 것인지를 확인하였다. '단지 놀이만 할' 때의 생리적 상태는 사회관계 체계에 머물러 있어서 서로 관계를 계속 유지하면서(신 복측 미주신경), 교감신경계의 작동으로 인한 각성과 구 배측 미주신경의 작동으로 인한 차단이나 얼어붙는 경험들을 재작업하도록 한다. 우리는 관계 안에서 무서운 경험들을 문자 그대로 담을 수 있었다(이는 복측 미주 부교감신경에 대한 나의 꾸준한 개입으로 인해 촉진되었다.).

그동안 트라우마는 고립된 무서운 사건으로 남아 있어서 다른 사람을 향해 움직일 수 없게 만들었다면, 우리의 관계가 지속되면서 이제 트라우마는 Alice의 전반적인 뇌 구조에 통합될 수 있었다.

병원기구로 손인형 놀이를 시작하고 얼마 지나지 않아, Alice의 부모는 Alice가 학교 놀이터에서 친구를 부르기 시작했다고 보고했다. 심지어 방과 후에 주차장에서 선생님을 만났을 때 "안녕히 가세요."라고 조심스레 말했다고 보고했다. 손인형 놀이 전후해서 학교에서 짧게 목소리를 내기 시작했으며, 치료 과정 동안 나는 Alice의 신체 움직임이 더욱 자유로워지고 있음을 알 수 있었다. 처음 치료실에 왔을 때 Alice는 어머니 뒤에 숨어 수줍게 따라 들어왔었는데, 이제 Alice는 놀이실 통로를 팔짝팔짝 뛰어 팔을 흔들면서 놀이실에 들어오기 시작했다.

놀이를 통해 트라우마를 치유했던 Alice의 이야기를 기억하면서, 다음 장에서는 우리는 관계적 측면에서 뇌와 신경계에서 놀이 회로를 살펴볼 것이다. 우리가 그랬던 것처럼 많은 의문들이 마음에 떠오를 것이다. 다른 사람과 놀이하는 능력은 얼마나 이른 시기부터 나타나는가? Panksepp의 동기 체계(motivational sysem)는 언제 연결되는가? 우리가 어떤 단계에서 신경계를 조절할 수 있는 놀이 탐색을 시작하는가? 앞으로 살펴보겠지만, 그 답은 놀라운 것이다.

제2장

생의 초기 경험

〈Sound of Music〉에서 가정교사인 마리아는 아이들에게 노래를 어떻게 부르는지 가르치기 위해 음표에 대해 설명하려 했다. 하지만 아이들이 음표를 잘 이해하지 못한다는 것을 깨닫고는 그녀는 그냥 노래의 첫 소절을 부르기 시작했다. 그녀는 노래를 시작하는 것이 가장 좋은 방안이라고 생각하면서, 글자 ABC와 노래의 도-레-미를 비교하며 노래를 하였다. 마리아가 음악 그 자체로 들어가서 노래하기 시작하자, 아이들은 바로 노래 부르는 법을 이해하며 함께 부르기 시작했다. 놀이도 이와 같이 되어야 한다. 놀이로 바로 들어가서 놀이를 시작해야 한다. 그렇게 해야 상호작용하는 놀이 관계의 작은 단위로서 우리 자신을 보게 될 것이고, 신뢰로운 가족관계의 맥락에서 우리 자신을 보게 될 것이다.

우리는 생후 6개월의 영아와 양육자를 살펴보면서, 놀이를 형성하는 미시(micro) 요인들을 자세히 볼 것이고 이 과정에서 뇌 과학의 관점에서 놀이의 ABC를 알아볼 것이다. 이 요소들이 안정 애착의 발달 및 자기 조절 능력의 발달에 있어서 얼마나 중요한지 파악하게 될 것이다. 정신과 의사 Danes Stern(1977/2002)은 영아기 정신건강 연구의 선구자 중 한 사람으로, 연구 초기부터 사회적 인간이 되는 과정에서 놀이가 중요한 역할을 함을 역설하였다.

우리는 가정, 실험실, 놀이터, 공원, 지하철, 어디서든 양육자와 영아 간의 사회적 상호작용을 볼 수 있다. 이 연구의 목적은 생후 6개월의 이른 시기의 영아가 사회적 존재로서의 모습을 어떻게 나타내는지를 이해하는 것이다. 나는 이 기간을 인간이 상호작용을 학습하는 첫 번째 기간이라고 부를 것이다. 이 기간 동안, 영아는 엄마를 놀이에 초대하고 상호작용하는 법을 배우며, 사회적 상호작용 흐름을 유지하거나 조절하는 방법에 점차 능숙해지며, 상호작용을 끝내거나 피하는 신호를 습득하며, 일시적인 '정체(holding pattern)' 상태에 머무르는 것을 배우게 된다. 일반적으로 이 기간 동안 영아는 기본적인 신호나 관습적인 행동들을 대부분 습득하게 되며, 어머니의 상호작용 흐름에 맞추어 움직이고 패턴화된 순서에 따라서 상호작용을 지속할 수 있기에, 마치 춤을 추듯이 상호작용을 이어 갈 수 있게 된다. 이렇게 생물학적으로 설계된 상호작용 능력은 이후 모든 대인 간 상호작용의 원형으로 자리 잡게 된다(Stern, 1977/2002, p. 16).

🎤 부모-영아 놀이:
비언어적 의사소통의 원형

생후 6개월 동안 영아는 인간 의사소통에 필요한 주고받기, 말의 간격과 템포, 비언어적 메시지, 즉흥적인 움직임 등을 배운다. 이 모든 것은 언어를 배우기 훨씬 이전에 나타난다. 사실, 영아의 첫 놀이 경험은 신체적으로 움직이며 돌아다니기 전에, 물건을 조작하기 전에, 심지어 첫 단어를 말하기 훨씬 전에 이루어진다. 첫 3개월간의 놀이는 순전히 사회적 상호작용의 형태로 이루어진다. 즉, 신체적 움직임도 별로 없이 소리 내기, 얼굴 표정, 서로 쳐다보거나 눈길 피하기, 몸짓, 눈 맞춤, 신체적 흥분 등을 공유하는 형태로 이루어진다.

이러한 사회적 놀이는 자유놀이 또는 비구조화된 놀이라 할 수 있는데, 이는 영아의 도식 및 표상 발달을 가능하게 하여 궁극적으로 대상항상성(어머니, 아버지, 양육자, 혹은 지속적으로 친밀하게 접촉했던 누군가에 대한 내적인 상) 발달을 위한 토대를 마련한다. 자유롭고 즉흥적인 놀이에서 영아는 상대방과 상호작용을 시작하고, 유지하고, 끝내고, 피하는 법을 배운다. 영아는 놀이상호작용에 의해 조절되기도 하고 조절하기도 한다.

어머니, 아버지, 이모가 영아와 상호작용하는 전형적인 놀이의 일부를 좀 더 자세히 살펴보도록 하겠다. '까꿍 놀이'와 '잡기 놀이'는 가장 보편적으로 이루어지는 놀이다. Stern(1977/2002)은 이 놀이가 미국, 서유럽, 스칸디나비아, 동유럽, 러시아 등에서도 이루어짐을 확인한 후에, 전 세계의 모든 아기가 즐겨 하는 가장 유명한 놀이 중의 하나라고 말하였다. 이 놀이는 성인과 아이가 서로의 눈을 마주 보는 것으로 시작하며, 서로 응시하면서 놀이할 준비가 되었는지 서로에게 신호를 보낸다. 어느 쪽이든 놀이를 시작할 수 있다.

최근에 나는 5개월 된 영아 Sammy가 아빠와 까꿍 놀이하는 것을 관찰하였다. Sammy가 아빠의 눈을 마주 보자, 아빠는 눈을 휘둥그레 뜨고, 눈썹을 치켜 올리며, 놀란 표정을 지으면서 반응하였다. Sammy는 손으로 자신의 눈을 가리고는 손가락 사이로 아빠를 훔쳐보면서 웃음을 지었다. 아빠는 수건을 들어 자신의 얼굴전체를 가리면서 "Sammy가 어디 있지? 안 보이네?"라고 말했다. (잠시 멈춤). 아빠는 수건을 내리면서 놀란 듯이 "여기 있네!"라고 말했고, Sammy는 깔깔거리며 웃었다. 아빠는 이 동작을 반복하였다. 다만 수건으로 얼굴을 가리고 있는 시간을 조금 더 길게 하면서, "Sammy가 어디 있지? 안 보이네 (잠시 멈춤) 어디 갔지?"와 같이 몇 단어를 추가하면서 약간의 변형을 주었다. 또한 수건을 내리면서, 이전보다 조금 더 큰 소리로 "여기 있네!"라고 말하였다. 이 순간 Sammy는 온몸으로 깔깔대며 웃었다.

아기의 웃음이 잦아들자, 아빠는 Sammy를 다시 쳐다보았고, 놀이를 더 원하는지 알아보기 위해 아이의 신호를 살폈다. Sammy가 또다시 눈을 가리자, 아빠는 "오, 이 게임이 마음에 드는구나? 좋아, 또 한다!"라고 말했다. 아빠는 수건으로 얼굴을 가리고는 목소리를 이전보다 좀 더 낮추어서 "Sammy가 어디 있지?"라는 질문을 하지만 이전과 달리 질문을 세 번 연속해서 반복하는 형식으로 놀이를 확장하였다. 두 번째와 세 번째 반복할 때는 이전보다 말끝을 약간 더 길게 끌면서 긴장감을 이끌어 내고 흥분을 고조시키는 톤으로 하였다. 그런 후 수건을 내리면서 "여기 있네."라고 큰 소리로 외쳤고 "찾았다"라고 강조하듯이 말하였다. 그리고 나서 아빠는 갑자기 아이의 배를 간지럽히기 시작했다. Sammy는 소리 내어 웃었고 웃음이 절정에 달하자 굳은 표정으로 다른 쪽으로 고개를 돌렸다. 마지막에 이루어진 갑작스러운 아빠의 큰 소리와 배를 간지럽히는 행동은 Sammy를 약간 더 자극하였고 아이의 각성을 절정에 이르게 했다. Sammy는 아빠와의 놀이를 시작하기로 했지만 그 순간 놀이를 멈추기도 했다. 아빠는 Sammy를 안고는 "재밌었어."라고 조용히 속삭였다. Sammy는 또다시 눈맞춤을 시작하였다.

🗣 신경계에서의 놀이

위의 까꿍 놀이 예화는 부모와 영아가 어떻게 서로 상호 조절하는지를 보여 준다. 이와 같이 놀이 상호작용은 상호 조절 과정 중에 있는 영아를 돕는 기능을 하기에, Stern(1977/2002)이 말한 '인간의 상호작용을 학습(p. 16)'하는 것을 가능하게 한다. 사회적 상호작용 과정에서 신경계는 발달하고, 영아는 자신과 친밀하게 접촉하는 의미 있는 모든 중요한 사람들과 상호작용을 조절하는 방법을 배운다. Sammy와 아빠 간의 놀이를 그래프로 그린다면

[그림 2-1]과 같다. 우리는 이러한 놀이 상호작용을 통해 어떻게 최적의 각성 범위를 형성하도록 도울 수 있는지, 어떻게 자극과 즐거움을 휴식 및 편안함과 균형을 이루도록 도울 수 있는지, 그리고 놀이 과정에서 과다각성되거나 과소각성되는 순간에 영아와 부모가 어떻게 상호 조절하는지에 대한 아이디어를 얻을 수 있다.

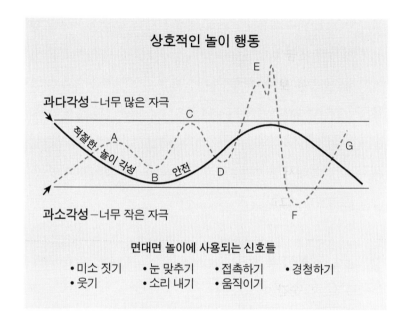

[그림 2-1] 신경계의 관점에서 본 놀이 행동 단위

[그림 2-1]에서 보듯이, '너무 많은' 혹은 '너무 적은' 자극을 표시하는 두 선 사이에 굵은 선으로 된 '적절한 놀이 각성(optimal play arousal)'이 있다. 점선은 놀이 과정에서 좀 더 성숙한 양육자의 조절 능력이 아이의 자기 조절을 어떻게 도울 수 있는지를

보여 주는데 이 과정에서 아이의 '적절한 각성'의 한계를 시험하기도 하며, 회복을 도와 다시 적절한 각성 범위로 되돌아가도록 돕기도 한다. Sammy가 아빠에게 놀자는 신호를 보내자, 아빠는 수건으로 얼굴을 가렸다가 내리는 놀이를 시작하였다. 이 순간 아이의 자율신경계의 각성은 상승하였지만(A 지점) 적절한 범위 내에 있었다. 아이의 각성이 가라앉자(B 지점), 아빠는 다시 얼굴을 가리며 조금 더 길게 기다렸다가 수건을 내렸는데 이번에는 이전보다 조금 더 큰 소리를 내었다. 아이는 포복절도를 하면서 웃는 반응을 보였다(C 지점, B 지점보다 약간 더 각성됨). 아이의 웃음이 사그라들자(D 지점), 아빠는 잠시 기다렸다가 아이가 더 놀고 싶다는 신호를 보내자, 까꿍 놀이를 반복하되 이전보다 더 길게 반복해서 말하다가 끝에 가서 짧게 큰 소리로 "찾았다"라고 소리쳤다. 그리고 아이의 배를 간지럽히는 행동을 하였다. 이에 아이는 큰 소리를 내며 웃었다. 아이의 웃음이 절정에 달하자, Sammy는 고개를 돌려 무표정하게 되었다(E 지점, 자극으로부터의 철회). 이 순간 아빠는 아이의 신호를 정확히 읽고는 아이를 안아서 조용히 안아 주었다. 그러자 아이는 다시 적절한 각성수준의 돌아와서 눈맞춤을 하였다(G 지점).

대부분의 양육자와 아이는 이러한 과정을 거치면서 자연스럽게 놀이를 한다. 아이와 놀이를 할 때, 성인들은 대부분 '주제와 변주 접근(theme-and-variation approach)'을 취한다. 앞의 사례에서 놀이의 주제는 '사라졌다-다시 나타나기'로서, 놀이 전체 구조의 연속성을 제공하면서 안정감을 갖도록 한다. 앞의 사례에서 놀이의 변

주는 수건으로 얼굴을 가리고 있는 시간이나 수건을 들어 올리는 타이밍, 목소리의 크기와 고저 등으로, 놀이를 하는 동안 아이가 쉽게 지루해지거나 습관화되지 않도록 도와준다.

다행히 치료자는 아이들과 놀이를 할 때 놀이 전략이나 놀이의 미세한 부분까지 생각하지 않아도 된다. 앞의 사례에서, 아빠와 Sammy의 상호작용 놀이는 매우 자연스럽게 흘러갔다. 비록 아빠가 어떤 지점에서는 다소 과잉 자극을 제공하기도 했지만, 놀이에서 이러한 '경계의 위'나 '경계의 아래' 경험은 매우 중요하다. 왜냐하면 이 과정에서 아이는 자율신경계로 유입된 과도한 자극을 조절하는 법을 탐색하게 되고, 다시 조절하여 회복시켜 주는 부모의 반응을 경험하며 신뢰를 경험하기도 한다.

아이가 고개를 돌림으로써 과다각성을 자기 조절하려고 하자, 아빠는 '너무 많거나' 혹은 '너무 적은' 자극의 신호를 재빨리 읽고서 아이에게 제공하는 자극의 양을 조절할 수 있었다. 이러한 과정은 애착의 용어로 하면 관계의 파열 및 회복을 경험하는 과정이다. 이렇게 긍정적 정서를 포함하는 놀이 상호작용 경험이 없었다면, 영아는 평생 동안 경험하게 될 환경의 지속적이고 갑자스러운 자극에 적응하는 법을 배우기 어려울 것이다.

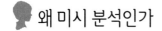# 왜 미시 분석인가

놀이 상호작용이 자연스럽게 일어난다면, 미시 분석이 왜 필요한가? 어느 누구도 도−레−미를 알아야만 노래를 부를 수 있는 것은 아니며, ABC를 알아야만 문장으로 말을 하거나 대화를 할 수 있는 것은 아니다. 사실, 다른 사람과 놀이할 때, 놀이의 미시 요인을 알 필요도 없고 그것들이 서로 어떻게 작용하는지 알 필요도 없다. 그러나 일정 과정을 거치면서 이루어지는 놀이의 흐름을 인지하고 그 세부 사항을 이해하게 된다면, 우리는 놀이가 부모와 영아 간의 안전한 관계 형성을 위한 '접착제'로서 기능하다는 것을 이해할 수 있을 뿐 아니라 영아의 자기 조절 능력 발달에 있어서 중요한 역할을 한다는 것을 이해할 수 있을 것이다. 우리가 치료사로서 놀이의 대인관계 신경생물학(interpersonal neurobiology)을 이해한다면, 임상 현장에서 놀이 활동에 참여할 때 좀 더 편안하게 임할 수 있을 것이다. 또한 우리는 아이들이 비구조화된 '자유 놀이' 시간을 충분히 갖는 것이 왜 그렇게 중요한지를 뇌의 관점에서 부모에게 설명할 수 있을 것이다.

그동안 우리는 "놀이는 아이들에게 좋아요.", "놀이는 스트레스를 풀 수 있게 해 줘요.", "놀이는 아이의 언어예요."와 같이 일반적인 말로서 아이들의 놀이 활동을 지지해 왔다. 물론 이 모든 것이 사실이고, 놀이의 순전한 즐거움에 참여하는 것도 멋진 일이기는 하다. 놀이의 대인관계 신경생물학은 여기에서 더 나아가 우리에게 놀이가 신경계의 발달, 특별히 인생에서 경험하게 되는 각성의 고저에 반응할 수 있게 도움을 준다는 것을 알게 될 것이다.

🦱 Panksepp의 놀이 회로와 Porges의 안전 감지 신경지

여기서 우리는 신경계의 관점에서 놀이의 개념을 연구해 온 두 명의 신경과학자의 작업을 다시 살펴볼 것이다. 또한 우리는 이 과학자들의 이론적이고 실험적인 연구 결과들을 토대로 Sammy 의 놀이 경험과 Alice의 트라우마 경험(생의 초기에 버려진 경험과 트라우마 경험)에 어떻게 적용할 수 있는지 탐색해 보고자 한다. 상호작용 놀이가 어떻게 신경계의 자기 조절 발달에 기여하는 가? 또한 사람들이 환경에서 안전감을 느끼는 정도에 따라 신경 계의 동기 체계(emotional/affective)를 약화시키거나 증가시키는 데, 이때 동기 체계 간에 서로 어떠한 관련성을 갖는가? 우리는 Porges의 다미주신경 이론에 근거한 놀이의 정의를 살펴보면서 어떻게 상호작용 놀이가 아동의 신경계 발달에 잠재적으로 도움 을 줄 수 있는지를 살펴보고자 한다.

일차 동기-정서 회로

Panksepp의 일곱 가지의 핵심 동기 체계와 Porges의 다미주 신경 이론으로 되돌아가서, 놀이가 신경계에 어떻게 영향을 미치는지 좀 더 자세히 살펴보기 위하여 상호적인 놀이가 잘 이루어질 때와 잘 이루어지지 않을 때 아동의 삶에서 무슨 일이 일어나는지 알아보고자 한다. Sammy의 예에서 아이와 아빠가 서로 흥겨워하며 놀이를 할 때 각성 한계 구간을 살짝 건드렸는데, 그때 아이와 아빠가 어떻게 상호 조절하는지를 볼 수 있었다. 그들은 그저 '놀기만' 한 것뿐인데, 놀이의 즐거움으로 인해 적정 각성 수준의 위나 아래로 자연스럽게 올라가거나 내려가는 일이 벌어졌다. 아빠가 Sammy에 맞추어 조율해 주자, Sammy는 과다각성과 과소각성으로부터 빠르게 회복하였다.

Sammy와 아빠의 놀이는 즐거웠을 뿐만 아니라 신경계를 조절하는 데 있어서도 확실히 효과적이었다. 그런데 부모나 보호자가 놀이를 거의 해 주지 않고 놀고자 하는 아동의 내적 동기를 거의 충족시켜 주지 않는다면 어떻게 될까? 다시 Alice의 예를 살펴보자. 유아기 동안 Alice에게 어떤 일이 일어났었을지 상상해 보자. Alice는 여섯 살이지만 생의 초기에 해결되지 않은 트라우마에 접근하기 위해 손인형 놀이를 하였다(제1장을 보라). 하지만 그녀가 어렸을 때는 놀이가 그렇게 잘 이루어지지 않았을 것이라는 시나리오를 상상할 수 있다. 생후 10개월 동안 외국의 고아원에서 보냈던 그녀의 과거력과 증상으로 미루어 볼 때 생의 초기에 그녀의 생활이 그리 좋지 않았을 것이라는 것을 쉽게 상상할 수 있다.

고아원은 돌봄을 받아야 하는 아이들은 많지만 돌볼 수 있는 보모들은 부족한 곳이다. 그곳의 유아용 침대에 누워 있는 Alice를 상상해 보라. 벽에는 어떠한 장식도 없으며, 기온은 다소 차

갑게 느껴진다. 음식도 늘 부족하게 느껴진다. 당시 Alice는 고작 3개월이었다. 기저귀는 젖어 있고, 배가 고프다. 칭얼대지만 어느 누구도 곧바로 다가오지 않는다. 아기는 울기 시작한다. 시간이 좀 더 흘러 아기는 팔을 흔들고 발길질을 시작한다. 아기가 이불을 걷어차기 시작하자 상황은 더욱 악화되었다. 아기가 극도의 짜증 소리를 내며 울자 고아원 보모가 침대로 다가왔다. Alice의 침대는 길게 줄지어져 있는 여러 개의 작은 침대 중 하나였다. 각 침대에는 2세 미만의 어린 아기들이 누워 있다. 분주한 보모는 Alice의 기저귀를 빠르게 갈아 주고 따뜻한 담요로 덮어 준다. 돌봄이 이루어지는 몇 분 동안, Alice는 보모와 눈맞춤을 하려 한다. 보모는 아기를 쳐다보지만 짧게 잠시 동안 빠르게 이루어진다. 이는 어머니와 아기 간에 이루어지는 전형적인 눈맞춤과 다르다. 왜냐하면 전형적인 상호작용에서 어머니와 아기는 긴 시간 동안 서로를 응시하며 둘 간의 접촉이 안전하다는 것을 느끼게 하기 때문이다. 보모는 서둘러 다른 곳으로 이동하였고, Alice는 홀로 남겨짐으로 인한 고통과 두려움을 경험하였다. Alice는 다시 관계를 맺고자 시도하지만 그 바람이 이루어질 수 없음으로 인해 또다시 좌절을 경험하였다. 이러한 경험이 지속적으로 반복되면 아이는 자신을 가치 없는 사람으로 여기게 되고, 어느 누구도 자신 곁에 머무르지 않을 것이라고 예상하게 된다.

다시 Panksepp의 일곱 가지 동기 회로 또는 핵심 정서를 살펴보자([그림 2-2]). Alice가 칭얼대기 시작했을 때, 우리는 이러한 핵심 정서들이 아이 안에서 어떻게 활성화되는지를 알 수 있다. 이

동기 회로들은 유전적으로 내재되어 있어서 학습할 필요가 없었음을 기억할 것이다. 이들은 경험이나 인지에 의존하지 않는다. **탐색하기** 회로는 우리를 앞으로 추진하게 하는 핵심적 정서-동기 회로이다. Panksepp과 Biven(2012)는 이를 '목표 없는 목표(p. 96)'라고 불렀는데, 왜냐하면 탐색하기 회로는 다른 동기 체계들이 목표를 이루도록 도움을 주기 때문이다. 다른 사람과의 관계가 단절되면, 우리는 태생적으로 **분노, 두려움, 공포/슬픔/분리불안**과 같은 핵심 정서들에 취약해진다. **두려움과 공포/슬픔/분리불안** 정서 상태에 있다면, **탐색하기** 회로는 단절로 인한 고통을 완화시키는 데 초점을 두고 작동한다. **분노**는 위로를 구하는 데 방해를 받거나 희망을 잃었을 때 일어난다. 관계가 형성되면, **탐색하기** 회로는 **돌봄, 성욕, 놀이**와 같은 핵심 정서들을 창의적인 방식으로 탐색하도록 작동한다.

Panksepp의 정서 체계를 구축하는 요소들
정서적 프라임: 생존을 위한 선조의 도구들

파란 리본 정서(Blue Ribbon Emotions)-뇌의 특정 부위를 전기 자극하면 유발될 수 있는 정서로, 잘 조직화된 행동 절차를 발생시킨다.

탐색하기/동기 체계(SEEKING/DESIRE SYSTEM): 생활에서 흥분의 발생지로서 이 체계의 대부분은 보상 탐색으로 이루어져 있다. 즉, 뇌 안의 능동적인 탐색자로서 자원이 될 만한 것을 찾고 새로운 것을 발견하고, 인간 마음의 모든 리비도적 열망의 기반으로서 역할을 한다. 또한 이 체계는 행복을 탐색하는 역할을 한다. 그리고 이 체계는 모든 정서 과정과 연계되어 작동하는 일반적인 기저 체계로서, 리비도적인 사회 유대를 탐색하는 정서부터 위험한 상황에서 안전을 탐색하는 정서에 이르기까지 다양한 정서에 관여한다.

분노 체계(RAGE/ANGER SYSTEM): 분노 감정의 주요 근원으로, 제지를 당하거나 좌절되었을 때 쉽게 유발되고, 특별히 유기체가 탐색하거나 원하는 것을 얻지 못했을 때 발생하며, 종종 두려움 체계와 함께 작동한다.

두려움/불안 체계(FEAR/ANXIETY SYSTEM): 신체의 통합 및 생명 자체를 위협하는 모든 위험을 유기체에게 경고하기 위한 보조기능을 하며, 범불안장애, 신경증, 특정 공포증의 발병을 조장한다

공포/슬픔/분리불안 체계(PANIC/GRIEF/SEPARATION DISTRESS SYSTEM): 정신적 고통의 주요 근원지로서, 분리불안으로 인한 부르짖음(울음)을 매개하고, 사회적 애착의 중요 요소이며, 돌봄/양육 체계와 함께 작동한다.

특수한 목적의 사회정서 체계(Special-Purpose Sociomotional Systems)-이 체계에 대한 연구 자료가 충분하지는 않지만, 모든 포유동물은 인생의 적절한 시기에 이 체계가 활성화된다.

성욕 충동(LUST/SEXUAL URGES): 남성과 여성에서 명확히 차별화하는 핵심 감각 체계로서, 사춘기가 될 때까지 완전히 활성화되지는 않는다. 탐색 체계와 관련되어 있다.

돌봄/양육 체계(CARE/NURTURANCE SYSTEM): 모성애 및 돌봄과 관련되며, 옥시토신과 프로락틴와 증가로 인해 고조되고, 도파민과 밀접하게 관련되어 있다.

놀이 체계(PLAY SYSTEM): 즐거움이라는 기분을 유발하는 정서 체계로, 놀이하고자 하는 동기는 피질하부에 위치해 있지만, 사회적으로 기능할 수 있도록 대뇌피질을 프로그래밍할 수 있다. 오피오이드와 도파민이 풍부한 뇌 영역에 위치해 있다.

[그림 2-2] '파란 리본' 및 '특수한-목적' 핵심 정서들
Panksepp (1998, 2009)에서 수정·적용함.

울음에 아무도 반응하지 않자, Alice는 두려움(생명의 위협을 느꼈을 때 활성화되는 피질하부 회로)을 느꼈다. 이 체계가 활성화되면 아이는 두려움에 가득한 표정과 목소리를 내며, 자신을 구해줄 누군가를 찾기 위해 탐색하기 체계를 작동시킨다. 아이는 팔

과 다리를 뻗치며 휘젓기 시작하는데, 아마도 **분노**(우리가 탐색하는 무언가와 가까워질 수 없을 때 나타나는 느낌)를 경험했을 것이다. Alice는 자신의 신체 및 정서 욕구를 충족시키기 위해 양육자의 **돌봄** 체계를 활성화시키려고 하였다. 양육자는 Alice의 정서 욕구에 진정으로 관심을 기울인 시간이 거의 없었을 뿐 아니라 아이와 양육자 간의 상호작용이 너무 짧게 끝났기에 Alice의 **공포/슬픔/분리불안** 체계가 작동했을 것이라고 예상할 수 있다.

두 사람이 서로 관계를 맺지 않는다면, **돌봄** 체계(모성애와 돌봄을 위한 Panksepp 용어)의 핵심 정서나 **놀이** 체계(즐거운 기분을 유발하는 정서 체계)가 활성화될 가능성은 거의 없다. Alice의 **탐색하기** 체계가 작동하였지만 양육자와 눈을 맞추며 관계를 맺으려는 시도는 곧바로 좌절되었다. Panksepp은 **탐색하기** 체계에 대해 묘사하기를 환경에서 '찾고 연구하고 이해하려는 기본 충동'이라고 말하였다. 불행히도 Alice는 긍정적인 핵심 정서를 거의 강화받지 못했다. 관계가 단절됨으로 인해 느껴지는 감당할 수 없는 감정으로부터 스스로를 보호하기 위하여, Alice는 자신을 스스로 위로하거나 심지어 해리(**탐색하기** 체계의 작동이 꺼진 상태)시키기로 하였다. 이러한 상호작용은 아마도 3개월의 Alice가 양육자와 사회적 관계를 형성하기 위해 **탐색하기** 노력을 했을 때 경험했을 수 있는 수많은 좌절 중의 한 가지 예일 뿐이다.

이와 반대로, 5개월의 Sammy는 아버지와의 잘 발달된 놀이 상호작용을 보였다. 그는 아마도 사회적 상호작용을 자극하고 만족시키는 수많은 경험을 했을 것이다. 둘 간의 상호작용은 아버지의 돌봄 체계에 대한 반응으로 **탐색하기** 체계와 **놀이** 체계가 서로 맞물리며 작동했을 것이다. 그는 아마도 적절한 각성 수준 내에서 대부분의 상호작용을 경험했을 것이다. 혹시나 상호작용 자극이 적정 각성 수준 이상으로 올라가거나 그 이하로 떨어지면, 아버지나 어머니가 재빠르게 다가와서 아이에 맞추어 조율하며 신경계 조절을 도와주었을 것이다. 이 예화에서 볼 수 있듯이, **놀이** 체계는 이러한 관계 맥락에서 **돌봄** 체계 및 **탐색하기** 체계와 함께 작동하며 이들 체계에 의해 활성화된다.

아버지와 놀이하는 Sammy의 장면과 양육자의 관심을 끌기 위해 큰 소리로 우는 Alice의 장면을 미시적으로 살펴봄으로써, 우리는 Panksepp의 일곱 가지 정서 체계 중의 여섯 가지를 살펴보았다([그림 2-2]). 여기서 성욕 체계는 살펴보지 못했는데, 왜냐하면 이 체계는 인생의 특정 시기가 되어서야 활성화되는 '특수한 목적'을 지닌 체계이기 때문이다. Panksepp에 따르면, 이들 정서 요인들이 인생 경험의 토대가 된다. 이것들은 우리가 환경에서 직면하는 여러 문제에 적응하기 위해 사용하는 기본적인 도구가 된다.

핵심 정서를 약화시키거나 강화시키는 신경계

지금까지 Sammy와 Alice의 사례를 Panksepp 이론과 관련지어 설명했다면, 이제 Stephen Porges의 이론으로 돌아가서 안전

감지 신경지(neuroception of safety)와 신경계의 신호등 비유 개념을 살펴보도록 하겠다. Porges에 따르면, Panksepp의 일곱 가지 동기 체계는 각 사람의 안전 감지 신경지에 따라 약화되기도 하고 강화되기도 한다. Alice의 사례의 경우, 내장기관이 신경을 조절하는 역할을 하며 긍정적인 핵심 정서의 작동을 방해하기도 하고 부정적인 핵심 정서의 작동을 고조시키기도 한다. 이에 대해 Porges(2011)는 다음과 같이 설명하였다.

> 만약 미주신경이 활성화되지 않고 교감신경계가 흥분된 생리 상태에 있다면, 몸은 빠르게 뛰는 심장박동을 느낄 것이고 공격적으로 반응하는 역치가 낮아질 것이다. 이와 반대로, 수초화된 미주신경이 주로 작동하는 생리 상태에 있다면, 교감신경계 및 시상하부-뇌하수체-부신피질 축(hypothalamo-pituitary gland-adrenal axis, 스트레스 호르몬과 관련)은 활성화되지 않을 것이다. 이러한 생리 상태는 '평온한' 느낌으로 경험된다. 이전에 미주신경이 활성화되지 않고 공격적인 행동을 촉발시켰던 자극이 이번에는 공격적인 반응을 일으키지 않을 것이다. 생리 상태의 이러한 변화는 사회적 상호작용을 통해 반응성을 더욱 약화시킬 수 있다(p. 260).

Porges는 신경과학자들이 중추신경계에 영향을 미치는 말초신경계의 감각 자극뿐 아니라 중추신경계에 의해 유발되는 말초신경계의 운동 반응 간의 복잡한 상호작용을 저평가해 왔다고 생각하였다. 그에 따르면, 말초신경계의 감각 자극 및 운동 반응을 고려하지 않은 채 중주신경계에만 집중하여 행동을 설명하는 것은 마치 현재 기온이나 난방 기능이나 환풍 기능, 냉방 기능과 같은 요소들을 고려하지 않고 자동온도조절장치를 설명하려는 것과 같다.

Porges의 개념을 고아원에서 자랐던 Alice의 사례에 적용하면 어떻게 설명할 수 있을까? 인간은 사회적 관계(복측 미주신경 체계)를 맺으며 최적의 각성 범위에 머무는 것을 선호한다는 것을 기억하라(이는 [그림 2-1]에서 보았던 놀이 행동의 최적 범위와 매우 흡사하다.). Porges의 신호등 비유를 사용하면, Alice의 자율신경계(Autonomic Nervous System: ANS)가 어떻게 적응적으로 기능했는지 알 수 있다. Alice가 짜증을 내며 **탐색하기** 체계를 처음으로 활성화했을 때, 양육자가 **돌봄** 체계를 활용하여 즉각적으로 반응했다면 Alice는 안정감을 느꼈을 것이다(이렇게 되면 아이의 **놀이** 체계는 강화되고, **분노/두려움/공포** 체계는 약화시킬 수 있었을 것이다.). 이 과정에서 아이의 요구는 사회 관계 체계(친숙한 얼굴, 익숙한 목소리, 오랜 시간 유지되는 응시, 부드러운 접촉 등)를 통해 충족되었을 것이다.

그러나 어느 누구도 반응해 주지 않자, Alice는 위험을 알리는 노란색 신호(교감신경계의 활성화)를 경험했을 것이다. 아이의 신경계는 자동적으로 과다각성(심박수가 증가하고, 움직이려는 충동의 증가)되었을 것이다. 영아이므로 싸우거나 도망칠 수는 없지만, 아이는 팔다리를 뻗치거나 휘젓는 방식으로 움직이기 시작했다. 이러한 자극[내장으로부터 들어오는 감각 자극(증가된 심장 박동)과 운동 반응(팔과 다리를 흔드는 것)은 **분노, 두려움, 공포 체계**를 강화시키고 고아원 보모의 **돌봄** 체계로부터 위로 받는 것을 어렵게 하였을 것이다. 보모가 도착하자, Alice의 신경계는 가라앉았고 **탐색하기** 체계를 작동시키며 보모와 눈맞춤 하려고 노력하였다. 만약 보모가 Alice의 시도에 반응했더라면, Alice의 안전 감지 신경지를 다시 작동시키는 데 도움이 되었을 것이다. 불행히도, 지속적인 관심을 구하는 Alice의 요구는 채워지지 못하였고, 이는 영아로 하여금 멸절되는 듯한 생명의 위협을 느끼게 했을 것이다. Alice는 Panksepp의 설명에 따르면 **공포/슬픔/분리불안** 체계를 경험했을 것이다. 거의 위로받지 못하고 곧바로 홀로 남겨지자, Alice는 생명의 위협 상태(빨간불)가 되어 해리 상태가 되었고, 극도의 무기력과 각성 저하된 모습을 보이며 심박수의 감소 및 비가동성을 나타내었다.

우리는 제3부의 부모, 교사 및 동료와 협력하기 부분에서 다시 Panksepp의 놀이 회로와 Porges의 안전 감지 신경지를 관련지어 설명할 것이다. 또한 말초신경계의 감각 자극과 운동 반응을 중추신경계와 관련지어 설명하면서 복잡한 상호작용에 대해서도 탐구할 것이다. 회복탄력성이 있는 영아기 신경계를 발달시키는 데 있어서 놀이가 중요한 역할을 한다는 개념을 기반으로 하여, Alice의 경우처럼 애착 기회가 좋지 않았던 아이들에게 치유를 위한 놀이를 어떻게 활용할 수 있을지 살펴볼 것이다.

신경계의 신호등 비유 재배치하기

Porges의 신호등 비유와 [그림 2-1]에서 논의했던 상호작용 놀이 행동 도식화를 조합하면 어떻게 되는지 살펴보도록 하겠다. Porges의 신호등 비유에서 안전에 해당하는 초록색 불의 최적 각성 구간을 그래프의 중간 지점(최적의 놀이 각성 지점)에 놓고, 최적 각성 구간 위의 위험을 나타내는 부분을 과다각성 구간에 놓고, 최적 각성 아래에 생명의 위협을 나타내는 구간을 과소각성 구간에 놓는다면, [그림 2-3]과 같이 된다. 이 그림은 상호작용 행동을 도식적으로 그린 [그림 2-1]과 유사하다.

새롭게 배치된 그림에서도 우리는 여전히 신경계의 위계적 특성을 볼 수 있다. 즉, 우리는 첫 번째 최적의 각성 구간(사회적 관계 형성 시 작동)을 가장 선호하며, 그다음으로 두 번째 전략인 과다각성 구간(사회 관계 체계가 실패했을 때 작동)을, 그다음으로 세 번째 전략인 과소각성 구간(생명의 위협이 느껴지는 상황을 감지하게 되면 작동)에 위치하게 된다. 또한 우리는 [그림 2-3]에서 세가지의 신경계 양상과 관련된 행동이나 증상도 볼 수 있다. 예를 들어, Alice의 보모가 서둘러 자리를 떠나고 나서, 아기는 더욱 조용해졌는데(신체 움직임도 감소) 이러한 무반응성이 생명을 위협하는 해리성 실신이라는 것을 주변의 관찰자들은 깨닫지 못했던 것 같다. Alice는 겨우 3개월에 불과했지만 아마도 감각의 감소와 정서의 마비를 경험했을 것이다.

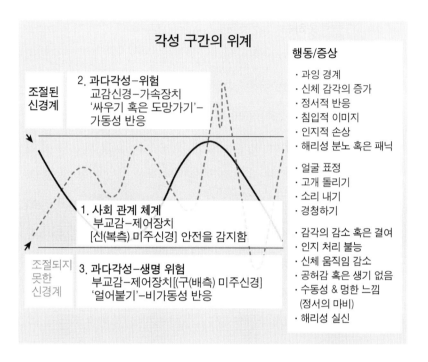

[그림 2-3] Porges의 다미주신경 이론의 각성 구간의 위계

Bandenoch (2011), Ogden, Minton, & Pain (2006), Porges (2011),
Schore (2009), & Wheatley-Crosbie (2006)을 바탕으로 함.

각성 구간의 위계 또는 '각성 범위(window of tolerance)'*(Siegel,
1999; 트라우마 문헌에서 종종 사용되는 용어임; Badenoch, 2008; Ogden
et al., 2006; Schore, 2009; Siegel, 2012)는 조절된 신경계와 조절되지
못한 신경계를 구분하는 데 도움을 준다. 이 자료는 내담자가 치
료 장면에서 어떻게 기능하는지 또는 아이들이 인생의 도전거리

----

* 역자 주: '인내할 수 있는 각성의 범위'라는 의미로 이후로는 '각성 범위'라고 축약하여 번역하였다.

에 어떻게 반응하는지에 대해 관찰할 수 있는 준거 자료가 될 수 있다. 또는 교육 장면에서 아동 학습을 방해하는 자극을 명확하게 이해할 수 있도록 돕기도 한다. 만약 한 학생이 어떤 이유에서든 최적 각성 구간의 안전구역을 벗어나게 되면 인지 기능이 손상되거나 심지어 결여되는 것을 관찰할 수 있다.

앞으로 살펴보겠지만, Siegel(1999)의 각성 범위 개념은 놀이 행동의 최적 각성 범위 이외에도 자기 조절 능력의 발달과 트라우마 치유에 있어서 핵심 개념이 된다. 또한 이 개념은 놀이가 왜 중요한지를 이해하기 위한 기본 토대를 설명할 때도 중요하다. '그냥 놀기만 하는 것'이 주는 생리적인 안정감은 외부 환경의 다양한 도전거리에 효과적으로 적응할 수 있게 해 주는 동시에 신경계를 발달시키는 수단이 된다. 동일한 맥락에서 '그냥 놀기만 하는 것'이 주는 생리적인 안정감은 신경계에 각인된 트라우마를 치유하는 수단이 된다.

앞서 살펴보았던 Sammy의 사례를 떠올려 보자. 까꿍 놀이 장면에서 우리는 부모와 자녀 간의 놀이가 개인의 인생에서 경험하게 될 강렬한 정서에 대한 회복탄력성을 발달시키는 데 있어서 중요한 역할을 함을 알 수 있다. Sammy는 교감신경계의 각성과 중요 애착 대상과의 놀이의 즐거움을 함께 연합시킴으로써 강렬한 정서에 대한 각성 범위를 확장시킬 수 있었다. 동시에 아이는 앞으로 인생에서 경험하게 될 다양한 강렬한 정서에 대처할 수 있는 신경계 패턴을 발달시킬 수 있었다.

다미주신경 관점에서 보는 놀이의 정의

놀이가 어떻게 치유적일 수 있는지(가족 맥락이든 교실이든 혹은 놀이치료 상황이든), 더 잘 이해하기 위해서 Porges의 다미주신경 이론의 관점에서 놀이를 정의해 보도록 하겠다. Porges는 놀이를 사회관계 체계(안정감을 느끼는 신경지)와 교감신경계(위험요소가 존재할 때 나타나는 신경계의 가동성)의 조합이라고 설명한다. 놀이 상황에서 이 두 신경계가 서로 조합되면 놀이하는 사람들 간의 연대감이 일어난다. 그 순간 놀이하는 사람들은 서로 면대면 상호작용을 하면서 상대방 행위의 의도를 지속적으로 가늠한다('이는 단지 놀이'임을 확인하는 것이고, 어떤 방식으로든 공격적이거나 방어적인 행동이 아님을 확인하는 것이다. 만약 신경지를 통해 위험이 감지되면 싸우기-도망가기 반응이 나타날 것이다.).

Porges(2011)는 이에 대해 다음과 같이 설명한다.

그러므로 놀이는 싸우기-도망가기 방어행동과 신경생물학적인 기저를 공유한다(교감신경계의 흥분으로 인한 신진대사의 결과물들이 기능적으로 증가한다.). 교감신경계의 흥분으로 인한 전류는 브레이크(제어장치)를 거는 수초화된 미주신경 경로가 활성화되지 못했을 때 나타난다. 생명의 위협에 대한 반응으로 비가동성(immobilization)을 일으키는 원시 기제가 사랑과 영양을 공급하는 과정에서도 공동 동원될 수 있는 것처럼, 가동성 체계(mobilization mechanism) 역시 싸우기-도망가기 방어행동과 즐거운 '놀이'를 모두 촉진시키는 데 관여될 수 있다(p. 276).

신경계의 가동성은 주로 공격/방어행동을 할 때 발생하는 것으로 생각되지만, 놀이를 할 때는 다르게 작동한다. 면대면 상호작용 놀이를 할 때 우리는 상대방 얼굴(신경계의 사회적 관계성과 연계되어)의 안면 횡문근을 통해 의도를 읽을 수 있다. 안면 근육에서 상대방의 선한 의도를 읽을 수 있다면, 우리는 각성이 고조된 상태임에도 불구하고 안전감을 지속적으로 느낄 것이다.

다미주신경 이론 관점에서 정의된 놀이를 요약하면 다음과 같다(Porges, 2011, p. 277).

- 운동 움직임을 주고받기
- 상대방에 맞추어 활동을 억제하기
- 공감 및 타인의 안녕에 대해 관심
- 교감신경계의 활성화(운동 활동을 지지하기 위한 가동성) 이후 미주신경 브레이크의 재연결(가동성을 억제함)을 통한 사회 관계 체계 활성화
- 면대면 상호작용을 통한 의도성 가늠하기
- 안정감을 느끼면서 사회 관계 체계를 신속하게 동원하기(잠재적인 공격행동이나 방어행동을 담아 주기)

나는 놀이 상호작용을 하면서 종종 '죽은 척하는' 놀이를 하거나 '잠든 척하는' 놀이를 관찰하곤 한다. 이들 놀이들은 구배측 미주신경계의 해리성 실신(파충류 뇌의 얼어붙기)처럼 보인다. 놀이는 때때로 원시적인의 초기 신경 기제와 함께 작동하여 생명

을 위협하는 경험을 놀이하듯이 자극하며 비가동성을 매개하기도 한다. 이때는 배측 미주신경의 붕괴로 인해 신진대사의 자원이 심하게 축소되는 실제 상황과는 다르다. Porges는 돌보기, 출산, 재생산 행동과 관련된 행동들을 두려움이 없는 비가동성(immobilization without fear)이라고 설명한다.

우리는 Porges의 다미주신경 이론 관점의 놀이의 정의, 각성 구간의 위계, 최적의 놀이 각성, Panksepp의 핵심 정서를 제3부에서 다시 살펴보면서 이들 이론들의 실제적인 함의를 설명할 것이다. 또한 치료자가 임상 장면에서 순간순간 내려야 하는 치료 결정에 있어서 이러한 개념에 대한 이해가 중요하며, 부모가 자녀의 적응적인 신경계를 촉진시키기를 바란다면 이 개념들에 대한 이해가 매우 유용할 것이다. 적응적인 신경계 기능(adaptive nervous system functioning)이란 더 잘 조절하고 더 잘 기능하는 것을 의미하며, 이러한 상태에 있을 때 생활의 즐거움을 경험하고 보다 조화로운 가족 환경에서 기쁨을 경험할 것이다.

마지막으로, 이러한 상태에 있을 때 신경과학 개념은 교육 환경이 잘 기능하기 위한 토대가 되기도 한다. 우리의 교육 체계는 고등 인지 기능을 열망하지만 나는 Porges의 다미주신경 이론과 Panksepp의 핵심 동기 체계로 교육 환경을 설명할 필요가 있다고 생각한다. 이 두 학자가 공통적으로 주장하는 신경과학의 요지는 놀이가 인간의 생물학적 핵심 기능의 필수 요소라는 것이다. 놀이는 단순히 대자연으로부터 물려받은 '추가' 선물이 아니다.

수십 년 동안, 교육과 치료 영역에서 증거 기반 실제가 이슈화되어 왔다. 이러한 요구를 맞추기 위한 최선의 방책은 신경계가 전체적으로 어떻게 작동하는지에 대한 기본 개념들(두개골뿐 아니라 체화된 뇌, 안정감을 감지하는 신경지, 놀이를 포함한 핵심 정서 체계 등)을 기반으로 하여 작업이 이루어져야 한다고 생각한다.

제3장

왜 Bobby는
예의 바르게 행동할 수 없을까

Bobby 아버지는 격양된 어조로 치료실의 전화기에 메시지를 남겼다. 놀이치료사인 나는 아홉 살 내담자의 신변에 뭔가 좋지 않은 일이 일어났음을 직감할 수 있었다. Bobby는 최근 다른 주에 있는 사회복지기관를 통해 어머니의 집에서 격리보호되어 아버지와 함께 살기 시작했다. 아버지 Andrews는 아들의 인생을 변화시키기 위해 열심히 노력해 왔지만, 지금은 거의 포기 직전에 있었다. 학교 운동장에서 벌어진 Bobby의 폭력적인 행동으로 인해 교장 선생님이 그를 퇴학시켜야겠다고 아버지에게 통보해 왔기 때문이다. 아버지는 "계속 그에게 예의 바르게 행동하라고 말하고 있어요. 그런데 왜 그는 내 말을 듣지 않을까요?"라고 말하였다.

Matthews 박사는 방임과 학대의 초기 양육 환경으로 인한

Bobby의 상처와 트라우마를 치유할 수 있도록 도와주어야 한다는 것을 알고 있었다. 그녀는 Bobby의 공격 행동이 그의 깊은 고통에서 유래되었으며, 그 고통에 다가가기 위해서는 신뢰로운 관계를 형성하도록 도와주어야 한다는 것을 알고 있었다. 아버지가 아들에게 예의 바르게 행동하라고 말하는 것은 아들의 대뇌피질 영역에 이야기하는 것으로, 아들의 인지적인 측면과 의식적인 측면에 영향을 미치기를 바라면서 한 말이다. 그러나 Bobby의 반항적인 태도는 그의 생의 초기에 형성된 것으로, 피질하부에 위치하고 있는 비언어적인 영역에서 기인한 행동이다. 이 부분은 Panksepp이 제안한 일차 정서 체계가 위치한 영역으로 아동의 행동에 강력한 영향을 미치는 영역이다.

Mattews 박사는 Bobby의 행동을 변화시키기 위해서 그와 신뢰로운 관계를 형성하여, 그의 뇌의 깊은 피질하부 층에 새로운 경로를 아동과 함께 만들어 가고자 했다. 피질하부 층은 Bobby가 자신에 대해 좋지 않게 느끼는 감각이 위치해 있는 영역이며, 많은 고통과 두려움으로 둘러싸여 있는 영역이다. 신뢰로운 관계를 형성하면, 아동은 점차 자신의 원정서를 진정시킬 수 있는 회로를 만들 수 있으며, 자신의 취약한 신경계를 조절할 수 있을 것이다. 어머니가 그를 버리고 떠났을 때, 그는 오랜 시간 동안 고통과 분리불안을 경험했을 것이고, 그에 따른 두려움과 분노의 감정에 휩싸여 있었을 것이라는 것을 우리는 상상할 수 있다.

이제 Bobby는 아홉 살이 되었다. 그는 일상생활의 여러 유발 인자들로 인해 조절되지 못한 핵심 정서 체계에 신속하게 접촉

되곤 한다. 아버지의 부재와 어머니의 비일관적인 양육으로 인해 그는 생의 초기에 **놀이**의 즐거움과 **돌봄**의 편안함을 누리지 못했다. 결과적으로, 그의 신경계는 위험과 수치심을 유발할 수 있는 잠재적 신호에 매우 민감하게 되었으며, 촉발적인 학교 환경이나 짜증을 증폭시키는 가정환경에서 **두려움, 분노, 공포/슬픔/분리불안** 등이 서로 뒤엉켜 나타났을 것이다.

가정에서 Bobby의 행동은 시간이 지날수록 더욱 심각해졌고, 계모는 그를 양육하고 안정시키는 것에 점점 더 힘겨움을 느꼈다. Bobby는 그녀와의 관계에서 경계(boundary)를 인지하고 존중하는 것에 어려움이 있었다. 그는 계모의 침실에서 작은 물건을 여러 번 '훔쳤다'. 그는 계모의 요구에 거의 순응하지도 않았다. 어느 날 Bobby는 새로 구입한 계모의 커피 테이블에 칼로 선을 그으며 낙서를 하였다. 그 사건 이후로 계모는 잠시도 그에게서 눈을 떼서는 안 된다는 것을 실감하게 되었다.

Bobby의 뇌에서는 무슨 일이 일어나고 있는 걸까? 왜 학교와 가정에서 계속해서 문제를 일으키고 있는가? Bobby는 무엇이 잘못되었는가? 그의 기억에 문제가 있는 것인가? 단순히 결함이 있는 것인가? 이 모든 질문은 "왜 그는 말을 듣지 않을까요?"라고 말하던 아버지의 마음속에 떠올랐던 질문들이다.

치료사는 Bobby의 기억이 잘 작동하고 있음을 확신했으며, 그가 적절하게 행동할 수 있음을 알고 있었다. 놀랍게도 그의 과거력을 살펴보면, 그는 잘 협력할 수 있었던 아이였다. Matthews 박사는 놀이치료 기간 동안 Bobby와 함께하는 시간을 좋아했으며, 그의 회복탄력성을 인지하였다. 박사는 그가 다양한 방식으로 놀이하는 창조적 에너지를 가지고 있음에 매번 놀라곤 하였다. Bobby는 모래상자에서 열차 사고 장면을 여러 번 연출했는데, 박사는 이 장면을 목격하면서 스트레스 상황에서 왜 그렇게 갑자기 그의 행동이 예기치 않은 방식으로 무너지는지를 애착의 관점에서 이해할 수 있었다.

Bobby의 생애 초기로 돌아가 상상해 보자. 열여덟 살의 초보 어머니인 Julie는 새로 태어난 아기를 잘 키우기 위해 애쓰고 있다. 그녀는 Bobby를 사랑하고 잘 돌보고 싶어 한다. 그리고 그녀는 자녀가 자신보다 더 나은 삶을 살기를 바란다. 그녀의 어머니는 예측할 수 없었으며 자신을 종종 거칠게 다루었고, 아버지는 거의 집에 들어오지 않았다. 아버지는 술을 너무 많이 마셨기에 직장을 계속 다닐 수 없었다. 아버지는 종종 Julie 어머니를 정서적으로 학대했으며, Julie 오빠를 신체적으로 학대했다. Julie가 여섯 살이 되었을 때, 아버지는 가출하였고 다시 돌아오지 않았다. 이 사건은 Julie가 버림받은 첫 번째 고통스러운 기억이지만, 이는 단지 상실의 시작일 뿐이었다. 이후 Bobby를 임신하고 4개월이 되었을 때, 남편이 그녀를 떠나면서 상실의 아픔이 가중되었다. Julie는 친구도 없고 가까운 친척도 거의 없었다. 그녀는 일을 하려고 노력했지만, 집세도 겨우 낼 정도로 수입이 충분하지 않았다.

Julie의 새 남자친구가 이사 들어온 이후 상황은 더욱 악화되었다. 새 남자친구는 직업도 있고 재정적으로 도움을 주었지만 술과 마약에 중독되어 있었다. Julie는 Bobby가 자신을 필요로 한다는 것을 알고 있었다. 하지만 직장에서 스트레스를 받은 날이면 Julie는 인내심의 한계를 느꼈고, 아이가 울어도 달래 줄 수 없었다. Julie는 새 남자친구를 따라 조금씩 마약을 하기 시작했으며, 이내 Bobby가 울어도 문을 닫고 내버려 두기 시작했다. Bobby는 홀로 남겨진 채 두려움에 떨었고, 자신을 위로해 주는 어머니를 항상 기대할 수 없다는 것을 재빠르게 깨달았다. Bobby는 어머니가 자신의 울음에 언제 반응해 줄지 알 수 없었다. 때로는 어머니가 다가왔고, 때로는 그와 놀아 주기도 했다. 그는 어머니와의 관계를 원했지만, 언제 그리고 어떻게 그런 일이 일어날지 전혀 예측할 수 없었다.

다시 Bobby의 현재 상황(생부 및 계모와 함께 삶)으로 돌아와서 살펴보자. 생애 초기 경험, 특히 예측할 수 없었던 생모와의 정서적인 관계성이 그의 마음과 뇌 형성에 어떻게 영향을 미쳤고, 세상에 대한 인지적 기대에 어떠한 영향을 미쳤는지를 살펴보자. 아홉 살인 Bobby는 세상에 대처할 수 있는 일관된 전략을 발달시킬 수 없었다. 가정에서 발생하는 분노에 익숙해 있을 뿐 아니라 매번 유기될 것에 대한 두려움을 가지고 있었기에, 그는 화가 난 친구의 모습을 보거나 약간 톤이 올라간 선생님의 목소리를 듣기만 해도 쉽게 긴장하곤 했다. 놀이터에서 자신과 놀던 친구가 다른 친구와 놀려고 자신을 떠날 때면 그는 큰 불안을 느꼈을 것이다. 이러한 부분을 그의 불안은 일순간에 두려움과 분노로 변했고, 이러한 깊고 강렬한 감정을 그는 조절할 수 없었다. 이러한 부분을 생각하기도 전에 그의 보호 시스템이 작동했을 것이다. 그는 가정과 학교에서 많은 피드백을 받았지만, 이는 이미 취약해진 그의 체계를 더욱 취약하게 만들었다. 그는 충동적인 행동을 멈추게 하는 신경 회로를 가지고 있지 못하였고, 사람들은 이를 이해하지 못했다.

Bobby의 이야기를 통해 우리는 초기 관계 경험이 얼마나 중요한지 알 수 있다. 우리는 Bobby 아버지가 제기한 "왜 그는 내 말을 듣지 않을까요?"라는 질문의 중요성을 인식하기 시작했다. 아들의 행동을 일으키는 근본적인 원인이 무엇인지 궁금해하는 Bobby 아버지의 이해를 돕기 위해, Matthew 박사는 암묵기억이 뇌에서 어떻게 형성되는지, 특히 영아기와 걸음마기의 초기 애착 경험이 어떻게 암묵기억의 형성에 기여하는지 그리고 이러한 기억이 어떻게 유지되는지에 대해서 설명하고자 했다. 또한 박사는 이렇게 입력된 뇌의 패턴이 우리 몸에 남아서 어떻게 행동을 유발하는지에 대해서도 설명하고자 했다. 또한 구(old) 경로와 지속적으로 연결하려는 뇌의 속성으로 인해, Bobby는 안전하고 이해받는다고 느끼는 관계 안에서만 애착 패턴과 행동을 변화시킬 수 있음을 이해시키고자 했다. 박사는 Bobby 아버지와 아들이 새로운 관계를 형성하는 데 자신이 도움이 될 수 있기를 바랐다.

우리는 뇌와 마음의 다양한 부분이 조직화되고 통합되는 방식에 대해 이 장의 나머지 부분에서 이야기할 것이고, 이를 기반으로 제5장에서 살펴볼 애착과 사회적 유대를 설명할 것이다. 각각의 주제들은 Matthew 박사가 Bobby의 치료와 그의 아버지를 교육하고 계획했던 중요한 내용들이다. 뇌와 마음은 지난 수십 년 동안 심도 깊게 연구되어 왔지만, 여기서 우리는 **놀이**를 포함한 핵심 정서 체계의 역할에 초점을 두고 간단히 살펴볼 것이다.

🧑 발달하는 뇌의 층

지난 20년 동안 우리 뇌의 다양한 구조가 서로 관계를 맺는 방식에 대한 몇 가지 관점이 등장하였다. 비록 관점의 차이는 있지만, 모두 뇌의 구조가 위계적인 방식으로 관계를 맺고 있다고 기술하고 있다. 즉, 진화 과정에서 가장 초기에 발달한 구조(뇌간), 그다음에 발달하여 뇌간 위에 위치한 구조(편도체, 해마, 시상하부, 시상으로 구성된 변연계), 그리고 가장 마지막에 발달하여 변연계를 둘러싸고 있는 외피 구조(신피질)는 위계적으로 서로 관련되어 있다. 이는 가장 초기에 발달한 영역이 그 이후에 발달한 영역에 내재되어서 어떻게 지속적으로 정보를 주고받는지를 설명한다. 대인관계 신경생물학이라는 학문 분야의 출현으로 우리는 위계 구조의 본질과 그것이 초기 관계에서 어떻게 발달하는지에 대해 좀 더 이해할 수 있게 되었다.

이 장에서 우리는 Bruce Perry(2009) 작업과 Jaak Panksepp (2011)의 개념을 살펴볼 것이다. Perry는 뇌의 구조와 기능의 위계 구조를 기반으로 하여 신경 순차(neurosequential) 치료 모델을 개발하였다. Panksepp은 '핵심 정서가 인지과정에 어떻게 영향을 미치는지'를 설명하면서 내재된 뇌와 마음 간의 위계 구조념을 제안하였다. 이들 관점들은 초기 사회 경험이 왜 그토록 중요한지에 대한 이유를 설명해 준다. 초기 사회 경험은 뇌의 구조와 기능(일차 과정)에 직접적으로 영향을 미치며 진화된 뇌 영역의 형성(이차 과정, 삼차 과정)에도 중요한 영향을 미치기 때문이다. 즉, 초기 대인관계 경험은 뇌 형성의 기반을 제공할 뿐만 아니라 뇌 영역들의 서로 연결된 속성으로 인해 역동적으로 서로에게 지속적으로 영향을 미치기 때문이다.

관계 뇌(relational brain)에 관한 세미나에서, Daniel Siegel (1999, 2012)은 뇌의 위계적인 속성에 대해 말하면서 **수직적 통합** (vertical integration)이라고 용어화했다. 이는 뇌간과 변연계에서 온 정보를 수합하여 전두엽 피질과 통합하는 과정을 말한다. 수직적 통합은 Siegal이 제안한 아홉 가지 신경 통합 경로 중 하나로서, 개인의 안녕과 협력관계를 이끌어 낼 수 있다. 다음 장에서 이에 대해 좀 더 자세히 논의할 것이다.

먼저, Perry와 Panksepp의 개념을 좀 더 자세히 살펴본 후 이 개념을 Bobby 사례에 적용해 볼 것이다. 즉, Bobby를 예의 바르게 행동하기 어렵게 만드는 것이 무엇인지를 살펴보고, 그의 행동을 변화시키기 위해 어떻게 놀이를 활용할 수 있는지에 대해 알아보고자 한다.

Perry의 신경순차 모델

Bruce Perry(1977; Perry & Szalavitz, 2006)는 초기 발달이 상당

히 중요하며, 영아기와 아동기 동안의 돌봄 관계가 각 개인의 신경생물학적 조직화 정도에 큰 영향을 미친다는 것을 증명하였다. 그는 뇌의 4층 구조를 사다리꼴 모양([그림 3-1])으로 도식화하였는데, 이는 뇌간(가장 적은 세포를 가지고 있는 가장 간단한 구조)에서 전두엽 피질(가장 많은 시냅스와 세포를 가지고 있는 가장 복잡한 구조)에 이르는 뇌 구조가 어떻게 조직화되어 있는지를 보여 준다. 그림의 오른쪽에는 뇌의 다양한 기능이 기술되어 있다. 가장 아래쪽은 가장 간단하고 반사적인 수준의 기능인 체온 조절부터 시작하여 가장 위쪽에는 복잡하고 추상적인 생각이 기술되어 있다. 각 층의 조직화는 다양한 발달 단계를 거치면서 이루어지며(성숙한 뇌의 변화 과정에서) 인생 경험에 대한 직접적인 반응으로 형성된다. Perry(1997)는 다음과 같이 말하였다. "특정 신경 체계가 더 활성화될수록 이에 상응하는 신경 상태들이 더 많이 구축될 것이다(신경 활성화에 상응하는 경험의 내적 표상을 만들어 냄). 이렇게 외적·내적 세계에 대한 내적 표상을 만드는 것은 사용 의존적인 것으로 학습과 기억의 기초가 된다." 그는 인지 학습에 대해 설명할 뿐 아니라 정서와 행동 패턴이 어떻게 입력되고 기억되는지에 대해서도 설명하고 있다. 사실 생애 초기 2년 동안 이루어지는 학습은 대부분 정서·관계 기억이다.

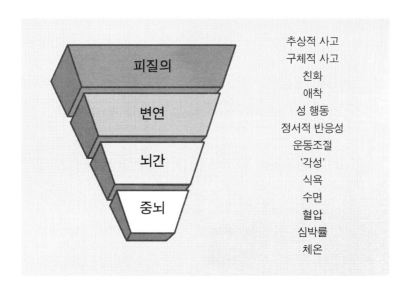

추상적 사고
구체적 사고
친화
애착
성 행동
정서적 반응성
운동조절
'각성'
식욕
수면
혈압
심박률
체온

[그림 3-1] 뇌의 구조와 기능의 위계

또한 Perry에 따르면, 뇌는 순차적으로 발달하는데(한 층 위에 또 다른 층이 쌓이는 방식), 이러한 개념을 신경순차 모델이라고 하였다. 그에 따르면, 좌절감과 충동성, 공격성 및 폭력적인 행동을 조절할 수 있는 성숙한 성인의 능력은 뇌의 각 층의 순차적 발달 정도에 따라 차이가 있다는 개념을 소개하였다. 또한 Perry는 뇌의 신경 가소성(평생 동안 새로운 신경 연결을 만들어 내며 뇌를 재조직화할 수 있는 능력)으로 인해 성인이 되더라도 평생 동안 뇌의 기능 변경이 가능하다고 반복해서 강조하였다. 그러나 영아기와 아동기 동안의 경험들은 문자 그대로 뇌를 조직화하는 기본 틀을 형성한다.

　우리는 Bobby의 충동성과 공격성이 뇌의 조직화 방식에 깊이 뿌리내리고 있으며, 이러한 뇌의 구조는 생의 초기 유기 경험에 대한 직접적인 반응으로 형성된 것이라는 것을 이해하기 시작했다. 만약 건강하게 잘 통합된 성인이 양육자로 있는 환경에 태어났다면, 영아는 부모의 전두엽 피질 기능을 자신의 것으로 '차용'해 와서 자신의 행동을 선택하고 공감할 수 있는 신경 구조를 점진적으로 공동 생성해 낼 수 있을 것이다. 이 회로는 상당히 복잡하다. 이 회로는 수많은 다양한 회로들을 한데 끌어모아 두려움에 지배되지 않고 다른 선택을 할 수 있을 만큼 그 과정 속도를 충분히 늦출 수 있다. 그러나 이러한 최초의 관계 경험이 없다면, 우리는 통합 경로를 발달시킬 수 없다. 이러한 상태에서 스트레스가 발생하면, 우리는 뇌간에 위치한 싸우기─도망가기의 핵심 핵에 즉각적으로 사로잡히게 되어 다른 경로를 선택할 수 있는 시간을 가질 수 없게 된다.

　이것이 Bobby의 딜레마이다. 하지만 희망이 없는 것은 아니다. 신경 가소성이라는 특성으로 인해 나이가 있더라도 관계 안에서 뇌의 조절 회로를 발달시킬 수 있다. 우리는 조율된 놀이 활동을 통해 조절 회로를 발달시킬 수 있다. 놀이 활동은 깊숙한 곳에 내재되어 있는 뇌 구조의 발달을 자극하고 형성하는 데 매우 중요한 역할을 한다. 우리는 이 과정을 Perry의 위계 개념과 Panksepp의 일곱 가지 주요 동기 체계(이 중에 하나가 놀이로서, 뇌의 모든 층에 내재되어 있다.)를 통합해서 설명하도록 하겠다.

Panksepp의 내재된 뇌 위계

Perry와 유사하게, Panksepp도 상부의 마음과 뇌의 기능이 효과적으로 작동하기 위해서는, 하부의 피질하 기능과 온전히 통합되어야 한다고 믿었다. Panksepp은 Perry의 신경순차 모델과 유사한 '내재된 위계 구조(nested hierarchy)'라는 개념을 사용하여 설명하였다. 그는 마음뇌(mindbrain)와 뇌마음(brainmind)이라는 전문용어를 만들어서 마음과 신체가 서로 분리될 수 없음을 강조하였다. Panksepp과 Biven(2012)은 다음과 같이 말하였다.

> 과거에는 신체적으로 건강한 내담자가 정서적으로 불안해지면서 신체 증상을 호소하면 의사들은 그 증상이 정신신체적(psychosomatic) 증상, 즉 모든 것은 마음에 의한 것이며, 실제 신체 증상은 없는 것으로 간주하는 경향이 있었다. 그러나 이러한 정신 신체적 질병에 대한 심인성 견해는 더 이상 받아들여지지 않는다. 정서는 정서 체계에서 비롯되지만, 이 역시 뇌 화학물질에 의해 유발되며 궁극적으로 뇌와 신체의 기능에 영향을 미치기 때문에 정서장애와 신체장애 간의 구분은 거의 의미가 없다. 형태가 없는 마음과 실제적인 형태가 있는 뇌는 서로 다른 독립체인 것처럼 보이지만 실제로 마음과 뇌는 하나이고 동일한 것이다. 마음뇌(혹은 뇌마음)는 신체와의 경계가 없는 통합된 전체(unified entity)를 말한다—하나의 전체(a whole)로서 신체 체계에 통합되어 있다(p. xiii).

Panksepp은 마음뇌라는 용어를 하향식(top-down) 처리(즉, 이후에 발달된 구조가 이전에 발달된 구조에 영향을 미치는 것)를 지칭할 때 사용하였고, 뇌마음이라는 용어는 상향식(bottom-up) 처리(이전에 발달된 구조가 이후에 발달된 구조에 영향을 미치는 것)를 지칭할 때 사용하였다. [그림 3-2]의 Panksepp 그림은 세 개의 층으로 이루어진 위계 구조를 나타내며, 각 층은 이전 층에 내재되어 있으며 양방향 또는 순환적인 인과성을 이루고 있다. Panksepp과 Biven(2012)은 진화적으로 층을 이루고 있는 뇌마음의 정서처리 과정을 삼각형 모형([그림 3-2])으로 보여 주며, 뇌에서 일어나는 다양한 정서 경험의 기원 및 사고방식을 설명하였다.

삼각형의 제일 하단은 일차 과정 본능 정서(primary process instinctual emotion)라고 되어 있는데, 여기서 원정서가 생성된다. 대자연은 생존을 위한 도구로써 이러한 정서들을 우리의 뇌에 형성해 놓았다(Panksepp & Biven, 2012, p. xii). 우리의 정서는 제일 하단에서 시작되는데(제1장에서 살펴본 일곱 가지 일차 동기 체계가 있는 곳), 왜냐하면 Panksepp과 Biven에 의하면 이곳이 우리의 정서 의식화(emotional consciousness)의 기본 토대가 되기 때문이다. Panksepp(2011)은 세 가지 서로 다른 종류의 원시적인 정서를 열거하였다(감각 정동, 항상성 정동, 정서 정동). 놀이치료 맥락에서, 우리는 특별히 세 번째 유형인 정서 정동(emotional affect)*에 속해 있는 '정서 행위 체계(emotional action systems)'라고 불리는 것에

---

* 역자 주: 이 책에서 'emotion'은 '정서'로 번역하였고, 'affect'는 반사적인 움직임이 강조되는 용어인 '정동(情動)'으로 번역하였다.

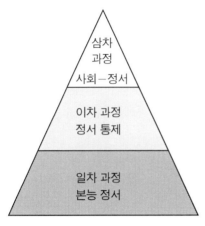

[그림 3-2] 정서 처리 통제 수준

Adapted from Panksepp (2011) and Panksepp and Biven (2012). "Figure 1.4", "Figure 1.6" from *The Archaeology of Mind: Neuroevolutionary Origins of Human Emotions* by Jaak Panksepp and Lucy Biven. Copyright ⓒ 2012 by Jaak Panksepp and Lucy Biven. Used by permissin of W. W. Norton & Company, Inc.

3. 삼차 정동
  (a) 인지적 실행 기능(사고 & 계획하기)-주로 정동에 의해 실행된다.
  (b) 전두엽 신피질 내부에 있는 정서적 반추와 조절
  (c) 자유의지 또는 행동하려는 의지(전두엽 실행 기능)

2. 이차 과정 정서(기저핵을 통한 학습)
  (a) 고전적 조건화
  (b) 도구적, 조작적 조건화
  (c) 정서적 습관

1. 일차 과정 정서
  (원시적인 정동 발생-피질하부)
  (a) 감각 정동(쾌-불쾌 느낌)
  (b) 항상성 정동(배고픔, 목마름)
  (c) 정서 정동(정서 행위 체계; 행위상 의도 발생)

관심이 있다. 왜냐하면 이 체계가 활성화되면 정서를 관찰하고 작업할 수 있기 때문이다. 우리는 이 중에서 특별히 **놀이 행위 체계**(PLAY action system)에 초점을 두고 살펴볼 것이다. Ogden, Minton, Pain(2006)은 Panksepp의 연구를 인용하며 이들 행위 체계들은 서로 밀접하게 상호작용하며 작동하기도 하지만 개별적인 속성을 나타내기도 한다고 주장하였다. 예를 들어, **탐색 체계**[탐색 행위 체계(exploration action system)라고 부르기도 함, pp. 114-115]는

놀이 체계와 동시에 활성화되기도 하지만, 개별적인 행위 체계로 작동하기도 한다(제1장의 Panksepp의 연구 자료를 통해 알 수 있듯이, 각 행위 체계들은 각각의 고유한 신경 회로를 지니고 있다.).

Parksepp에 의하면, 일차 과정 수준에서 발생하는 원시적인 정동(동기 체계)은 '행위상 의도(intentions-in-action)'를 유발시키는데 이는 삼차 수준에서 자유의지에 의해 발생하는 '행동하려는 의지(intention-to-act)'와는 대조를 이룬다(전두엽 대뇌피질의 실행 기능이 관여됨). 이것이 의미하는 바가 무엇인가? Ogden, Minton, Pain(2006)은 **놀이** 행위 체계에서 발생하는 행위상 의도[혹은 '놀이 신호(play signals),' p. 172라고 부르기도 함]가 어떻게 치료자에게 관찰 가능하게 되는지에 대해서 적절하고 타당하게 설명하였다. 또한 놀이 행위 체계가 작동하는 방식, 특히 트라우마 희생자가 안전감의 부재로 인해 이 체계가 작동하지 않을 경우에 어떻게 내담자로 하여금 이 체계에 참여하도록 할 수 있는지에 대한 제안을 하였다. 그들은 말하기를,

> 놀이는 종종 특정 '놀이 신호'(눈맞춤, 얼굴 표정, 자발적인 신체적 접근성, 향상된 사회적 관계와 같은 비언어적인 몸짓과 태도 등)를 동반한다 (Beckoff & Byers, 1988). 이는 보통 미소, 웃음, 박장대소, 즐겁거나 재미있다는 표현, 사회적 관계성 등으로 나타난다(Panksepp, 1998). 개인이 자기(self)에 대한 감각과 자율성, 행복 등으로 인해 편안함을 느끼면, 놀이는 자발적으로 자발적으로 나타날 것이고, 위험으로 인해 위

협과 두려움을 느끼면 놀이는 즉각적으로 중단될 것이다. 그러므로 놀이 체계가 나타난다는 것은 상대적으로 두려움과 방어적인 하위 체계들이 없다는 것을 의미한다.

심리치료는 내담자를 '놀이할 수 없는 상태'에서 '놀이할 수 있는 상태'로 변화시켜야 한다(Winnicott, 2005, p. 50). 그런데 치료자들은 내담자들이 호소하는 증상이나 어려움 해결에만 집중해야 한다고 생각할 수 있다. 그렇기 때문에 치료사들은 놀이스러움, 유머, 낙천성, 고통에 대한 회복탄력성 등이 나타나는 순간에 드러나는 건강과 활기를 알아차리지 못하고, 간과할 수 있다(pp. 172-173).

이상과 같이 치료자들이 어떻게 놀이 행위 체계(Panksepp의 표현으로 하면 행위상 의도)에 참여할 수 있는지에 대한 임상적인 기술에서도 나타나듯이, 우리는 Panksepp이 왜 그토록 오랫동안 과학적인 자료를 근거로 하여 일차 정동이 하향식이 아닌 상향식으로 출현한다는 것을 인지하는 것이 중요하다고 강조해 왔는지를 알 수 있다. 만약 우리가 하향식(우리가 인지 과정에 과도하게 초점을 맞출 경우)으로만 작업한다면, 우리는 상향식 과정에서 발생하는 놀이 신호[놀이(행위상 의도)하는 과정 중에 사회적 관계를 맺고자 하는 의도가 비언어적인 몸짓과 자세를 통해 자발적으로 드러남]를 놓칠 수 있다.

이차 과정 정서(secondary process emotions)는 [그림 3-2]의 삼각형 중간에 그려져 있다. 이 부분은 학습과 기억의 기제로서 ① 고전적 조건화, ② 조작적 조건화, ③ 행동적·정서적 습관을 매개하는 구조이다. Panksepp과 Bien(2012)은 고전적 학습 이론을 다른 방식으로 생각할 수 있도록 해 준다. 정서 학습이 이루어질 때 정서 느낌이 뇌의 정서 행위 체계에 통합적으로 기반을 두고 있다는 것을 기억할 필요가 있다. 예를 들어, 고전적 학습 상황에서 '두려움(p. 209)'의 경험(무조건적 반응: UR) 자체가 처음 조건화된 두려움으로 학습되는 과정에서 크게 영향을 미치지만, 이 사실이 종종 간과된다. Panksepp과 Blven의 관점(2012)은 "환경에서 발생한 사건에 대한 무조건적인 정서 반응이 뇌에서 '보상'과 '처벌'로 느껴질 수 있다."는 것이다. 그들은 이러한 종류의 학습을 설명하기 위해 다음의 예시를 제시하였다.

아이들은 놀이 체계를 통해 사회적 규칙을 학습한다. 예를 들어, 언제 협력해야 하는지, 언제 경쟁해야 하는지, 때때로 기분 좋게 지면서 상대방을 이기도록 해 주어야 하는지를 배운다. 동물들이 싸움 놀이를 할 때, 한 동물이 70% 이상 이기게 되면 다른 동물은 더 이상 그 놀이에서 즐거움을 느끼지 못하고 그 상호작용을 그만두려고 할 것이다. 이와 같이 아이들도 놀이를 할 때 상호 주고받는 방식으로 이루어져야 하며, 때때로 양보를 해야 한다는 귀중한 사회적 기술을 배우게 된다. 만약 그렇게 하지 않으면 친구들이 그들과 노는 것을 거부하기 시작하기에, 아이들은 이러한 기술을 배우게 될 것이다(p. xix).

앞의 예시에서 볼 수 있듯이, **놀이**를 이끄는 기본 충동은 정서적 각성이다. 즉, 아이들은 상호적으로 주고받는 방식으로 놀이를 하거나, 기분 좋은 유머를 하거나, 다른 사람에게 양보를 할 때는 보상을 받으나, 너무 지배적으로 놀거나 경쟁적으로 놀거나 기분 좋은 유머가 결여되어 있으면 처벌(다른 아동이 놀이에서 떠남)을 받게 된다는 것을 깨닫는다. 아이들은 놀이를 지속시키는 행동은 계속 추구하고, 놀이 친구들을 떠나게 하는 행동은 피하는 것을 학습한다. 물론 위의 예시는 지나치게 단순화하여 설명한 부분이 있다. 왜냐하면 아이들의 놀이는 **탐색**과 **공포/슬픔** 등과 서로 맞물려 작동하기 때문이다.

[그림 3-2]의 삼각형 상위 부분에 해당하는 **삼차 정동**(tertiary affect)은 광범위한 인지와 사고를 포함하고 있다. 이 부분에 이르면 우리는 정서 경험[놀이 경험 포함]을 되돌아보고 인식할 수 있다. 삼차 사회 정서에는 ① 실행인지 기능(종종 정동에 의해 유발된 사고와 계획하기), ② 정서적 반추와 조절, ③ '자유의지' 또는 **행동하려는 의지**(intention to action)(Panksepp, 2011)가 포함된다. 이 단계에 이르면, 우리는 대뇌피질의 방대한 처리능력을 발달시키고 사용할 수 있게 되기에, 자유의지(free will)를 활용하여 일차 과정 정서를 조절하고 의식적인 결정을 내릴 수 있다. 예를 들어, 우리는 **놀이** 충동을 지연시키고, 돈을 벌기 위해 직장에 가는 경쟁적인 욕구를 선택하여 실행(인지적 실행 기능을 통해)할 수 있다.

James-Lange의 **판독 이론**(read-out theory), 즉 신피질에 의해 정서가 읽혀지면서 정서가 만들어진다는 이론을 지지하는 인지 과학자들과는 대조적으로, Panksepp은 [그림 3-2]에서 볼 수 있듯이 뇌의 피질하 수준에서 '정동 의식(affective conscious)'이 발생한다고 제안하였다. 정서의 판독 이론에 의하면, 정동 의식은 뇌의 깊은 층에서 생성될 수 없는데 왜냐하면 그 층은 비인지적 영역이기 때문이다. 하지만 Panksepp은 '의식화(consciousness)'와 '인지(cognition)'를 동등하게 여기는 것은 옳지 않다고 지적한다.

그에 의하면, 일차 정서 체계(놀이 포함)는 비언어적인 에너지 형태의 의식으로, 이를 '정동 의식'이라고 불렀다. 일차 정서로 인해 우리는 환경에서 일어나는 일에 즉각적으로 대처할 수 있기에, 일차 정서 체계가 우리의 뇌에 내재되어 있다고 지적하였다. Panksepp과 Biven(2012)은 자신들의 입장을 다음과 같이 요약하였다. "우리가 아는 한, 기본적인 생물학적 가치와 관련된 뇌의 설계는 모든 포유류에게서 동일하다. 즉, 의식을 발생시키는 정서 회로가 피질하 영역(인간에게 고도로 발달되어 있는 신피질의 아랫부분)에 집중되어 있다는 것이다"(p. 1).

Panksepp(2011)의 지적에 따르면, 만약 우리가 James-Lange의 정서 이론을 수용한다면 놀이(일곱 자기 정서 체계 중 하나)가 신피질에서 나오는 것으로 잘못 인식할 수 있다. Panksepp(1998)은 동물 실험을 통해 그것이 사실이 아님을 입증하였다. 그는 일반 쥐 집단과 수술로 대뇌피질이 제거된 쥐 집단의 놀이 행동을 비교하라고 연구 보조원에게 요청하였다. 연구 보조원은 대뇌피질을 제거한 쥐가 보이는 기운 넘치고 활발한 움직임을 정상적인 놀이라고 보았고 정상 뇌를 가진 쥐의 차분한 행동이 오히려 덜 건강하다고 판단하는 실수를 범했다(p. 308).

Panksepp과 Biven(2012)은 인간 사례에서도 피질하에서 기원하는 정서 경험의 추가적인 증거를 제공했다. 무뇌증의 아기들(예: 대뇌 반구가 없이 태어난 아기들)은 비록 지적으로는 잘 발달하지 못하지만 적절한 보살핌과 사회적 관계 가운데 성장한다면 정서적으로 활기찬 아동으로 성장할 수 있다. 또한 뇌졸중으로 유발된 실어증 내담자(보통 좌측 신피질이 손상됨)들도 정서 능력을 유지할 수 있는데, 이는 정서 의식은 언어와 독립적으로 발달한다는 것을 보여 준다(p. 14).

이런 증거들로 미루어 볼 때, 우리는 신피질이 **놀이**를 위해 꼭 필요한 부분이 아님을 알 수 있다. 물론 더 정교한 형태의 놀이를 발달시키기 위해서는 신피질의 기억과 처리 능력을 필요로 하며, 이를 토대로 다양한 놀이 아이디어와 행동을 조작할 수 있다. 예를 들어, 체스 게임과 같은 정교한 놀이를 하려 한다면, 신피질의 처리 능력이 필수불가결할 것이다. 우리 인간이 발명한 다양한 형태의 놀이들은 **놀이**하고자 하는 일차적인 동기와 동일한 것은 아니다.

🗣 마음의 놀이터로서의 대뇌피질

인지 과학자와 정서 신경과학자들 사이의 대립을 보면 과거에 전통적인 견해(아기들은 언어가 없기에 생각할 수 없다.)에 반대하며 투쟁하던 Margaret Lowenfeld(모래상자치료의 창시자)의 모습이 떠오른다(Lowenfeld, 1979/1993). 그녀는 어린 영아들도 생각할 수 있다고 주장하면서, 아기들은 단지 자신의 비언어적인 사고 과정을 보고할 수 있는 언어를 가지고 있지 않을 뿐이라고 설명하였다. 지금 우리는 여러 연구들을 통해서 아기들도 생각할 수 있다는 것을 알고 있다. 이러한 '비언어적인 사고'는 모래상자 치료의 핵심 개념으로, Panksepp이 제안한 '비언어적인 정서 의식' 개념과 유사하다.

Panksepp(1998)은 뇌의 여러 정서 처리 단계들이 서로 연결되어 있음을 다음과 같이 설명하였다. 뇌에서 피질이 제거된 생쥐라도 **놀이** 동기는 사라지지 않는다. 또한 놀이는 대뇌피질에 강력한 영향을 미치기도 한다. 그는 "어린 아동 놀이의 적응적인 기능 중 하나가 다양한 대뇌피질 기능을 프로그래밍하는 것"이라고 설명하였다. 이런 점으로 볼 때, 대뇌피질은 마음의 놀이터일 수 있으며, **놀이** 회로는 놀이터에서의 활동을 조율하는 주요 코디네이터일 수 있다"(p. 291). Panksepp의 비유를 통해 볼 때 우리는 대뇌피질이 마음의 놀이터임을 알 수 있으며, 뇌에서 정동을 처리할 때 [그림 3-2]의 **놀이** 체계가 핵심적인 프로그래밍 기능을 한다는 것을 알 수 있다.

정서 처리 단계의 위계를 설명하기 위해 지면을 좀 더 할애해 보도록 하겠다. 왜냐하면 이것들은 사회적 회로인 '**놀이**', '**돌봄**', '**공포/슬픔/분리불안**'이 인생 초기에 왜 그토록 중요한지에 대한 발달적 조망을 제공해 주기 때문이다. 영유아기 동안 일차 처리 과정인 본능 정서들이 매우 두드러지게 나타난다. 영아들은 이차 또는 삼차 정서 처리 과정을 거의 통제하지 못하며, 타인과의 관계를 통해서만(타인의 뇌를 빌려 정서를 처리) 자신의 일차 정서들을 사용

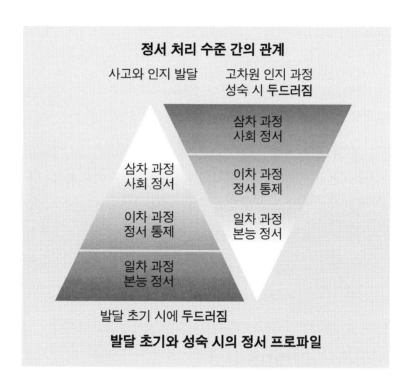

[그림 3-3] 발달 초기와 성숙 시의 정서 처리 수준

Adapted from Panksepp and Biven (2012), p. 16. "Figure 1.4", "Figure 1.6" from *The Archaelolgy of Mind: Neuroevolutionary Origins of Human Emotions* by Jaak Panksepp and Lucy Biven. Copyright ⓒ 2012 by Jaak Panksepp and Lucy Biven. Used by Permission of W. W. Norton & Company, Inc.

하고 조절하는 방법을 배울 수 있다. 성인이 되면 삼각형은 뒤집어진다. 즉, 더 높은 정신 처리 과정(삼차 처리 과정)에 의존하여 일차 및 이차 처리 과정을 조절할 수 있다. Panksepp과 Biven(2012)은 초기 발달에서 일차 처리 과정인 본능 정서가 얼마나 두드러지게 나타나는지, 그리고 성숙한 이후에는 삼차 처리 과정인 사회

정서가 얼마나 두드러지는지를 나타내기 위해 두 삼각형을 나란히 배치해 놓았다([그림 3-3]).

또한 Panksepp의 정서 처리 수준은 피질하에서 피질로 발달된 정도에 따라 달라진다. 인생 초기에 다행히 관계 안에서 일차과 정인 본능 정서를 함께 조절하는 경험을 했다면, 우리는 유연하고 건설적인 방식으로 정서를 처리하는 방법을 배웠을 것이고, 사회적으로 수용 가능한 방식으로 원정서들을 다루는 방법을 배웠을 것이다. 정말 운이 좋다면, 상당히 힘든 순간에도 언제 어떻게 놀이성을 발휘해야 하는지를 알기에 즐거운 삶을 살아가는 방법을 배웠을 수 있다. Dalai Lama는 어려운 상황에서도 자신의 정신을 놀이하듯 처리한 대표적인 숙련자이다.

그러나 초기 환경이 그렇게 이상적이지 못하기도 하며, 생의 초기에 여러 정서 처리 단계들을 연결시키는 방법을 배우지 못했을 수도 있다. 이런 경우라도 우리는 여전히 정신 체계를 변화시킬 수 있으며 사는 방법을 변화시킬 수 있다. 왜냐하면 지금은 잘 알려진 뇌의 신경가속성이 평생 동안 지속되기 때문이다. 우리는 우리의 정서 처리 과정을 항상 기쁨과 만족을 주는 방식으로 다루는 법을 배울 수 있다. 심리치료는 내담자가 자신의 놀이 행동 체계에 참여할 수 있도록 돕는 계기가 될 수 있다.

Marks-Tarlow(2012)는 아동과 작업을 하든 성인과 작업하든 (놀이치료실에 하든 그렇지 않든) 어떠한 치료 방법으로 작업을 하든 놀이가 어떻게 치료의 효과성을 촉진하는지에 대한 설명을 다음과 같이 하였다.

의식적으로 놀이를 하든 그렇지 않든(놀이는 사회 영역에서 일어나는 암묵적 학습의 주요 근원지이다.), 놀이는 어떠한 치료 방법에서도 치료 효과를 내는 비특이성 요인(nonspecific factor)이라고 생각한다. 더욱이 **놀이를 할 때 치료자와 내담자는 상호 주관적 공간에** 존재하기에 창의성에 중요한 기여를 한다.

가벼운 마음으로 새로운 가능성을 위해 의식적으로 탐색하거나 가정이나 놀이실에서 해 볼 만한 것들을 내담자와 함께 안전하게 실험해 보고자 할 때, 임상가들은 놀이하고자 하는 충동이 수면으로 떠오르는 것을 느낄 것이다. 놀이는 종종 상향식으로 처리되며 암묵적으로(자동적으로) 나타나기에 임상적 직관이 주요한 도구가 된다(p. 89).

Ogden 등(2006)도 내담자의 각성 범위(window of tolerance) 확장을 돕기 위하여 놀이 행위 체계에 참여하는 것이 중요함을 역설하였다. 내 경험으로도, 놀이는 아동과 함께하는 놀이치료실에서 매우 자연스럽게 일어난다. 그러나 성인 내담자와 함께하더라도 놀이가 일어나는 순간을 주의 깊게 살핀다면, 우리는 성인 내담자를 도와서 피질하의 놀이 충동과 마음의 놀이터(놀이를 사용하여 성숙한 사회적 관계의 복잡성을 다룰 수 있는 곳) 간의 새로운 신경 회로를 발달시킬 수 있을 것이다.

Panksepp과 Perry 모두 뇌의 위계적 단계에 대해 이야기했지만, 두 모델의 각 층들이 서로 상응하지 않음을 인식하는 것이 중요하다. Perry는 주로 발달하는 뇌의 **해부학적 구조**와 기능을 설명하였다면, Panksepp은 마음의 **정동적 기능**(affective functioning)과 세 단계로 이루어진 정서 처리 수준들이 서로 어떻게 관계되어 있는지에 관심을 두었다. 두 모델 모두 각 층이 위계적으로 이루어져 있으면서도, 서로 통합적으로 작동한다. 다른 방식으로 설명하면, 상위 층이 하위 층보다 더 중요하거나 덜 중요하지 않다는 것이다. 사실 하위 층이 충분히 발달하지 못한다면 상위 층은 잘 발달할 수 없다는 것이다. 더욱이, 우리는 일생 동안 상향 처리의 영향을 지속적으로 받을 뿐 아니라 조절 및 자기 조절을 하는 하향 처리 능력(우리가 생애 초기에 필수적인 관계적 지지를 받았거나 이후에 회복되었을 때)을 통해서도 잠재적으로 영향도 받는다.

Panksepp(2011)은 이 개념을 [그림 3-4]의 내재된 뇌마음 위계 (Nested BrainMind hierarchy)라고 설명하였다. 내재된 위계의 각 층은 양방향(상향식과 하향식)으로 이루어진 화살표 방향에서 알 수 있듯이 서로 영향을 미치고 있다. Panksepp는 이를 '순환적 (circular)' 인과관계라고 불렀다. 그는 다음과 같이 말하였다.

상위의 마음뇌가 성숙하게 잘 기능하기 위해서는(상향식 통제를 통해), 하위의 뇌마음 기능과 통합되어야 한다. 그림에서 일차 처리 과정은 사각형으로(빨간색), 이차 처리 과정 학습은 원으로(초록색), 삼차 처리 과정(파란색)은 직사각형으로 표기되었다. 이러한 색 표기를 사용하여, Panksepp은 하위의 뇌 기능과 상위의 뇌 기능을 통합하는 내재적 위계를 통해 궁극적으로 하향식 조절 통제가 이루어지는 과정을 설명하였다(p. 6).[1]

....

1) 색깔로 표기된 Panksepp의 내재된 위계 모형 그림을 보려면 Panksepp의 PLos One(2011) 온라인 논문을 찾아보라.

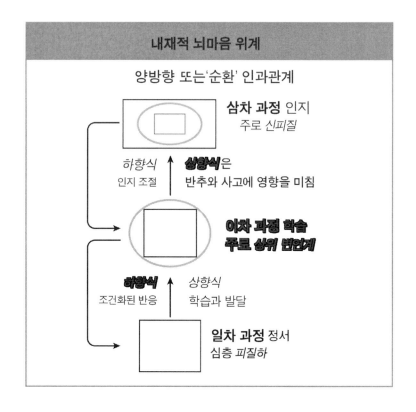

[그림 3-4] Pansepp의 내재된 뇌마음 위계

Pansepp (2011)의 허락하에 수정·적용함

Bobby의 예로 돌아가서, 우리는 Pansepp의 삼각형([그림 3-2])과 내재된 위계([그림 3-4])를 사용하여 생애 초기 Bobby의 원정서들[탐색하기, 분노, 두려움, 돌봄, 공포/슬픔, 놀이[2)]이 어떻게 그의 대뇌피질 처리에 자리 잡게 되었는지(내재되었는지)를 살펴보

---

2) 여기에 성욕을 포함시키지 않았는데, 왜냐하면 이 체계는 일반적으로 청소년기 놀이에서 활성화되어 나타나기 때문이다.

고자 한다. 행동 조절 능력은 일차 과정이 신피질로 무엇을 가져왔는지에 따라 영향을 받는다. 여기서 우리는 그가 부적절하게 행동하는 것에 얼마나 취약한지 알 수 있다. 초기 돌봄에서 그는 비일관적인 돌봄과 때때로 학대를 경험하였으며 관계의 조율이 결핍된 환경에서 자랐다. 그로 인해 그의 정서적 느낌들은 해결되지 못하고 조절되지 못한 채 대뇌피질 처리 과정의 통합 부분에 자리잡고 있다(상위 층에 내재된 일차 과정 정서). 결과적으로, Bobby는 이러한 사회 정서 관계를 다룰 수 있는 일관된 전략을 학습하거나 발달시킬 수 없었다. 그의 행동 결정(삼차 처리 과정)은 작은 촉발 자극에 의해서도 쉽게 허물어졌다.

대뇌피질이 초기 피질하 발달에 의해 영향을 받는 방식 중 하나가 피질 불변 표상(cortical invariant representations)이라고 불리는 것으로, 이는 경험이 여러 번 반복되면 피질하의 정서 학습이 더욱 강화되는 것을 의미한다(Hawkins & Blakeslee, 2004). Bobby의 사례에서 보면, 자신은 나쁜 소년이거나 스스로 통제할 수 없다는 인식이 이러한 피질 불변 표상에 포함되어 있을 수 있다. 이러한 표상들은 피질하의 폭발이 있을 때마다 강화되어 이제는 거대한 순환 체계로 형성되어, 동일한 유형의 행동을 더 많이 이끌어 낸다. 불행한 초기 관계로 인해 피질하와 대뇌피질 간의 회로를 연결하는 것이 불충분하였기에, 그는 뇌 처리 과정을 변화시킬 수 있는 기회가 거의 없었다. Matthews 박사와의 관계는 이러한 새로운 회로의 발달을 도울 것이다.

다음 장에서 우리는 복잡성 이론과 신경 통합의 경로에 대해 살펴볼 것인데, 이것들을 통해 우리는 생의 초기에 어머니와 자녀에 의해 공통으로 만들어지는 구조와 기능의 산물에 대해 더 잘 이해하게 될 것이다. Bobby의 사례는 이들 뇌 처리 과정에 대해 살펴볼 때도 계속해서 이어질 것이다.

제 4 장

복잡성 이론과 신경 통합이
정신건강에 미치는 영향

Daniel Siegel(2012)은 뇌의 치유 과정에서 나타나는 몇 가지 호의적인 지표들을 제시하였다(이는 놀이치료실에서 아동이 정신적으로 건강해지고 있음을 나타내는 지표로도 활용될 수 있다.). 우리의 두뇌는 항상 더 큰 통합과 응집성의 방향으로 발달해 간다. 놀이를 하면서, 처음에는 혼란스럽고 경직되었던 시스템들 이 치료 관계 안에서 표현의 공간을 제공받으면서 자연스럽게 장애물이 제거되고 응집성을 향해 나아가는 것을 경험하고 관찰할 수 있다. 이 장에서 우리는 Siegel의 아홉 가지 통합의 원리를 살펴보고, 이 원리를 지난 장에서 다루었던 Bobby 사례에 적용하여 어린 아동의 발달 과정을 더욱 정교한 눈으로 추적할 수 있는 방법을 제공하고자 한다. 이 과정에서 우리는 복잡성 이론

(Complexity theory)과 **통합의 경로**(Pathways of integration)를 지침틀로 사용하여 놀이치료실에서 현재 아동의 행동을 이해하고 지원할 수 있는 방법과 그 과정에서 우리 존재를 가장 잘 활용할 수 있는 방법에 대한 원리를 도출해 내고자 한다.

🖤 복잡한 인생과 복잡성 이론

'복잡한 인생'은 이제 겨우 아홉 살인 Bobby의 상황을 가장 잘 묘사하는 말이다. 그는 정말 사랑스러운 아이지만, 순식간에 공격적이 되고 충동적으로 행동하는 아이다. 그가 이렇게 규율과 투쟁하는 것은 생애 초기의 혼란스러운 관계로 인해 복잡성으로 향하는 그의 두뇌 발달 과정에 무엇인가 문제가 있었음을 보여 준다. 뇌와 같은 복잡한 시스템은 자기 조직화를 한다. 즉, 이들은 응집성을 향해 나아가는 경향성이 내재되어 있어서 분화된 회로들을 서로 연결하고 통합하여 더 나은 기능을 하는 시스템으로 나아간다. 뇌가 이렇게 복잡성의 방향으로 성장하게 되면, 우리는 더 많이 행복해지고 따뜻한 관계를 형성하게 될 것이다. 그러나 초기 관계(종종), 환경의 스트레스 요인(안전하지 않은 이웃, 자연 재해 발생-때때로), 유전적 불운(드물게) 등으로 인해 장애물이 생기면 통합을 향한 자연스러운 움직임이 일부 영역에서 방해를 받게 될 것이며, 공감적 관계와 행동 조절 및 선택능력도 약간 혹은 많이 손상될 것이다.

복잡성 이론은 내담자가 응집성을 향해 나아가는 연속체선상에서 어디쯤에 있는지를 감지할 수 있는 유용한 방법을 제공한다. Daniel Siegel(1999, 2007, 2012; Siegel & Bryson, 2011)은 '경직성'이라는 강둑과 '혼란'이라는 강둑 사이로 흐르고 있는 '응집성의 강(river of coherence)' 그림을 제시하였다. 초기의 무질서한 삶은 우리의 뇌를 통합시키지 못하게 하고, 그 상태로 그대로 놔두면 스트레스에 취약하게 만드는 경향이 있다. 이렇게 취약한 내부 상태에서 주변 환경의 압력을 받으면 응집력을 형성하지 못한 채 커다란 에너지를 방출하는 반응을 하기 쉽다(종종 Bobby에게 일어나던 일). 피질하 영역과 피질 영역을 연결하는 신경 회로가 형성되어 있지 않기에 이를 진정시키거나 다른 사람의 도움을 구할 수도 없다. 이 상태에서는 혼돈이 넘쳐흐르고 안정성은 위협받게 될 것이다.

또 다른 아이는 정서적으로는 건조하지만 지적으로는 견고한 가정에서 자라났기에 대뇌피질의 좌뇌 기능을 좀 더 가동하며 부모와의 관계를 계속 유지하며 살아간다. 이 아동은 규칙이 중요하다는 것을 강력히 느끼며, 옳고 그름에 대한 명확한 기준을 가지고, 누구에게 책임이 있는지를 밝혀내는 경향이 있다. 감정적인 연계성보다는 유능성과 엄격한 행동 기준을 더 높이 평가한다(꽤나 공허한 거래). 신경생물학적 차원에서 보면, 두 반구 사이에 깊은 단절이 있다. '강'의 관점에서 보면, 안정을 탐색하는 경직성으로 인해 유연성과 자발성(즉흥성)을 희생시키고 있다.

통합으로의 움직임을 알 수 있는 한 가지 방법은 혼돈에서 조절로, 그리고 경직성에서 유연함 및 관계의 따스함으로 점차적으로 변화하고 있는지 관찰하는 것이다. 그 순간 우리는 강의 중앙으로 움직이고 있다. 중앙은 충분히 안정적이기에 혼란에 빠지지 않을 뿐 아니라 충분한 공간이 확보되어 있기에 창의적인 자발성(즉흥성)을 발휘할 수 있다. 이 응집성이 어떻게 발현되는가는 각 개인마다 다르지만, 이 움직임의 느낌은 누구에게나 명백하다. 다른 사람과 연결되면서 안전감을 강하게 느끼며, 놀이성도 증가한다. 이러한 토대 위에서 복잡성 이론의 구체적인 특징들을 살펴보도록 하겠다.

원리 1: 뇌마음은 단순함에서 복잡성으로 자기 조직화를 한다

복잡성 이론의 첫 번째 원리는 단순함에서 복잡성으로 향해 가는 자연스러운 추진력이 유전적으로 내재되어 있다는 것이다. 아이들이 손 뻗기에서 기어가기로, 이후 걸음마 하기로 발달하며 점점 더 정교한 능력을 전개시켜 가는 것처럼, Siegel(2012)은 이러한 복잡성의 증가 패턴이 환경과의 상호작용의 결과로 자연스럽게 나타난다는 것을 보여 준다. 복잡성으로의 탐색은 너무 자연스러워 이러한 흐름을 저해하는 장벽이 있지 않는 한 우리는 이것을 당연하게 받아들인다. 대체로 복잡성이 증가하는 패턴의 흐름을 막을 수 있는 방법은 거의 없다. 이는 임신 순간부터 시작되어 전 생애 동안 다양한 맥락에서 나타난다.

일부 아기 발달은 주로 유전에 의해 자기 조직화(self-organizing)가 이루어지는데, 위에서 언급한 기어가기에서 걷기로 그리고 뛰기로 이어지는 발달 단계가 여기에 해당한다. 그러나 대부분의 많은 능력들은 처음에는 좀 더 '공동 조직화(co-organizing)'에 의해 형성된다(또는 어머니-아동 시스템이 자기 조직화를 한다고 말할 수 있다.). 예를 들어, 신경기능의 통합은 어머니와 자녀가 춤을 추듯이 서로 조율해 가며 관계를 형성할 때 이루어진다. 어머니[1]*가 아기들과 하는 놀이를 보면, 우리는 공동 조직화의 원리를 알 수 있다. 잡기 놀이는 어머니가 어떻게 점점 더 복잡한 방향으로 자연스럽게 나아가는지 그 경향성을 보여 주는 좋은 예이다. 어머니는 처음에 아기의 주의를 끌기 위해 아기의 배 위에 손가락을 올려놓고 그 위를 행진해 가는 간단한 게임으로 시작한다. 이때 아기가 긍정적으로 반응하면, 그 게임은 반복되면서 상호 간의 많은 웃음과 기쁨을 주고받을 것이다.

여러분은 이렇게 반복된 놀이가 어떻게 그렇게 많은 기쁨을 줄 수 있는지 의아해할 것이다. 하지만 자세히 살펴보면, 동일한 놀이가 반복되는 것 같지만 약간의 차이가 있다는 것을 알게 될 것이다(아기들은 빠르게 습관화된다.). 어머니와 아기가 서로에게 반응하면서 어떻게 좀 더 복잡한 형태로 놀이 패턴을 변경해 가는

---

1) 나는 '모성 역할을 하는 사람(mothering people)'이라는 Bonnie Badenoch(2011)의 용어를 허락을 받고 사용하였다. 왜냐하면 이 용어는 이모와 삼촌뿐 아니라 양성 모두를 포함하며, '양육자(caretaker)'라는 용어보다 더 부드럽고 개인적으로 보이기 때문이다.

* 역자 주: '모성 역할을 하는 사람'을 '어머니'로 번역하였다.

지 알 수 있을 것이다. 두 번째 손가락 행진은 이전보다 좀 더 느려질 것이고, 어머니의 목소리는 조금 더 부드러워질 것이다. 그런 다음 다시 어머니는 눈을 크게 뜨고, 입술을 약간 벌리면서, 조금 더 흥분된 목소리로 손가락 행진을 빠르게 할 것이다. 아기는 기대에 찬 표정으로 반응하다가, 어머니의 손가락 행진이 아기의 목에 이르러 부드럽게 간질이면 기쁨의 비명을 지를 것이다. 여러분은 아기가 고개를 돌리는 것을 볼 수도 있고 놀이를 더 하고 싶다거나 덜 하고 싶다는 신호를 보내는 것을 볼 수도 있을 것이다. 이렇게 끊임없이 놀이를 변화시켜 가면서 그들의 사회－정서 관계는 발달되고 점점 더 복잡한 상호작용을 만들어 낸다. 얼핏 보기에는 매우 자연스럽고 단순해 보이지만, 프레임 단위로 세분화하여 자세히 분석한 Stern(1977/2002)의 연구 결과에 따르면, 이들 상호작용에는 어머니와 자녀 간의 복잡한 관계 신호 세트들이 있다는 것을 알 수 있다.

불행하게도 Bobby는 이러한 공동 조직화를 발달시킬 기회가 거의 없었다. 왜냐하면 Bobby는 놀이 상호작용을 통한 긍정적인 상호 교류 경험이 거의 없었기 때문이다. 그러나 조직화하고자 하는 뇌의 자연스러운 추진력은 여전히 남아 있다. 물론 어머니와 아기 간의 안정 애착으로 인한 복잡하고 안정적인 체계를 작동시키지 못하지만, **탐색** 체계를 사용하여 자신을 양육해 주고 놀이 상호작용을 해 줄 어머니에게 도움을 요청하였다. 그러나 Bobby는 관계 형성을 위한 시도가 빈번히 좌절되면서 처음에는 고통과 두려움을 느꼈을 것이고 두 번째 해에는 수치심을 느꼈을 것이다. 어머니에게 나아가고자 하는 그의 자연스러운 추진력은 이제 거절 및 부적절감과 연결되어 있을 것이다. 때때로 어머니가 자신과 놀아 주기도 했지만 자신의 행동에 맞추어 잘 조율하지 못하였기에, 아동은 인간관계의 의미를 조직화할 때 예측할 수 없음이라는 요소를 추가했을 것이다. 앞으로 보겠지만, Bobby와 같은 아이들은 치유 및 전체성, 협력관계로 나아가려는 타고난 경향성을 방해받았기에, 이러한 장애물을 제거하고 대인관계적으로 풍성한 환경에 놓여야지만 큰 도움을 받을 수 있을 것이다.

원리 2: 복잡계는 비선형적이다:
작은 변화가 큰 영향을 미칠 수 있다

이 원리는 시스템의 작은 변화가 전체 시스템에 큰 영향을 미칠 수 있다는 것이다. 우리의 뇌 신경망에 경험이 입력될 때 경험의 모든 측면이 하나의 점화 패턴으로 인코딩된다. 그래서 현재의 경험이 특정 경험의 한 가닥만을 건드리더라도 그 경험은 과거 경험 전체를 활성화시킬 수 있으며, 현재 자극에서 예상했던 것보다 훨씬 더 큰 반응을 불러일으킬 수도 있다. Bobby가 낯익은 목소리를 들었을 때, 그것은 오래된 기억의 한 가닥을 건드렸을 뿐인데 분노의 신경세포 전체를 활성화시킬 수 있다. 이로 인해 Bobby는 다른 사람들이 예상했던 것보다 훨씬 더 큰 반응을 보인 것이다. 반면에, 때로는 친절한 작은 제스처가 기대했던 것보다 훨씬 더 큰 영향을 미칠 수도 있다.

그러한 반응이 Bobby가 치료를 받는 동안 일어났다. Bobby 아버지는 Matthews 박사에게 Bobby를 자주 혼내는 교장 선생님과 이야기를 해 봐 달라고 부탁했다. 몇 주 후 놀이치료 회기를 시작할 때, Bobby 아버지는 요즘 아동이 학교에서 별로 문제를 일으키지 않는다고 보고하였다. Matthews 박사는 Bobby의 학교생활에서 나아진 것이 무엇인지 물었다. 그는 "교장 선생님이 제게 잘해 주세요. 어떻게 지내냐고 물었어요."라고 대답하였다. 물론 이 한 번의 사건이 Bobby 학교생활 향상의 모든 부분을 설명하지는 않지만, 이는 분명히 그의 마음속에 인상 깊은 경험이었다. 아마도 교장 선생님의 작은 관심이 Bobby의 아버지와 Matthews 박사가 예상했던 것보다 훨씬 더 큰 영향을 끼쳤던 것 같다. 이처럼 관계에서 특정 반응(대개 부정적)을 기대했는데 지금까지와는 다른 진심 어린 상호작용이 이루어진다면, 관계에 대한 기대와 행동 반응에서 큰 변화가 일어날 수 있다(Ecker, Ticic, Hul, Hul, Hulley, & Niemeyer, 2012).

원리 3: 복잡계는 생성적이고 재귀적이다

이 원리에 따르면 우리는 전에 느껴 보지 못했던 상태를 끊임없이 경험하며 이러한 상태는 우리가 이미 경험한 것과 우리 주변 환경 모두에 의해 또다시 영향을 받는다는 것을 의미한다. Siegel(2012)은 다음과 같이 설명한다.

우리는 항상 우리 자신을 새롭게 만들어 가거나 새롭게 만들어지는 자연스러운 경험을 한다. 지금의 우리의 모습이 예전과 같지 않으며, 앞으로의 우리 모습도 지금과 결코 같지 않을 것이다. 한 상태에서 다른 상태로 흘러가는 이러한 존재의 생성은 내재적 감각에 의해 나타나는데, 이는 특정 순간에 시스템 내의 엄청난 양의 자유와 응집력이 존재한다는 것을 의미한다. 한 개인의 마음상태는 시스템 자체의 내부적인 제약과 다른 사람들과의 대인관계에서 오는 외부적인 제약에 의해 결정되며, 그 순간에 자아(self)는 계속해서 새롭게 생성된다(p. 201).

Siegel에 따르면, 우리가 개인으로서 또는 관계 내에서 새롭게 생성되는 경험을 하는 한 가지 방법은 우리가 그 순간에 경험되는 것에 참여하는 상향식(bottom-up) 경험을 할 때이다. 이러한 생성 경험이 반복되어 패턴화되면(혹은 재귀적이 되면) 우리는 하향식(top-down) 처리를 통해 친숙하고 예측 가능하다고 인지할 것이다. 본질적으로, 시스템의 행동 산출물(또는 흐름)은 자기 자신을 피드백하며 행동의 방향을 강화하는 경향이 있다(물론 새로운 정보가 어느 정도 강의 흐름을 변화시키기 시작할 수 있다.). 여기에도 응집성, 혼돈, 경직성의 가능성이 있다. 즉, 새로운 것이 너무 많이 유입되어 친숙함이 주는 안정성이 없어진다면 혼돈이 야기될 수 있는 반면, 하향식 친숙함이 너무 많아 새로운 것의 유입이 없다면 경직성으로 이어질 수 있다. 이 두 흐름 간의 상호작용이 이루어지는 지점에 응집성이 흐른다.

다시 Bobby의 초기 경험으로 되돌아가서 살펴보면, 이러한 생성적이고 재귀적인 특성이 어떻게 나타나는지 탐색할 수 있다. Bobby의 두뇌 회로는 어머니와의 관계에서 발달했다. 생의 초기는 아기로서 두뇌 회로의 미숙함 때문에(그 순간의 경험에 의해 생성됨), 나중에는 어머니의 예측할 수 없는 행동(생성적이면서 재귀적임) 때문에 Bobby는 혼란스러운 행동을 빈번히 보였다. 그의 혼란스러운 행동은 어머니로부터 혼란스러운 행동을 (재귀적으로) 이끌어 냈고, 혼란스러운 관계를 더욱 강화시켰다. 이와 반대로, 아기와 어머니가 잡기 놀이 장면을 상상해 보라. 서로의 행동을 조율하며 노는 과정에서, 아기의 즐거워하는 반응은 어머니의 더 많은 놀이를 이끌어 낼 것이고, 이 둘은 서로 미묘한 신호와 행동을 더욱 강화하며, 둘은 서로의 관계를 더욱 친밀하게 만들어 갈 것이다. 이렇게 관계의 댄스를 함께 만들어 가고 새로운 움직임을 지속적으로 생성해 가면서 기쁨으로 가득 찬 즐거운 놀이의 순환을 서로 강화해 갈 것이다. 시간이 지나면서 어린 소녀는 재미있고 안전하며 정서적으로 만족스러운 관계가 무엇을 의미하는지를 배우게 될 것이다.

🗣 놀이 시 복잡해진 인생

이러한 복잡성 이론을 놀이 맥락에서 어떻게 적용할 수 있는가? 복잡성 이론의 근본적인 주제이면서 Perry와 Panksepp의 위계 원리의 핵심을 이루는 것이 통합(integration) 개념이다. 어떻게 하면 모든 부분이 함께 잘 기능하게 할 수 있는가? 놀이는 우리가 잘 성장하는 데 어떠한 도움을 주는가?

Bobby의 예로 돌아가 보자. 그는 Matthews 박사와의 놀이치료 회기를 매우 좋아했다. 그는 특히 모래상자에 매료되어 그곳에서 주로 작업을 하였다. 초기 회기에, 그는 열차 탈선 장면을 여러 차례 모래에 연출하였다. 처음에 반복적으로 그 장면만을 놀이하기에, 그가 거기에 갇혀 있는 것처럼 보였다. 그러나 자세히 관찰해 보니, 열차 탈선을 주제로 하는 그의 놀이에는 수많은 변형이 일어나고 있었다. 매 장면은 매우 신중하게 제작되었으며, 예술적 감각으로 세심하게 구성되어 있어서 매우 매력적으로 보였다. 그렇게 모든 것이 완벽하게 설치되고 나면, 갑자기 끔찍한 열차 사고가 발생했다. 토네이도가 오거나 신호등에 문제가 생기거나 엔지니어의 부주의로 인해 사고가 발생했다. 열차가 접근해 오는 바로 그때 화가 난 괴물이 나타나서 선로를 파괴해 버리기도 하였다.

Matthews 박사는 Bobby에 의해 만들어진 이 장면들을 이해하기 위해 복잡성 이론과 통합의 핵심 개념을 적용하였다. 즉, 박사는 그 장면을 아동 자신의 조절되지 않은 생활 경험을 다양하게 변형해 가면서 탐색하고 있는 것으로 이해하였다. 갑작스러운 탈선 사고 장면에서, 작은 자극에도 혼란이 일어나며 격렬하게 반응하는 것을 Matthews 박사는 알 수 있었다. Matthews 박사는 Bobby가 특정 놀이에 갇혀 있다고 보지 않았다. 왜냐하면 아동 내부에는 자기 조직화를 향한 자연스러운 추진력이 있기에 그 자체로 차이점을 드러내고 있다(Bobby는 탈선을 주제로 하는 놀이에 대해 Matthews 박사와는 전혀 다른 관점을 가지고 있음을 보이려는 것처럼)는 것을 알아차릴 수 있었기 때문이다. Matthews 박사는 아동이 놀이를 이끌어 가도록 하였으며 그녀는 단지 아동의 놀이를 따라가며 조율해 주는 반영을 하였다. 이때 Matthews 박사는 자신의 마음을 조절하기 위해 항상 마음챙김 자세를 취하였다. 만약 불안으로 인해 자신의 마음에서 작은 파동이 일어나는 것이 느껴진다면, 그녀는 자신의 시스템을 평온하게 되돌리기 위해 몇 차례 심호흡을 하였다. 그녀는 신중하게 자신의 감정을 추적하며 자신의 행동 변화를 감지할 수 있었다. 이러한 관계에서 이루어지는 놀이는 비슷한 주제의 놀이가 반복되는 것 같지만 점차 따뜻한 관계를 형성할 수 있는 능력이 증가하고 좌절감을 감내할 수 있는 능력도 증가하였다. Bobby는 자신의 **놀이**가 수용되며, 자신이 **돌봄**받고 있다고 느꼈다.

통합 이전에 종종 분화(differentiation)가 먼저 일어난다는 사실을 기억하는가? 어느 날 Bobby의 놀이에서 엔지니어가 등장하여 철로를 좌측 혹은 우측으로 갈 수 있는 스위치를 설치하는 장면이 나타났는데, Matthews 박사는 이를 신중하게 기록했다. 그는 좌측으로 가는 철로에 '나쁜 길'이라고 적힌 표시판을 우측으로 가는 철로로 '좋은 길'이라고 적힌 표지판을 만들었다. 그는 '나쁜 길'로 가는 철도를 따라 무서운 괴물, 짜증 나무, 해골을 배치하였다. 또한 그는 '좋은 길'로 가는 철로를 따라 무지개, 웃는 얼굴 몇 개, 아름다운 나무 몇 그루, 행복한 집을 배치하였다. 그런 다음 그는 열차를 스위치가 있는 양 갈림길 철로로 향하도록 반복적으로 운행하며, 때로는 '나쁜 길'을 선택하기도 하고 때로는 '좋은 길'을 선택하기도 했다.

이 놀이를 바라보면서 Matthews 박사는 Bobby의 행동 개선이 곧 나타날 것이라고 예측했다. 왜냐하면 놀이에서의 이러한 변화는 오랫동안 자신의 행동을 이끌어 온 것과는 다른 방식으로 자신의 세계에 접근할 수 있으며, 새로운 부분과 연결을 하고 있음을 나타내기 때문이다. 그녀는 실망시키지 않았다. 몇 주 후, Bobby의 아버지 보고에 따르면, Bobby의 아침 기상과 취침 일과가 훨씬 수월해졌으며, 학교에서 친구들과 우정을 쌓기 시작했으며 전반적으로 훨씬 더 협조적이 되었다고 보고하였다.

Matthews 박사는 복잡성 이론과 통합의 핵심 개념을 통해 Bobby의 놀이를 현명하게 볼 수 있는 눈을 가지게 되었기에, 무리하게 이끌어 가지 않았으며, 부드러운 뉘앙스로 아동의 놀이를 반영하며 전개 과정을 촉진할 수 있었다. 물론 부모와 임상가는 때때로 놀이 맥락에서 지시적이 될 필요도 있지만, Bobby의 경우에는 그렇게 할 필요가 없었다. 만약 그렇게 했다면 Bobby는 부모와의 어려운 관계로 인해 이미 발달 경로에서 이탈해 있었기에 그의 통합 경로를 오히려 더 방해했을 수 있다. Matthews 박사는 자신의 길을 찾아가려는 선천적인 지혜가 있음을 기억하면서, Bobby가 자신을 신뢰하는 법을 배울 수 있도록 도왔다.

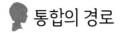 통합의 경로

Siegel(2012)의 통합 개념을 건강한 정신 기능의 지표로 사용할 때, 놀이는 전체성을 향해 나아가는 뇌의 경향성을 인지하고 (recognize) 의지하고(rely on) 강화하는(reinforce) 수단이 될 수 있다. 이를 통합하는 놀이(integrating play)의 3R이라고 부른다. 만약 뇌가 어떻게 통합되고 마음이 어떻게 응집력을 갖게 되는지를 알게 된다면, 우리는 놀이 활동을 하면서 통합을 향해 나아가고 있음을 감지하는 데 도움을 얻을 수 있다. 놀이의 3R을 설명하기 위해 Elsie 이야기를 해 보겠다. 그녀는 청소년 초기 소녀로 점토 놀이를 하였다. 그녀는 주먹으로 점토를 힘껏 내리치고 그것을 높이 들어 올려 테이블 위로 힘껏 내리치는 방식으로 조작을 하면서 생기를 되찾아갔다. 그녀는 칼을 이용하여 이쪽저쪽으로 잘라 조각을 낸 후에 다시 뭉개 버렸다. 그녀는 어머니가 암과 투쟁하고 있기에 매우 병약하여 자신을 돌봐 줄 수 없다는 것을 잘 알고 있었으며, 그것에 대해 말을 해서는 안 된다는 것도 잘 알고 있었다. 나는 그녀의 격렬한 놀이가 건강하고 가용적인 어머니를 잃어버린 것에 대한 그녀의 **두려움**(FEAR), **분노**(RAGE), 그리고 **슬픔/공포/분리불안**에 대한 적절한 담아 주기 역할을 하고 있음을 인지할 수 있었다(recognize). 왜냐하면 그녀의 뇌가 전체성을 향해 나아가고 있음을 알고 있기에, 나는 놀이를 통해 전개되는 소녀의 성장하는 힘(growing edge)에 의지하였다(rely on). 인생의 상황이 좋든, 그렇지 않든, 우리 모두는 성장하는 힘을 가지고 있

다. 성장하는 힘은 항상 새로운 일, 새로운 감정, 새로운 상황과 만나게 하는 우리의 역동적인 부분으로, 새로운 것과의 만남을 통해 우리는 어떻게 해야 하는지를 깨닫는 도움을 받는다. 나는 Elsie가 자신에게 꼭 맞는 일을 선택할 수 있는 능력을 가지고 있다고 확신하였기에, 그녀의 능력에 의지하여(rely on) 자유롭게 탐색할 수 있는 안전한 공간을 제공하고자 하였다.

나는 그녀와 함께하는 현존 상태에 머무르며 그녀의 상태에 맞게 조율해 주기 위해 의식적으로 노력하였고 그녀의 놀이를 강화(reinforce)해 주었다. 나는 이러한 관계가 그녀에게 수용될 것이라는 신뢰를 가지고(왜냐하면 우리는 서로의 뇌에 끊임없이 연결되어 있다는 것을 알고 있기 때문에) 강화하였다. 나는 마음챙김의 자세를 연습할 뿐 아니라 복잡계 이론에 대한 지식을 내마음에 적용하면서 그녀의 마음이 (인간 시스템으로서) 발달하는 방식에 맞추어 작업하고자 하였다.

나는 또한 특정 영역의 통합이 어떻게 전개되는지 알기 위해 느껴지는 감각(우반구)과 의식적인 알아차림(좌반구)을 조용히 추적하였다. Daniel Siegel(2006, 2010, 2012)은 여러 연구 결과들을 종합하여 우리 뇌의 아홉 가지 주요 통합 경로를 제시하였다 ([그림 4-1]). 우리는 사춘기 소녀의 놀이치료 전개 과정에서 아홉 가지 통합 경로가 어떻게 나타나는지를 살펴볼 것이다.

Siegel의 아홉 가지 통합 경로

의식의 통합(integration of consciousness): 알아차림을 사용하여 변화와 선택을 만든다.

대인관계 통합(interpersonal integration): 우리 자신의 정체성과 자유를 유지하면서 친밀한 관계를 맺는다.

수직적 통합: 신체, 피질하 회로(뇌간 및 변연계 영역), 우반구의 전전두피질 회로로부터 오는 정보와 좌반구의 인지적 자각을 함께 연결한다.

기억의 통합(memory integration): 자유롭게 떠다니는 과거(암묵기억)의 퍼즐 조각을 명시적 자각으로 가져 온다.

상태의 통합(state integration): 우리의 기본적인 욕구나 필요, 예를 들어 다른 사람과의 관계에서 느끼는 친밀감과 고독, 자율성과 의존성, 돌봄 및 숙달 등을 체화한 존재의 다양한 상태를 포용한다.

수평적 통합(horizontal integration): 우반구(인생 초기에 발달함, 이미지 영역, 전체적 사고, 비언어, 자서전적 기억 및 기타 과정에 주로 관여)와 좌반구(이후에 발달함, 논리, 구어 및 문자, 선형성, 목록, 문자적 사고에 주로 관여)를 연결하고 균형을 이루도록 한다.

내러티브 통합(narrative integration): 우반구의 자전적 기억 저장장치와 좌반구의 내레이터 기능을 서로 연결한다.

시간적 통합(temporal integration): 불확실성, 일시성, 불멸성에도 불구하고 위로를 주는 관계성을 찾는다.

영적 통합(transpirational integration): 깊게 숨을 들이마시고 내쉬기를 통해 더 큰 전체의 부분임을 자각한다.

[그림 4-1] Siegel의 통합 경로

Siegel (2010, 2012)에서 수정 · 적용함.

놀이치료 맥락에서 통합을 지원하고 자극시켜 주는 기회를 어떻게 알아차릴 수 있는지 아홉 가지 경로를 이용하여 탐구해 볼 것이다. 때로 통합의 경로는 중첩되어 있어서 별개의 범주로 파악하는 것이 쉬운 일은 아니지만 우리가 여기서 하고자 하는 것은 통합이 일어나고 있음을 알아차릴 수 있도록 우리의 인식을 심화시켜서 통합이 자연스럽게 전개될 때 그에 맞추어 우리도 협력할 수 있도록 하는 것이다. 13세인 Elsie의 사례를 예시로 사용하여 [그림 4-1]에 제시된 순서대로 통합의 경로를 구체적으로 설명하고자 한다.

13세 소녀 Elsie와의 놀이치료
잠재적 통합이 일어나는 치료적 순간을 지원하기

생명을 위협하는 뇌종양으로 인해 계속해서 방사선 치료를 받고 있는 어머니로 인해 Elsie는 불안해하며 치료를 받고 있다. 지난 6개월 동안 Elsie 어머니는 집안을 돌볼 수 없었기에, 시간제 도우미가 청소 및 요리를 하며 Elsie와 일곱 살 동생을 돌봐 왔다. 어머니가 병이 들기 전까지 Elsie는 학업적으로, 사회적으로 학교에서 잘 지내고 있었다. Elsie는 어머니의 병에 대해 이야기하는 것을 힘들어하였다. 혹시나 회기 중에 그 주제가 나오면, 그녀는 어머니가 좋은 의료 팀에게 치료를 받고 있다는 것을 알고 있기에 그렇게 걱정되지 않는다고 말하였다. 그럼에도 불구하고 Elsie의 성적은 계속 떨어지고 있으며, 친구들과는 어울리지 않고 있어서, 부모는 Elsie에 대해서 걱정하고 있었다.

변화의 기본 축

1. **의식의 통합**(integration of consciousness): 알아차림을 사용하여 변화와 선택을 만든다.
2. **대인관계 통합**(interpersonal integration): 우리 자신의 정체성과 자유를 유지하면서 친밀한 관계를 맺는다.

Elsie가 모래상자와 점토를 가지고 놀이를 하는 동안 어떠한 일이 일어났는지 자세히 살펴보면서, 통합의 첫 번째 경로인 의식의 통합과 대인관계의 통합부터 설명하고자 한다. 놀이실에서 치료사가 개방적이고 비판단적인 자세로 마음챙김의 공간을 제공

할 수 있다면, 이때의 마음챙김은 의식의 통합을 표현하는 것이 될 것이다. 왜냐하면 우리는 서로의 신경 발화 패턴에 계속해서 영향을 미치기 때문에, 내담자가 마음챙김 공간에 들어선다면, 안전감을 느끼면서 내담자의 뇌는 치료사의 뇌와 비슷한 패턴으로 재연결되기 시작할 것이다. 안전감이 느껴질 때, 내담자는 놀이를 통해 상처 또는 두려움 경험에 다가설 수 있으며, 이러한 정서적 경험을 치료사와 내담자 간의 관계 공간으로 가져올 수 있다. 내담자와 치료자가 모두 오래된 고통과 공포를 함께 담을 수 있게 된다면, 이것이 바로 대인관계 통합이다. 이때 내담자는 보여지고 들려지고, 이해되고, 위로받기에 이 관계는 치유의 수단이 된다. 이 과정에서 내담자는 자기(self)에 대해 감각할 수 있는 공간을 가지게 된다. 이러한 두 가지 형태의 통합을 변화를 위한 기본 기둥으로 고려할 수 있다.

처음 치료를 받을 때, Elsie는 모래상자 만드는 데 집중했고, 갈등의 장면을 만드는 데 많은 시간을 보냈다(예: 학교 댄스에서 친구들이 서로 싸우는 장면, 초원에 있는 평화로운 동물 무리와 야생의 위협적인 괴물을 분리시키기 위해 담을 친 장면). 나는 관심을 가지지만 비판적인 자세로 이 갈등을 지켜보았다. 이러한 관계는 안전감을 불러일으키기에 그녀는 은유적으로 내면의 갈등을 나에게 보여 줄 수 있다. 그녀는 말을 사용하지 않고도 내면의 고통을 나에게 보여 줄 수 있었다.

나는 그녀가 그 장면에 대해 이야기한 것을 거의 반영하지 않았으며, 거의 질문도 하지 않다. 왜냐하면 그녀는 아직 언어 영

역에서 안전감을 느끼고 있지 않다고 확신했기 때문이다. Elsie
는 치료사가 자신의 속도에 맞추어 따라오고 있음을 이해하는
것 같았다. 그녀는 치료실에 오는 것을 즐겼고, 모래상자를 통
해 얼마나 괴로운지를 계속해서 이미지로 보여 주었다. 나는 이
고통스러운 이미지를 담아 주었지만 그녀가 인지적으로 무엇인
가를 처리하도록 질문하지는 않았다. 나는 그녀가 일차 과정 정
서와 이차 과정 정서를 처리할 수 있는 공간을 마련할 수 있기를
바랐다. Panksepp의 내재된 위계 구조의 관점에서 본다면 피질
하 처리를 위해 충분한 시간을 소요하는 것이 치료 후반부에 이
루어질 인지적 이해를 위한 기반이 된다고 믿었다.

3. **수직적 통합**(vertical integration): 신체, 피질하 회로(뇌간 및 변연계
영역), 그리고 우반구의 전전두피질 회로로부터 오는 정보와 좌반
구의 인지적 자각을 함께 연결한다.
4. **기억의 통합**(memory integration): 자유롭게 떠다니는 과거(암묵기
억)의 퍼즐 조각을 명시적 자각으로 가져 온다.
5. **상태의 통합**(state integration): 우리의 기본적인 욕구나 필요, 예를
들어 다른 사람과의 관계에서 느끼는 친밀감과 고독, 자율성과 의
존성, 돌봄 및 숙달 등을 체화한 존재의 다양한 상태를 포용한다.

관계에서의 안전은 다음 경로인 수직적 통합의 문을 열었다.
수직적 통합이란 신체, 피질하 회로 및 우반구의 전전두엽 회로
에서 오는 정보를 관계로 끌어들여 와서, 궁극적으로는 의식적

자각에 이르도록 하는 것을 의미한다. 통합의 또 다른 유형인 기억과 상태의 통합도 이 과정의 일부이다.

Elsie는 점차 안전하다고 느끼면서 모래상자에서 점토로 이동하여 격렬하게 놀이할 수 있었다. 그녀의 화난 감정과 강렬한 신체적 표현은 암묵(몸으로 구현되는)기억의 일부로서, 그녀의 어머니가 많이 편찮으셔서 그녀에게 가용하지 않았다는 것을 구현하는 것 같았다. 이렇게 놀이로 표현되기 전까지, 이 감정들은 그녀의 몸과 피질하 회로에 갇혀 있었기에 조절을 위한 자원으로 연결될 수 없었으며, 최선을 다하지 않았다는 암묵적인 메시지가 느껴지면 그것에 의해 쉽게 촉발되곤 하였다.

어느 날 회기가 시작되기 직전에, Elsie의 어머니는 대기실 문 밖에서 나를 불러 이야기를 하고 싶다고 요청했다. Elsie의 어머니가 혼란스러운 상태에 있음을 감지할 수 있었기에 나는 어머니의 요청을 수락했지만, 이내 이 대화에 Elsie도 참여해야 했음을 깨달았다. 왜냐하면 어머니가 이야기하고자 하는 것은 Elsie의 학교 수행에 대한 것이었기 때문이다. 어머니에게 개별상담실로 들어오라고 한 후, 나는 이 대화에 Elsie를 참여시켜 어머니의 걱정 해소(또는 최소한 명료화)를 도울 수 있는지 알아보려고 하였다. 돌이켜보며, 처음에 Elsie 없이 어머니와만 이야기하는 것에 동의한 나의 치료상의 실수가 있었음을 인정한다. 하지만 너무 늦었어! 놀이실의 남은 시간 동안, Elsie는 걸어 올린 셔츠 소매 끝에 상당히 많은 양의 모래를 걸리게 하였고, 여러 차례에 걸쳐 털어 내면서 소매에서 바닥으로 털어 내었다. 이는 그녀가 혼히 하던 행동이 아니었기에 나는 그녀가 화가 나 있음을 알 수 있었다. 회기가 끝나갈 무렵, 나는 그녀에게 다음과 같은 말을 하였다. 그녀와 어머니가 치료실에 도착했을 때 어머니와 내가 대기실 문 밖에서 그녀에 대해 이야기하고 있다는 것을 알게 되어 매우 힘들었을 것이라고 말했다. 그리고 나서 나는 아동에게 다음과 같이 또 말하였다. "어머니께서 너의 성적에 대해 이야기하길 원한다는 것을 몰랐어. 그래서 어머니에게 안으로 들어와서 함께 이야기하자고 부탁드린 거야. 나는 그 대화에 네가 참여해야 한다고 생각했어."

나는 복구하고자 노력했고, 인간관계 통합을 다시 이루기 위해 노력했지만, 그녀가 받아들이기 어렵다는 것을 알 수 있었다. 그래서 나는 다음과 같이 말했다. "너는 최선을 다해 열심히 노력하고 있는데, 우리가 너의 성적에 대해 이야기하니 정말 속상했을 거야. 나한테 화가 난 거 이해해." 비록 Elsie는 나에게 화가 난 감정을 명백히 말로서 확인시켜 주지는 않았지만, 치료에서 무엇인가 달라진 것이 보였다. 그다음 회기에서 그녀는 모래상자에서 점토 영역으로 이동하였고, 그곳에서 그녀는 점토 놀이의 안전함 가운데 격렬하게 몸을 움직이며 분노를 신체적으로 표현할 수 있었다. 이러한 신체적 표현은 그녀를 수직적 통합으로 나아가도록 해 주었다. 즉, 숨겨 왔던 감정을 몸으로, 정서로, 그리고 의식적인 자각으로 불러왔다.

치료사가 현존하고 있을 때 Elsie는 이러한 기억들에 접근할 수 있었기 때문에, 우리는 Elsie의 전전두엽 회로를 피질하 회로와 새롭게 연결하는 데 주의를 기울였다. 점차적으로 행동의 변화를 이끄는 데(기억 통합) 주의를 기울였다. Elsie는 점토가 편안함을 준다는 것을 발견하면서, 그다음 여섯 회기 동안 점토를 가지고 놀이하였다. 처음에 그녀는 괴상한 대상들(말똥말똥 빛나는 작은 눈을 가진 거대한 거미), 뱀파이어 이빨을 가진 머리가 3개 달린 괴물, 야생의 '사악한' 고양이, 푹 파인 눈을 가진 가면, 마지막으로 관에 들어가 있는 해골들을 만들었다.

Elsie는 점토를 가지고 활발하게 놀면서도 상당히 조직화된 방식으로 재료들을 사용하였다. 그녀는 관(casket)을 은유로 사용하여 깊은 절망을 표현하였고, 각 대상들을 이용하여 서로 다른 느낌들을 만들어 내기 시작했다. 어느 날 그녀는 놀이실에 들어서면서 이러한 전환을 공표했다. 그녀는 직접 점토 테이블로 걸어가면서 말했다. "나는 더 이상 죽음과 관련된 것들은 만들지 않을 거야." 비록 그녀가 그 이상의 많은 말을 하지는 않았지만, 그녀는 내게 부인해 왔던 기억들에 접근할 수 있었고, 어머니의 질병에 대한 그녀의 깊은 분노 상태를 받아들일 수 있음을 보여 주고 있었다(기억의 통합과 상태의 통합). Elsie는 붉은색으로 칠한 작은 스포츠카를 만들고 주유소[은유적으로 자동차(그녀 자신)를 위한 에너지 공급]를 만들었다. 곧 이어, 그녀는 꽃이 담긴 꽃병을 만들고, 과일 접시를 만들었다.

우리는 오래된 고통스러운 감정을 서로 다른 마음 상태로 저장하기도 한다. Elsie가 점토를 내리칠 때의 두 가지 서로 다른 마음 상태인 버려진 느낌(하나의 마음 상태)과 어머니를 사랑하는 마음(또 다른 마음 상태)이 서로 갈등을 일으켰고 감당할 수 없을 만큼의 스트레스를 일으켰다. 하지만 점토를 내리치는 격렬한 신체적 움직임을 통해 이러한 스트레스를 해소할 수 있었고, 두 가지의 서로 다른 마음 상태가 해결을 향해 움직이기 시작할 수 있었다(상태의 통합).

6. **수평적 통합**(horizontal integration): 우반구(초기에 발달함, 이미지 영역, 전체적 사고, 비언어, 자서전적 기억 및 기타 과정에 주로 관여)와 좌반구(이후에 발달함, 논리, 구어 및 문자, 선형성, 목록, 문자적 사고에 주로 관여)를 연결하고 균형을 이루도록 한다.
7. **내러티브 통합**(nattative integration): 우반구의 자전적 기억 저장장치와 좌반구의 내레이터 기능을 서로 엮어서 만든다.

점토를 내리치거나 힘을 쏟아붓는 활동을 몇 차례 한 이후, Elsie는 어머니에게 일어나고 있는 일들로 인해 자신이 얼마나 두려움에 떨었는지를 말할 수 있었다. 또한 어머니가 얼마나 아픈지 잘 알고 있기 때문에, Elsie는 어머니의 시간과 관심을 더 필요로 할 때마다 불효감과 죄책감을 느꼈었다고 고백하였다. 이는 수평적 통합(양쪽 통합이라고도 함)과 서술적 통합의 예이다. 우리의 어린 내담자들은 종종 강력한 작업을 한 이후에, 우반구에서 통합되고 있는 기억과 상태들이 자연스럽게 좌반구의 말(언어)로 이동하기 시작한다. 이렇게 반구를 넘나드는 움직임을 양자 통합이라 하며(어느 쪽으로 향하든), 그 결과 새로운 내러티브가 생성되어 처음으로 언어화할 수 있게 된다.

이러한 아홉 가지 경로는 치유 과정에서 계속해서 순환되어야 할 것이다. 때때로 나는 마음챙김의 공간을 마련하지 못하기도 하며(아프거나 피곤하거나 인간으로서 느껴지는 부주의함 때문에), Elsie와의 관계를 회복해야 하기도 하는데, 그 과정에서 대인관계 통합을 다시 이루어야 한다. 다음 장에서 애착에 대해 살펴보겠지만, 안정 애착의 특성은 지속적으로 연결된 상태라기보다는 파열과 회복에 있다(이는 우리가 불안정할 때 충분히 좋은 치료자가 되지 못한다는 것에 대한 두려움을 덜어 줄 수 있다.). Elsie는 강력한 통합 작업을 하며 그것을 내러티브로 표현한 후 잠시 휴식을 취하곤 했다. 그런 다음 Elsie는 수직적 통합이 필요한 다음 영역으로 뛰어들었다. 이 영역은 고통과 두려움의 영역으로, Elsie가 관계 안에서 놀이를 하며 성취해 낸 새로운 영역이다. 그런 다음 Elsie는 이 감정을 가지고 작업을 하며 이 경험과 관련된 새로운 내러티브를 만들어 내기 시작하였다.

8. **시간적 통합**(temporal integration): 불확실성, 일시성, 불멸성에도 불구하고 위안을 주는 관계성을 찾는 것

시간이 흐르면서 Elsie는 어머니의 병에 대해 더 잘 말할 수 있었고, 비록 어렵기는 했지만 어머니가 회복되지 못할 가능성에 대해서도 이야기할 수 있었다. Elsie는 계속해서 점토로 작업했으며 가끔 모래상자를 만들기도 했다. 결국 어머니의 치료는 성

공했지만, Elsie의 뇌는 시간이 경과하면 죽음에 이를 수 있다는 현실을 감지할 수 있을 만큼 전전두엽 능력이 발달했기 때문에 죽음에 대한 새로운 인식을 할 수 있게 되었다. Elsie는 가까운 가족을 잃을 수도 있고 자신이 병들어 죽을 수 있다는 것을 새롭게 인식하게 되었다고 슬프게 말했다. 하지만 Elsie는 또한 가족들이 함께하면서 가졌던 즐거운 시간들을 감사하는 것이 중요하다는 것을 알게 되었다고 말했다. 비록 어린 나이였지만, Elsie는 가족과 함께 있는 것의 편안함을 기꺼이 받아들이며 시간적 통합을 향한 첫걸음을 보여 주었다.

영적 통합(transpirational integration)은 치료 과정에서 자연스럽게 나타나지 않지만, 우리 삶의 어떤 단계에서든 명상 또는 마음챙김 연습의 일부로 나타날 수 있다. 그러나 통합의 여덟 가지 경로에서 이루어지는 움직임을 관찰할 수 있다면, 우리는 치료 과정에서 어디에 위치해 있는지를 감지할 수 있으며, 우리를 진정시킬 수 있으며, 어린 내담자들을 담아 줄 수 있는 공간을 만들고 안정감과 평온감을 불러일으킬 수 있을 것이다.

제2부와 제3부에서 이 경로들을 다시 살펴보면서 실제 적용과 치료 계획에 대해 자세히 이야기할 것이다. 앞으로 보겠지만, 뇌 마음이 작동하는 방식(그리고 놀이하는 방식)에 맞추어 치료 과정을 진행시켜 나갈 때, 이러한 통합 경로를 고려하는 것이 유용하다.

왜냐하면 아홉 가지 통합 경로는 의사결정의 길잡이가 될 수 있다는 점에서 실용적으로도 유용하기 때문이다.

제 5 장

아이의 일부가 되기

한 아이가 성장하였다.

그의 부모에게서,

아버지로서의 책임을 다하고 있는 분과

자궁에서 그를 임신하고 낳아 주신 분에게서,

그러나 그들은 이보다 더 많은 것을 그에게 주었다.

그들은 아이의 일부가 되어 매일을 그에게 주었다.

Walt Whitman, 풀잎

애착을 형성하는 과정에서 우리는 자녀의 일부가 되고, 자녀는 우리의 일부가 된다. 어떻게 이런 일이 일어나는가? 자녀와 초기 유대를 형성할 때 놀이는 왜 중요한가? Bowlby(1969)가 아이들의 건강한 성장을 위해서는 양질의 신체적 돌봄 이상의 것을 필요로 한다는 개념을 소개한 이후로, 정신건강 분야는 애착 이론과 연구에 관심을 기울여 왔다. 하지만 아동의 깊은 정서적 욕구를 채울 수 있는 양육을 하고자 할 때 놀이가 어떤 역할을 하는에 대해서는 거의 논의된 바가 없다.

Panksepp(2009)은 **놀이**를 포함한 정서 체계들(**분노, 두려움, 공포/슬픔/분리불안, 돌봄, 성욕, 탐색**)이 어떻게 출생 시부터 '생존을 위한 원시 도구'로써 기능하는지에 대한 독특한 관점을 제공하였다. 물론 이들 정서 체계들은 학습 및 인지 처리를 통해 고도로 정교하게 발달될 수도 있지만, 이 체계들의 실직적인 회로는 신피질 아래의 매우 깊은 곳에 위치해 있기에 특별한 인지적 노력이 없이도 활성화될 수 있다. 예를 들어, 배고파서 우는 아기를 보기만 해도 혹은 어머니의 눈을 응시하며 부드럽게 옹알이 하는 아기의 소리를 듣기만 해도 이러한 정서 체계가 활성화된다는 것을 감지할 수 있다.

놀이는 생의 초기부터 시작된다. 열성적인 부모는 아이가 태중에 있을 때부터 부드럽게 배를 만지면서 노래를 하기도 하고 리드미컬하게 태아와 놀이를 하기도 한다. 어떤 부모들은 갓 태어난 아기와 혀 내밀기 놀이를 하기도 한다. 영아가 혀 내밀기 놀이 모방이 가능한 것(Dobbs, 2006)은 뇌와 신경계의 공명하는 속성(resonating properties)에 의한 것으로, 이 속성으로 인해 대인 관계 통합(interpersonal integration)이 이루어지며, 대인관계 통합을 이루고자 하는 동기가 생기는 것이다. 하지만 이러한 즐거운 상호작용을 위한 관계 형성의 동기는 영아만 갖는 것이 아니다. 성인 역시 이러한 관계 형성의 동기를 가진다. 우리 모두는 평생 동안 애착을 추구한다. 얼마 전, 내 친구가 자신의 혀 내미는 행동을 모방하는 손자의 반응을 신기해하며 이야기한 적이 있다. 그 친구는 새로 태어난 손자가 벌써 자신과 관계를 맺을 수 있음에 크게 감동을 받았다고 이야기하였다. 또한 그 친구는 태어난 지 몇 시간밖에 지나지 않은 손자가 자신을 깊이 응시하는 것을 보았는데, 이는 자신의 영혼을 울리는 경험이었다고 표현했다.

Bowlby 이후에 애착과 관련된 수많은 연구가 쏟아져 나왔다. Mary Ainsworth의 연구(Ainsworth, Blehar, Waters, & Wall, 1978)와 Mary Main의 후속 연구(1996, 2000)를 통해, 우리는 애착 유형을 분류하고 측정할 수 있게 되었다. 아동의 경우 애착 유형을 안정 애착 유형과 세 가지의 불안정 애착 유형(양가형, 회피형, 혼란형)으로 나눌 수 있다. 성인애착면접(Adult Attachment Interview: AAI)은 애착과 관련된 성인의 마음 상태를 측정하는 것으로, 생의 첫해부터 발달되어 온 조직화된 애착 유형이나 깊게 내재된 마음 상태를 알 수 있다(Siegel, 2012). 이러한 애착 측정 방법으로 인해 우리는 관계가 어떻게 발달하는지를 이해할 수 있다. 이에 대한 심층적인 논의는 이 책의 주제를 벗어나기 때문에 여기서 마무리하도록 하겠다. 대신 이 책에서는 애착 유형과 관련된 놀이의 역할에 대해 간단히 다루고자 한다. 왜냐하면 **놀이**는 영아와 양육자 간의 애착 행동을 촉진하며(혹은 애착 행동의 부재를 암시하며), **돌봄**, **탐색**, **공포/슬픔/분리불안**과 같은 기본 정서 체계와 함께 작동하기 때문이다.

Panksepp(2009)은 깊은 사회적 애착을 형성할 때 **돌봄**과 **공포/슬픔/분리불안**이라는 두 가지 정서 체계가 야누스의 두 얼굴처럼 서로 맞물려서 작동한다고 말하면서 애착 과정을 이해하는 독특한 관점을 제시하였다(p. 14). 그는 이들 정서들이 모두 화학 물질인 옥시토신과 내인성 아편제를 공유하고 있으며, 다른 사람과 관계 맺을 때 이를 화학 물질들이 어떻게 영향을 미치는지에 대해 설명하였다. 또한 그는 대뇌피질이 우리를 사회적이 되도록 완전히 프로그래밍하는 데 **놀이**가 놀라울 정도로 큰 영향을 미치고 있다고 말하였다. 영아와 양육자가 서로 사회적 애착을 발달시킬 때, 이들 정서 체계들이 역동적으로 서로 맞물려서 작동한다는 것을 기억하는가? 이제 각 정서 체계를 살펴보도록 하겠다. 우리는 여기에 **탐색** 체계를 포함시키고자 하는데, 왜냐하면 탐색 체계는 모든 정서 과정의 기본 기저(substrate)로서 작동하기 때문이다.

Panksepp과 Biven(2012)은 자신의 저서에서 **돌봄** 체계를 설명하는 장의 제목을 '돌보는 사랑(Nurturing Love)'이라고 하였다. 그 장은 다음과 같은 내용으로 시작된다.

만약 포유동물이 새끼를 돌보는 데 엄청난 시간과 에너지를 투자하
도록 프로그램되어 있지 않다면(이러한 헌신이 없다면 새끼는 죽을 수밖에
없다.), 포유동물은 이 지구상에 살아남지 못했을 것이다. 이러한 헌신
적인 모성애는 단지 우연에 의해 남겨진 것이 아니다. 이는 신생아를
돌보고 유대관계를 형성하고자 하는 본능적인 뇌의 충동(urges)으로
인해 형성된 것이다(p. 283).

이러한 모성 본능은 호르몬의 변화(에스트로겐, 프로락틴, 옥시토
신의 증가와 프로게스테론의 감소)에 의한 것으로, 출생 전부터 활성
화된다. 이러한 호르몬의 변화는 어머니를 준비시키는 역할을 한
다. 즉, 호르몬의 변화로 인해 어머니는 모성적인 헌신이 증가되고
무력한 영아를 돌보는 것에서 기쁨을 느끼며 민감성이 증진된다.
만약 어머니의 내면 세계와 외부 환경이 어머니와 영아 모두에게
호의적이라면, 그들은 안정 애착을 형성하게 될 것이다. 그러나 이
러한 체계를 선천적으로 가지고 있고 그에 따른 신경 화학적 반응
이 강력하게 일어나더라도, 일부 어머니들은 이러한 즐거움을 경
험하지 못한다. 만약 어머니가 주요 애착 대상을 상실했거나 트라
우마를 경험한 적이 있다면, 어머니가 경험하는 고통과 두려움이
이들 체계들보다 더욱 강력하게 작동하여, 작은 생명체의 출산이
오히려 불안, 우울, 혼란, 심지어 분노를 일으킬 수도 있다.

작은 생명체 또한 자신의 **공포/슬픔/분리불안** 체계로 인해
본능적으로 어머니에게 접근하는 속성을 가지고 태어난다.
Panksepp과 Biven은 이 정서 체계로 인해 활성화된 상태를 '울

기 위해 태어난(Born to Cry)' 영아라고 불렀다. 이는 영아의 고통스러운 울부짖음을 설명하는 용어로서, 영아가 사랑과 돌봄의 원천에서 분리되어 고통과 슬픔을 경험하고 있을 때 울음은 양육자를 부르고 이러한 정서를 완화시키도록 돕는 역할을 한다. 수많은 부모들이 영아의 고통스러운 첫 울음소리로 인해 영아에게 향하게 된다고 고백하였는데, 이는 이 두 체계가 서로 맞물려 작동함을 나타내 준다. Panksepp과 Biven(2012)의 용어로 하면, 이들 체계들은 '생명 유지를 위한 사회적 유대의 기원'이 된다(p. 311).

만약 이러한 고통스러운 울음에도 불구하고 예측 가능하고 일관된 방식으로 **돌봄**을 제공받지 못한다면, 영아는 양육자와 불안정 애착을 형성하게 될 것이다. 예를 들어, 양육자가 아이의 울음을 어떻게 달래야 하는지 확신하지 못하고 불안함을 느낀다면, '불안정-저항(ambivalent)' 애착 아동과 '집착형' 부모일 것이다. 이 유형의 어머니는 자신의 내면 세계에 빠져 있어서, 아이의 욕구를 정확히 알아채지 못한다. 이 과정에서 아동은 어머니의 진심 어린 돌봄과 혼합된 불안을 느낄 것이고, 이러한 관계 패턴이 아동의 두뇌에 전달될 것이다. 이러한 양육 패턴이 지속되면, 아동은 친밀한 관계에는 혼란스러운 정서가 수반된다는 것을 기대하게 될 것이다.

스펙트럼의 반대편 양육자는 정서성이 거의 없는 좌뇌형의 사람이다. 울고 있는 영아는 난처해하거나 때때로 화가 난 양육자의 얼굴을 보게 될 것이다. 이 유형의 양육자는 이제 막 뇌 발달이 시작한 어린아이의 정서적 욕구에 공명하거나 이해하는 것이 결여되어 있다. 왜냐하면 인지가 앞서기 때문이다. 이러한 양육자는 다른 사람의 얼굴 표정을 읽는 것에 어려움을 느끼고, 이로 인해 아기의 욕구를 잘 감지하지 못한다. 이 유형의 양육자는 기저귀와 옷을 청결하게 관리하고 규칙적인 일과를 지키는 것과 같이 외적인 필요 요건들을 충족시키는 것으로 사랑을 확인하려 하지만, 기계적인 방식으로 반응하는 편이며, 그때그때 변화하는 아이의 상태에 맞추어 반응하는 것을 어려워한다. 이러한 애착 방식을 아동의 경우 '회피(avoidant)' 애착이라 부르며, 성인의 경우 '무시형(dismissing)' 애착이라고 부른다. 무시형 부모는 따뜻한 관계성 회로와는 거리를 두기에, 영아의 우반구 회로는 자신의 정서에 공명하고 반응하는 얼굴을 찾지만 찾을 수 없다. 만약 이러한 양육이 지속된다면, 아동은 자신의 정서(분노 제외)와는 거리를 두게 될 것이다. 왜냐하면 이렇게 해야만 아동들은 부모의 기대에 부응하면서(또는 반항하면서) 부모와 접촉을 유지할 수 있기 때문이다. 만약 아동이 자신의 내면 정서를 느끼게 된다면, 따뜻한 안전감 대신에 깊은 공허감을 느끼게 될지 모른다.

일부 가정은 혼란이 악화되어 학대로 이어지거나, 정서의 부재를 넘어서서 냉담함이나 혐오, 방임으로 이어지기도 한다. 두 경우 모두 영아의 울음에 적절하게 반응하는 것이 불가능하다. 따라서 두 경우 모두 **혼란형**(disorganized) 애착 유형으로 이어지는데, 이 유형의 아기는 부모와의 접촉을 유지하기 위한 어떠한 전략도 가지지 못한 채 공포의 파편으로 인해 고통스러워한다. 아기가 부모를 향해 다가가면 부모에게서 경험한 공포의 파편이 불러일으켜지고, 아이가 부모에게서 멀리 떨어지면 자신을 안아줄 수 있는 관계의 끈이 끊어지면서 홀로 떨어질 수 있다. 이러한 상황은 어떠한 해결책도 낼 수 없기에 두려움에 갇혀 있는 경험이 된다(Main & Hesse, 1999). 이러한 부모의 애착 유형은 미해결/혼란형(unresolved)으로 불리는데, 왜냐하면 이러한 유형의 부모는 해결되지 않은 초기 트라우마나 정신질환 경험으로 인해 그러한 양육행동을 보이기 때문이다. 제3장과 제4장에서 우리는 Bobby와 어머니 간에 형성된 혼란형 애착 유형에 대해 살펴보았다. Bobby의 어머니는 자신의 내적 고통으로 인해 상당히 오랜 시간 동안 Bobby의 울음에 신속하고 적절하게 반응할 수 없었다. 아동의 **공포/슬픔** 체계의 부르짖음은 양육자의 **돌봄** 체계에 의해 충족될 수 없었으며, 아이의 정서적인 고통은 해결되지 못한 채 그대로 남아 있었다.

지금까지 여러 애착 유형을 간단하게 살펴보았다. **공포/슬픔**으로 가득 찬 영아의 울음에 양육자가 어떻게 반응할 것인지는 선천적인 **돌봄** 체계에 의해 영향을 받을 뿐만 아니라 양육자 자신의 초기 아동기 경험에 의해서도 영향을 받는다. [그림 3-4]에 제시된 Panksepp의 내재된 뇌마음 위계 구조는 양육자 자신이 어려서 울었을 때 그 부모에게서 어떠한 반응을 이끌어 냈는지와 관련된 과거의 특정 상호작용 경험을 이해할 수 있게 해 준다. 즉, 과거의 상호작용 경험은 어머니 자신의 일차 과정 정서와 이차 과정 학습, 삼차 과정 인지 간의 순환 체계에 체화되어 현재의 모성 행동에 영향을 미친다. 영아에게 반응하는 양육자의 행동은 영아의 뇌 구조에 부호화되어, 관계에 대한 암묵적인 패턴과 흐름을 만들어 내고, 특정 방식의 기대를 형성하여 평생 동안 영향을 미친다. 이러한 일차 과정 정서 경험은 영아 뇌의 이차 과정과 삼차 정서 처리 과정에 내재되어, 그 패턴을 더욱 강화시키는 행동을 이끌어 낼 것이다. 다행히 신경 가소성으로 인해 이러한 패턴은 인생의 어떠한 시점에서도 변화 가능하다. 우리가 살펴본 애착 유형(안정 애착, 저항 애착, 회피 애착, 혼란형 애착)은 모두 연속선상에 있으며, 부모와 아동은 그들만의 고유하고 역동적인 패턴을 공동으로 만들어 간다.

🗣 놀기, 탐색하기, 유대감 형성하기

지금까지 살펴본 **돌봄** 체계와 **공포/슬픔** 체계 외에도, Pankespp과 Biven은 (성적이지 않은) 사회적 유대를 유발하는 세 가지 뇌 체계 중 하나로 **놀이** 체계가 있음을 발견하였다. 영아와 양육자 간의 놀이는 매우 이른 시기부터 시작된다는 것을 제2장에서 살펴보았다. Panksepp과 Biven에 따르면, 원초적인 놀이 욕구는 뇌의 피질하 영역에 위치해 있지만 상위 뇌 영역의 발달에도 영향을 미쳐서 행복하고 창의적인 성인 뇌 육성에 기여한다. 뇌 화학의 관점에서, 핵심 **놀이** 체계는 시상 내측 영역에 위치해 있다. 이 영역에는 오피오이드(opioid)*가 풍부하게 있는데, 이는 도파민 체계와 더불어 즐거움과 웃음을 유발하는 데 중요한 역할을 한다(Panksepp, 2009). Panksepp는 "사회적 놀이, 즉 다른 사람과 신체적으로 즐겁게 상호작용하고자 하는 충동이 진화에 의해 우연히 남겨진 것이 아니라 포유류 뇌의 본능적인 행위 장치로 형성되어 있는 것은 축복이다."라고 말하였다.

Panksepp의 내재된 뇌마음 위계 구조(nested BrainMind hierarchy)로 다시 되돌아가 보자([그림 3-4]). 이 구조를 살펴보면 우리는 인생 초기에 경험한 즐거운 놀이 환경의 중요성을 알 수 있다. 왜냐하면 즐거운 활동 패턴(혹은 정신 모델)은 뇌의 가장 상층(대뇌피질의 삼차 과정)에 내재될 것이고, 이는 인생 전반에 걸쳐 인지 발달과 관계 형성 능력에 영향을 미칠 것이기 때문이다.물론 핵심 **놀이** 체계는 피질하의 깊숙한 곳에서 시작되지만 대뇌피질의 가장 상층뿐 아니라 중층(대뇌 변연계 상부, Panksepp에 따르면 이차 과정의 학습이 발생하는 영역)에도 위치해 있다. 이곳에서 우리는 즐거운 관계를 맺는 '정서적 습관(emotional habit)'을 발달시킬수 있다. 제3부의 학습에서 **놀이** 체계의 중요성을 좀 더 살펴볼 것이다.

탐색 체계는 모든 정서 체계의 기본적인 기저로써, 지속적으로 활성화되는 뇌의 본능적인 정서 체계 중 하나이다. 애착의 맥락에서 보면, 탐색 체계로 인해 "동물들은 자신의 생존에 필요한 자원들을 찾고, 발견하고 또 획득하는 행동을 한다"(Panksepp & Biven, 2012, p. 95). Bowlby 및 여러 신경과학자들의 연구에서

....

＊ 역자 주: 세포막의 오피오이드 수용체와 상호작용함으로써 아편제와 같은 효과를 나타내는 천연 산 peptide.

알 수 있듯이, 영아의 생존을 위해서는 음식과 따뜻함, 안식처만이 필요한 것이 아니라 다른 인간 존재와의 정서적인 연결도 필요로 한다. 이러한 관계가 없다면 영아는 성장하지 못할 것이며, 정서적 지지의 부재로 인해 죽음을 맞이할 수도 있다(Bowlby, 1953; Spitz & Wolf, 1946).

출생 첫날부터 영아는 어머니에게 다가가고자 한다. 우리는 영아의 **탐색** 체계가 이미 이 시기부터 작동하고 있음을 알 수 있다. Panksepp(2009)은 이 체계를 욕구 체계(desire system)라고 불렀는데, 왜냐하면 이 체계는 식욕 욕구를 매개로 하여 각 사람에게 에너지를 공급하고 세상과 관계를 맺도록 하기 때문이다. 식욕 욕구로 인해 우리는 신체 건강을 유지하는 데 필요한 자원을 제공받기도 하고, 의미 있는 사회적 관계를 탐색할 수 있는 연료를 제공받기도 한다. 어린아이들이 함께 어울릴 놀이 친구를 찾으며 놀이에 참여할 기회를 엿볼 때 **탐색** 체계는 최고조로 활성화되는 것을 볼 수 있다. 내 손자도 내가 일을 마칠 때까지 공손히 기다렸다가 "지금 나랑 놀 수 있어요?"라고 물어본다. 이렇듯 사회적 애착의 맥락에서도 **놀이**와 **탐색** 체계가 함께 맞물려 작동한다. 영아 또는 어린아이들이 어머니와 아버지, 또는 조부모와 같이 노는 것보다 더 좋아하는 일이 있을까?

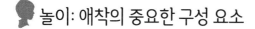# 놀이: 애착의 중요한 구성 요소

Allan Schore(2012)는 영아와 양육자 간의 안정 애착 발달에 있어서 놀이의 중요성에 대해서 설명하였다. 그는 영아가 생애 첫해 동안 양육자와의 관계에서 이루어야 하는 필수적인 두 가지 과업에 대해 기술하였다. ① 정서적 의사소통을 통한 안정 애착의 형성, ② 신경 회로의 발달을 통한 자기 조절 역량 키우기. 앞서 언급했듯이, 영아의 **탐색** 체계는 출생 첫날부터 작동한다. 영아는 후각, 미각, 촉각, 청각, 시각과 같은 감각을 통하여 사회적 환경과 상호작용하기 시작한다. 이후 약 8주경에 주목할 만한 변화가 일어난다. 이때가 되면 어머니들은 영아가 '진짜' 사람이 되어 가고 있다고 처음으로 인식하게 되는데, 왜냐하면 이 시기의 영아들은 관계를 맺으려는 어머니의 단서에 구체적으로 반응할 수 있을 정도로 유능해지기 때문이다. 자녀를 키워 본 경험이 있는 어머니들은 6~8주 된 영아에게서 이러한 변화를 기대하기 시작한다. 이 시기가 되면 어머니들은 영아가 어머니를 알아보며 첫 번째 미소를 지으며 좋아하는 모습을 보길 기대하는데, 이는 영아가 상호관계를 맺을 준비가 되었다는 것을 알려 주는 신호이기도 하다. Schore(2012)는 다음과 같이 설명하였다.

8주가 되면 영아의 사회 및 정서 능력의 극적인 변화가 일어난다. 서로 마주 보는 에피소드에서, 어머니와 영아는 얼굴 표정, 음성, 몸짓 등을 통해 전언어적 의사소통(preverbal communications)에 직관적이면서도 비의식적으로 참여한다. 영아들은 상당한 각성이 유발되는 정서적인 면대면 상호작용에 참여하며 높은 수준의 사회적 · 인지적 정보에 노출된다. 어머니는 영아의 단서에 유관적으로 반응하면서 영아가 자신을 예측 가능하며 조작 가능한 사람으로 인식하도록 만든다. 또한 어머니와 영아는 순식간에 서로의 정서 강도에 맞추어 가면서(synchronize) 높은 수준으로 각성된 긍정적 정서를 조절해 간다(p. 228).

여기서 '유관적으로 반응하고, 예측 가능하며, 조작 가능한'이라는 단어를 좀 더 생각해 보자. 어머니와 영아 간에 이루어지는 기쁨과 즐거움의 상호작용은 점차적으로 영아의 '각성 범위(window of tolerance; Siegel, 1999; 스스로 감당할 수 있는 정서 강도를 말하는 것으로 이 범위를 벗어나므로 관계가 단절되거나 정서가 조절되지 않은 상태에 이르게 됨)'를 확장시킬 수 있다. 이러한 각성 범위의 확장은 아이의 각성을 조율할 수 있는 어머니의 능력뿐 아니라 어머니 자신의 각성 범위와도 관련이 있다. 만약 어머니가 이러한 일치성(synchrony)을 경험해 보지 못했다면, 이러한 패턴이 그녀 안에 내재되어 있지 않기에 100만분의 1초 간격으로 변화되는 아이의 정서에 비의식적으로 조율하며 지원하는 것이 어려울 것이다. 왜냐하면 이 패턴은 매우 빠르게 변화되기에 의식적인 결정을 통해 반응할 수 없기 때문이다. 우리에게 도움을 받고자 오는 많은 아이는 여전히 이러한 경험을 필요로 할 것이다. 이 아이는 생의 초기에 이러한 욕구가 충족된 적이 없기에 놀이실에서 우리와 함께하면서 '유관적으로 반응하고, 예측 가능하며, 조작 가능한' 경험을 할 수 있는 기회를 가지게 된다. 이런 관점에서 볼 때, 어린아이들이 지닌 특정 이슈에 대해 작업하는 것은 안정 애착의 신경 회로를 형성하는 것이기도 하다.

Schore(2012)는 계속해서 다음과 같이 말하였다. "이러한 정서적 일치성(affect synchrony)은 사회적 놀이(social play)를 하는 과정에서 처음으로 경험하며, 즐거움이나 흥분과 같은 긍정적 정서의 증가를 경험한다. 상호작용 과정에서 어머니와 아이는 서로의 정서 상태를 맞추어 사회적 주의와 자극을 조절해 가며, 상대방의 반응에 맞추어 증가된 각성을 조절해 간다"(p. 228). 제2장에서 살펴보았던 Sammy와 아빠의 까꿍 놀이 사례를 보면, 놀이하는 과정에서 어떻게 동시적으로 상호 조절해 가는지 알 수 있다. Sammy와 아빠는 까꿍 놀이 과정에서 과다각성과 과소각성 사이를 자유롭게 왔다 갔다 하였는데, 우리는 이 과정이 어떻게 Sammy의 자율신경계(ANS) 발달에 도움을 주었는지 살펴보았다. Sammy가 그만하고 싶다는 신호를 보냈을 때, 아빠는 아이의 신호를 읽고 상호작용을 멈추었다가 Sammy가 다시 놀이할 준비가 되었다는 신호를 보낼 때까지 기다렸다. 두 사람은 함께 협력해 가면서 즐거운 순간을 만들어 내었고, 놀이 과정에서 경험한 최적의 각성 범위는 Sammy의 뇌와 신경계에 입력되었을 것이다([그림 2-1]을 보라).

Ruth Newton과 Allan Schore(Schore & Newton, 2012)는 이러한 상호작용 놀이 에피소드의 중요성을 대인관계 신경생물학 관점에서 설명하였다. 그들에 따르면, "놀이 상황에서 고-각성(high-arousal)의 스트레스 상태에 이르렀을 때 각성 상태를 진정시키면서 조절해 줄 수 있는 어머니의 능력과 저-각성(low-arousal)의 스트레스 상태에 이르렀을 때 각성 상태를 끌어올리면서 조절해 줄 수 있는 어머니의 능력은 영아의 뇌에 후성적(epigenetic) 기제로 작동하여, 영아의 정서적 우뇌의 중추신경계(CNS)와 자율신경계(ANS) 간의 연결을 강화시키는 역할을 한다."(p. 387). 상호조절을 통해 스트레스로 느낄 수 있는 각성 상태(놀이에서의 흥분도 포함됨)를 최적화할 수 있게 되면, "그 순간 발달하고 있는 영아의 복잡한 우뇌 기능 발달을 촉진시킬 수 있으며, 정서 조절, 애착 안정성, 긍정적인 자아감도 증진시킬 수 있다"(p. 387).

이러한 초기의 상호작용 경험으로부터, 영아들은 세상이 어떠한 곳인지를 배워 가기 시작한다. 그들은 세상이 자신을 즐겁고 반갑게 맞아 주는 곳이며, 그들이 필요로 할 때 자신을 도와줄 수 있는 곳이라고 기대하게 될 것이다. 12개월이 되면, 아이들은 세상이 어떠한 곳인지에 대한 모델을 가지게 되는데, 이는 주로 비언어적인 우반구에 저장되어 평생 동안 영향을 미친다. 이를 '내적 작동 모델(internal working model)' 혹은 세상이 어떠한 곳인지에 대한 형판(template)을 가진다고 하는데, 이것이 평생 동안 배경(backdrop)으로 작동하며 지속적으로 중요하게 영향을 미친다. 놀이가 왜 중요한지에 초점을 두면서 이 모델들을 좀 더 자세히 살펴보도록 하겠다.

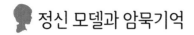# 정신 모델과 암묵기억

우리는 가장 친밀한 사람과의 초기 상호작용 경험을 통해 Bowlby
(1969)의 용어로 하면 내적 작동 모델을 형성하게 된다. 양육자와의
특정 애착 유형을 발달시키기 훨씬 전인 생후 6개월이라는 짧은
기간 동안, 우리는 생물학적으로 패턴화된 사회적 상호작용 절차
를 학습하게 되는데, 이것이 모델로 형성된다. Stern(1977/2002)은
이러한 사회적 상호작용이 어머니가 3개월 된 자녀를 수유하는
장면과 닮아 있다고 하면서 그에 대한 자세한 묘사를 했다. 수유
장면에서 아기는 처음에 젖을 빠는 것에 열중하며 가끔씩 어머
니를 쳐다보거나 방 주변을 둘러본다. 어머니는 가만히 있으면
서 주기적으로 아기를 응시하지만 아이에게 말을 걸거나 표정를
보이지 않는다. 아기가 우유를 빨고 있기에 어머니는 아이의 주
의를 흩트리지 않도록 주의를 한다. 그 이후 변화가 일어나기 시
작한다. 천장을 응시하던 아기는 자신을 바라보는 어머니의 눈길
을 인지한다. 아기는 어머니를 향해 시선을 돌리며 젖을 빠는 리
듬을 중단한다. Stern(1977/2002)은 이러한 놀이 에피소드를 다
음과 같이 묘사하였다.

아이가 젖꼭지에서 입을 떼어 빠는 것을 멈추고 희미한 미소를 짓기
시작했다. 어머니는 (나에게) 말하던 것을 갑자기 멈추고 아이 표정의
변화를 바라보았다. 어머니는 눈을 조금 더 크게 뜨고 눈썹도 위로 약간
올렸다. 아기의 눈이 어머니를 향해 고정되었다. 그 순간 서로 움직임

없이 잠시 가만히 있었다. 아기는 빠른 행동을 보이지 않았고 어머니도 약간 상기된 표정으로 가만히 있었다. 이렇게 침묵과 움직임이 없는 상태가 지속되다가 어머니가 "오~"라고 말을 하면서 침묵이 깨졌다. 그때 어머니는 눈을 크게 뜨고 눈썹을 위로 약간 올리면서, 고개를 아기 쪽으로 가까이 기울였다. 거의 동시에 아기도 눈을 크게 뜨고 머리를 들어 올리며 미소를 크게 지었고, 물고 있던 젖꼭지에서 입을 떼었다. 어머니는 "오, 그랬어…… 오~ 오~"라고 말하였다. 음이 더욱 높아지며 "오~"라는 말이 반복될 때마다 더 길어지고 강조되었다. 어머니의 말이 반복될 때마다 아이는 더 즐거워하였고, 마침내 아이의 상태는 바람으로 가득 찬 풍선처럼 한 번만 더 불면 터질 것처럼 보였다. 어머니는 행동을 멈추고, 얼굴을 편안하게 이완시켰다. 그들은 잠시 동안 서로를 바라보았다. 공유된 흥분을 가라앉히고 있을 때, 아이가 갑자기 주도적으로 상호작용을 시도하며 즐거움을 회복하고자 시도하였다. 그는 고개를 앞으로 기울이고 팔을 뻗치며 활짝 미소를 지었다. 어머니도 그 동작에 맞추어 움직이기 시작했다. 어머니는 아이 가까이 몸을 기울이고 눈을 빛내며 "오~ 놀고 싶어…… 그래~~? 더 하고 싶었어…… 그랬어…… 좋아…… 오~ 오~ 오~." 그리고 그들은 놀이를 다시 시작하였다(pp. 18-19).

이후에 아기와 어머니 간의 상호작용 놀이는 4분간 지속되었다. 아이가 어머니에게 그만하고 싶다는 단서를 보낼 때까지 그들 사이의 흥분은 오르기도 하고 내리기도 하였다. 어머니는 아기의 단서를 즉각적으로 알아차리고 수유를 다시 시작할 수 있도록 도와주었다. 이 간단한 놀이 에피소드에서 우리는 아이가 어머니의 얼굴 표정, 음성, 접촉, 움직임 등의 수많은 정보들을 벌써 처리할 수 있음을 알 수 있다. Stern(1977/2002)은 이에 대해 다음과 같이 자세히 설명하였다.

> 어머니와 아이가 다양한 정서 표현과 신호를 주고받는 과정에서, 아이는 다양한 변화에 대한 도식을 습득한다. 아이는 인간 행동이 순차적인 패턴으로 이루어진다는 것을 인식하며, 다양하게 변화하는 속도와 리듬의 차이에 따라 의미가 달라진다는 것도 인식한다. 또한 아이는 어머니와 상호작용을 시작하고, 유지하고, 끝내고, 회피하는 과정에서 서로의 마음을 효과적으로 움직일 수 있는 사회적 단서를 학습한다. 아이는 이제 순서를 주고받는 것과 같이 대화에 필요한 다양한 방식을 학습한다. 이 과정을 통해 아이는 어머니에 대한 내적 형상의 기초를 형성한다. 그리고 이 단계가 끝난 후 몇 달이 지나면 아이는 대상영속성을 형성한다(또는 엄마의 존재가 눈에 보이거나 보이지 않거나 상관없이 어머니에 대한 지속적인 표상을 가지게 된다.)(pp. 21-22).

아이가 성장하는 과정에서 위와 같이 상호작용을 조율해 가는 의사소통 패턴을 계속 경험한다면, 아이의 뇌는 이것을 모든 경험에 일반화하여 정신 모델로 발달시킬 것이며, 모든 사회정서적 관계의 토대로 삼을 것이다. 이 모델은 앞으로 동반자적 관계를 형성하는 데 중요한 역할을 하며, 스트레스 상황에서 회복할 수 있는 자아탄력성 수준에도 영향을 미칠 것이다.

앞의 사례와는 대조적인 경우를 Alice(제2장)와 Bobby(제3장)의 사례에서 볼 수 있다. 이들은 영아기 동안 조율된 놀이 상호작용을 거의 경험하지 못하였다. Alice는 돌봐 주는 사람이 부족한 고아원에서 자랐기에, Stern이 묘사했던 어머니와 아기 간의 놀이 상호작용을 거의 경험하지 못하였다. 그리고 Bobby 아버지는 Bobby가 어린 시절에 좋지 않은 환경에서 자랐다는 것을 알고 있었지만, 그 당시 아이가 너무 어렸기 때문에 그 경험을 어떻게 기억하고 있는지를 알지 못했다. 많은 부모가 그런 것처럼 Bobby의 아버지도 이를 인지하지 못했는데, 이는 내적 작동 모델이 우리의 뇌와 몸 속에서 암묵적인 형태로 저장되어 있기 때문이다. 우리는 암묵기억을 '명시기억과 같은 방식으로 기억하지'는 못하지만, 암묵기억은 우리의 행동에 순간순간 강하게 영향을 미친다.

기억하는 법

명시기억과 암묵기억이 뇌에서 어떻게 형성되는지를 자세히 살펴본다면 우리는 Bobby와 같은 아이들이 비행행동을 할 때 또는 Alice와 같은 아이들이 학교에서 말을 할 수 없을 정도로 불안해할 때 그들 뇌에서 어떤 일이 일어나는지 알 수 있을 것이다. Bobby의 아버지는 아들이 왜 예의 바르게 행동하라는 말을 '기억'할 수 없는지 궁금해하였다. 이러한 궁금증의 기저에는 아마도 Bobby의 뇌에 서류 정리함 같은 기억 저장 시스템이 있어서 아 버지가 언어로 "예의 바르게 행동하라."라고 지시하면 그 말을 기 억에서 끄집어 낼 수 있을 것이라고 Bobby 아버지는 생각했기 때 문일 것이다. 이로 인해 Bobby 아버지는 Bobby가 제대로 된 저장 파일을 발견했다면 "예의 바르게 행동하라."는 아버지의 말(의미) 을 사진처럼 그대로 재현할 수 있었을 것이라고 기대하였다.

불행하게도(어찌 보면 다행히도) 뇌의 기억 과정은 그리 간단하 지 않다. 기억한다는 것은 사실상 정보를 부호화하고, 저장하고, 인출하는 과정이 신경 회로망(neural net profile) 형태로 이루어진 다. 이때 정보는 단독적으로 처리되는 것이 아니라 환경에서 경 험한 여러 사건들이 서로 연결되고 구성되면서 처리된다. Daniel Siegel(2012)이 말했듯이, 우리의 뇌는 '경험 의존적'으로 되어 있 어서, 과거, 현재, 미래의 관련 경험들을 함께 연결하면서 신경 회 로망을 역동적으로 끊임없이 변화시켜 나간다. 기억은 산처럼 안 정적이라는 예전의 개념은 현재의 신경과학 관점에서는 더 이상 적절하지 않다. "함께 점화된 뉴런들은 서로 연결되어 있다."는 Donald Hebb(1949)의 통찰은 최근의 연구-기반 개념(research- based concept)을 잘 보여 주는 말로서, 한 사건을 부호화할 때 경 험의 여러 부분들이 단일 신경 회로망에 연결되는 경향이 있다. 예 를 들어, 할머니 댁에 방문할 때마다 할머니가 초콜릿 칩 쿠키들을 구워 주셨고, 반가운 목소리로 미소를 지으며 따뜻하게 안아 주시 며 맞이해 주셨다면, 우리는 할머니 댁에 방문할 때마다 쿠키에 녹아내린 초콜릿 냄새를 기대할 것이다. 또한 할머니 무릎에 우리를 앉히고 재미있는 책을 읽어 주실 것을 기대할 것이다. 몇 년이 지난 후, 단지 쿠키 굽는 냄새만 맡더라도 그 기억들이 다시 떠올라, 현재 맥락과 상관없이 몸을 통해 따뜻한 느낌이 밀려오기도 하고 할머니와 함께 했던 암묵기억과 명시기억들로 가득 차게 될 것이다.

이와 유사하게, Bobby는 몹시 화가 난 아버지에게서 "기억해! 오늘은 예의 바르게 행동해야 해."라는 말을 들었을 때, 그의 뇌에는 아마도 학대했던 어머니, 화가 난 아버지, 실망하신 선생님에게서 들었던 조절되지 못한 수많은 말이 신경 회로망을 통해 연상되었을 것이다. 그는 지금 이 순간의 경험, 즉 아버지의 훈계와 목소리 톤, 아버지의 화난 얼굴, 그리고 자신의 어깨를 세게 붙잡은 아버지의 손의 느낌이 과거의 경험들과 함께 연결되면서, 내적 수치심과 표현되지 못한 분노감을 느꼈을 것이다. 그는 이 경험을 부호화하고 나서 신경 회로망 연결을 통해 새롭게 업데이트하여 저장했을 것이다. 이와 같이 경험들이 더 큰 신경 회로망과 연결되어 누적되다 보면 미래에 그 신경 회로망이 함께 점화될 가능성은 더 증가한다. 결국 반복되다 보면 그 회로망은 정신 모델이 될 것이고, 피질과 피질하 수준 모두에서 우리의 행동을 유발할 것이다.

우리는 뇌가 기억하는 두 가지 주요 방식의 차이에 대해 좀 더 자세히 살펴봄으로써, 초기 기억의 형성 방식에 대해 좀 더 명확하게 이해하고자 한다. [그림 5-1]은 편도체를 중심으로 하는 암묵기억(하위 수준)과 해마의 기능을 중심으로 하는 명시기억(중간 및 상위 수준)의 위계적 속성을 보여 준다. [그림 5-1]에서 보면, 암묵기

자서전적 명시기억

- 24개월 이후 발달한다.
- 4~5세가 되어서야 견고해진다.
- 부호화하기 위해 의식적인 주의를 필요로 한다.
- 이야기에 자기(self)와 시간에 대한 감각이 더해진다.
  (예: "어제 기차 탔을 때 신났어요.")
- 해마와 전전두피질이 관여한다.
- 회상할 때 시간 흐름에 따라서 사건의 순서를 서로 비교하면서 내러티브를 만들어 낼 수 있다.

과거   현재   미래

명시기억

- 12~18개월 사이에 발달한다.
- 4~5세가 되어서야 견고해진다.
- 해마와의 연결이 필수적이다.
  - 좌반구(LH)는 사실과 관련된 기억을 처리함
  - 우반구(RH)는 자신과 관련된 일화 기억을 처리함
- 부호화하기 위해 의식적인 주의를 필요로 한다.
- 회상할 때, 회상한다는 감각이 있다.
- 시간적 요소가 추가된다. 과거시제의 사용이 가능하다.
- 의미(사실) 기억과 일화(시간에 따른 자기) 기억을 포함한다.

암묵기억

정신 모델과 점화

- 태어나기 전부터 12~18개월까지
  (암묵기억만 있음)*
- 편도체 중심
- 부호화하기 위해 의식적 주의를 요구하지 않는다.
- 행동 충동, 정서, 지각, 신체 감각, 이미지들을 포함한다.
- 시간의 흔적이 없다.
- 회상할 때 회상한다는 내적 감각이 없다.
  * 우리는 항상 암묵기억을 한다.

[그림 5-1] 기억의 수준

Bandenoch (2008), Siegel & Hartzell (2003), Siegel (2010)에 서 수정 · 적용함.

억과 명시기억 간의 경계선을 점선으로 표기하였는데 이는 두 기억 간의 역동적인 흐름과 잠재적인 통합을 나타내기 위해서이다.

암묵기억

생후 12~18개월까지는 해마가 충분히 발달하지 않은 상태이고 편도체와도 연결되어 있지도 않기에, 이 시기 동안의 기억은 일반적으로 암묵적 수준에서만 부호화된다(Ledoux, 1996; Schore, 2012). 이 시기 동안의 우리 경험은 체화되어 모든 기억의 일부로 평생 동안 남아 있다. 암묵기억을 부호화할 때는 의식적으로 주의를 기울일 필요가 없다. 이 기억들이 활성화되더라도 우리는 실제로 무엇을 회상하였는지에 대한 내적 감각이 없다.

예를 들어, 자동차를 운전할 때, 우리는 여러 복잡한 작업(운전하기, 엑셀 밟기, 브레이크 밟기)을 동시에 수행하지만 이 과정은 자동적으로 조율된다. 우리는 이 작업이 고도로 통합되고 상호 연결된 복잡한 기술이라고 생각하지 않으며, 이전 경험을 기억하고 있다는 것조차 의식하지 못한다. 이러한 암묵기억의 예로 절차기억이 있다. 우리는 새로운 기술을 배울 때 절차기억을 사용한다.

또 다른 유형의 암묵기억의 예로 초기 애착관계와 같은 관계 상황이 있다. 어렸을 때 어머니가 자주 화를 냈던 기억이 있다면, 이 경험에 대한 암묵기억은 체화되어 긴장하여 조여진 배, 그 자리에서 도망가고 싶음, 두려운 느낌, 관계를 맺는 것이 그리 안전하지 않다는 감각 등으로 나타날 것이다. 또한 어머니의 눈빛, 목소리, 그 순간 창문을 통해 비쳐졌던 빛의 각도 등도 파편적으로 암묵기억에 부호화되었을 수 있다. 몇 년이 지나서, 화가 나는 상황(혹은 특정한 각도로 빛이 비춰지는 것을 보았을 때)이 되면 그 신경망이 깨어나서 과거의 기억 파편들이 나의 몸에 범람할 수 있지만, 나는 그것들이 기억되고 있다는 것을 느끼지 못할 것이다. 따라서 우리는 이 모든 경험을 현재 사건에서 비롯된 것으로 볼 것이다(물론 반응이 뜬금없기는 하지만). 이런 방식으로, 과거는 암묵기억의 형태로 항상 우리와 함께한다.

암묵기억은 우리의 순간순간의 경험에 영향을 미치며 지속적으로 작동한다. 암묵기억은 신체 감각(가슴이 따뜻해짐 혹은 긴장하여 조여진 배), 감정의 흐름(기쁨 혹은 두려움), 행동 충동(안전하다고 느끼면 문을 열고 대상을 향해 다가가고자 하는 충동을 느끼지만, 안전하지 않다고 느끼면 자신을 보호하고자 하는 충동을 느낌), 지각의 변화(과거 경험에 의해 현재 경험이 채색됨), 감각의 파편(초콜릿 쿠키 냄새, 샴푸 향기)의 형태로 우리와 함께 한다. 비의식적으로 작동하는 암묵기억은 우리 경험의 전 영역에 작동하여, 긍정적인 경험뿐 아니라 부정적인 경험에도 작동하며, 현재 느껴지는 경험(felt experience of the present)에도 작동한다. 이는 우리의 현재 기능을 강화시키기도 하지만, 파괴적으로 작용하기도 한다. 이에 대해서 제2부와 제3부에서 치료 문제를 다루면서 살펴볼 것이다.

암묵기억의 도전적인(동시에 유익한) 측면 중 하나는 시간감각이 결여되어 있다는 것이다. Badenoch(2011)가 지적하기를, "암묵기억은 일반적인 시간 흐름에서 벗어나 있어서 과거 기억으로 흘러들어갔다는 감각을 인지하지 못한다"(p. 28). 따뜻하고 양육적인 관계에 대한 기억을 가지고 있다면, 우리는 다른 사람들과 함께 있을 때 마치 '현재'에도 그러한 가용성을 충분히 이끌어 낼 수 있을 것이라고 확신하며 실제로 그러한 이득을 이끌어 낼 수 있다. 이들은 다른 사람과의 상호작용에서 좋은 결과가 있을 것이라고 예상하는 경향이 있고, 실제 그 예상에 부합되게 행동할 것이다. 그러나 부정적이거나 고통스러운 암묵기억이 활성화된다면, 지금 이 순간에 무엇이 전개되든 상관없이 과거의 고통스러운 일이 또 일어날 것이라고 지각되면서 심각한 지각의 전환을 보일 수 있다. 이는 과거에 느껴졌던 특정 행동 충동을 유발할 수 있고, 과거에 발생했던 것과 유사한 상황을 불러일으킬 수 있다. 예를 들어, 아버지의 얼굴이 찌푸려지는 것을 자주 보았고 자신에게 화가 난 것처럼 느껴졌다면(그리고 이러한 경험에 대해 증언하거나 위로 받은 적이 없다면), 찌푸린 얼굴을 보는 것(그 표정이 나를 향한 것이든 다른 사람을 향한 것이든 상관없이)만으로도 수치심이 느껴질 수 있다. 그는 비난을 피하고 방어하기 위해 고개를 숙일 것이고, 이러한 행동은 다른 사람의 반응을 불러일으킬 것이고 관계의 단절(그 사람이 두려워하는 것)로 이어질 수 있다. 외상이나 애착 상실의 경우, 이러한 덫에 걸리는 것을 자주 볼 수 있다(제2부에서 이 주제에 대해 더 많이 다룰 것이다.).

Siegel(2010)은 암묵기억의 이러한 영역을 "과거가 어떻게 현재에도 지속적으로 영향을 미치는지를 보여 주는 마음의 퍼즐 조각"

이라고 묘사했다. 우리의 뇌는 연관 경험을 신경 연결망(associated networks)으로 끌어모으는데, 이러한 과거의 암묵기억들은 미래에 대처할 수 있도록 우리를 지속적으로 준비시키는 기능을 한다. 이 렇게 앞으로 펼쳐질 미래에 대한 기대는 정신 모델(mental model) 이 되어 우리의 행동과 삶의 결정에 중대한 영향을 미친다.

수유를 하는 동안 아기와 어머니 간의 놀이 상호작용을 묘사한 Stern(1977/ 2002)의 예를 생각해 보자. 우리는 이 예에서 즐거움으로 가득 차 있는 행동 절차(혹은 놀이 에피소드)를 볼 수 있다. Panksepp(Panksepp & Blven, 2012)의 일차 과정 정서 체계인 **돌봄**과 **놀이** 체계는 즐거운 관계 경험을 만들어 내기 위해 함께 작동할 것이다. 이러한 놀이 에피소드가 자주 일어난다면, 아기는 사회에 대한 긍정적 기대를 형성하게 될 것이다. 함께 발화하는 뉴런들은 서로 연결되어 있음을 기억한다면, 우리는 긍정적 사회적 상호작용과 관련된 모든 측면들이 담긴 신경망이 어떻게 기억에 형성되는지를 알 수 있다. 암묵기억은 또한 **점화**(priming)라고 불리는 것을 형성한다. 점화는 뇌가 특정 방식으로 반응하도록 준비시키는 데 도움을 준다. 아기는 다른 사람과의 관계가 즐거울 것이라는 기대를 학습한다. 그의 얼굴에는 이러한 기대로 가득 차 있어서 다른 사람들로부터 즐거운 반응을 불러일으킬 수 있는 좋은 기회를 만들 것이다.

반대로 정신 모델과 점화는 부정적인 결과를 기대하도록 이끌기도 한다. 아홉 살인 Bobby는 관계 단절에 대한 실망이 점화되었을 수 있다. Bobby의 초기 암묵기억은 부정적인 대인관계 경험으로 가득 찬 신경망이 모여 있기에, 모든 관계는 그렇게 될 것이라는 일반화가 그의 뇌에 이루어졌을 수 있다. 누군가와 관계를 맺을 때, 그의 몸은 실망, 공포, 고통에 대비하기 위하여 긴장되어 있으며, 이는 때때로 **분노** 시스템을 활성화시키기도 한다. 그의 행동 충동은 이전 경험에 의해 형성되어 그 주변 사람들로부터 분노와 처벌을 더욱 이끌어 내며 체화된 기대를 더욱 강화시킬 것이다. 그러나 다행히 우리의 뇌의 지속적인 가소성 덕분에 암묵적인 기억조차도 변경 가능하다. 이것이 Matthews 박사가 Bobby의 기대를 변화시키는 방식으로 관계를 형성하려 했던 이유이다.

명시기억

12~18개월 사이에 해마가 발달하고 편도체와 연결되면서, 명시기억이 형성되기 시작한다. 물론 명시기억이 보다 안정된 흐름으로 기억을 형성하는 것은 보통 4세나 5세가 되어서야 가능하다. Siegle(2010)은 해마를 "퍼즐 조각 맞추기의 마스터(master puzzle piece assembler)"라고 불렀다. 즉, 해마는 암묵기억의 다양한 요소를 하나의 그림 혹은 시작, 중간, 끝이 있는 이야기로 만들도록 돕는다. 명시기억으로 인해 처음으로 과거 감각과 미래 감각이 나타난다. 명시기억은 의식적으로 주의를 기울여야 부호화할 수 있기에 암묵기억보다 더 적은 수를 기억한다.

명시기억에는 의미기억(사실)과 사건기억(시간 흐름에 따른 자기에 대한 감각으로 여기에 자서전적 기억이 포함됨)이 포함된다. 암묵기억을 할 때와는 달리, 명시기억을 할 때 우리는 무언가를 기억하고 있다는 감각을 실제로 느낀다. 우리 형제들 및 아버지와 함께 숨바꼭질 놀이를 어떻게 했는지 이야기를 할 때, 나는 그 당시의 구체적인 내용을 명시기억으로 떠올린다. 그때 나는 4~5세였으며, 펜실베이니아 스프링보로의 작은 마을에 있는 우리 집에서 놀이했던 것을 기억한다. 이런 명시기억은 암묵기억과 함께 통합된다. 예를 들어, 함께 놀이하면서 느꼈던 신체적 흥분(신체 감각)과 즐거움(기분), 몰래 접근하여 잡았던 것(행동 충동), 팝콘의 냄새(감각 조각), 가족들이 재미있게 함께 놀이할 때 느껴지던 좋은 감각(지각) 등의 암묵기억과도 통합된다. 지금 손자가 우리 집에 와서 숨바꼭질을 하자고 할 때, 어린 시절의 암묵적 경험이 작동하고 있음을 깨닫지는 못하지만 이러한 암묵기억으로 인해 나는 자연스럽게 손자와 놀이할 수 있는 몸의 움직임을 만들어 낸다.

[그림 5-1]의 상단에 있는 자서전적 명시기억은 2세경에 발달하기 시작한다. 우리는 자서전적 기억을 회상할 때 일련의 일화 사건들(episodic events)들을 회상한다는 감각을 갖는다. 그래서 우리는 시간의 흐름에 따라서 사건의 순서를 서로 비교하면서 각 사람의 경험에 대한 내러티브를 만들어 낼 수 있다. 이러한 명시기억에 우리 자신이 느낀 감각을 더하여 우리 인생 이야기를 만들 수 있다. 이 능력으로 인해 우리는 시간의 맥락에서 특정 사건들을 어떻게 경험했는지를 언어적으로 표현할 수 있다. 예를 들어, 우리는 "어제 기차를 탔을 때 너무 기분이 좋았어." 또는 "Julia가 내 공을 가져갔을 때 정말 화가 났어."라고 말할 수

있다. 이런 유형의 기억을 한다는 것은 우리 주변의 가까운 사람들과 이 경험을 공유하도록 초대하는 것일 수 있으며, 동시에 우리가 경험한 사건을 인생 내러티브로 통합시켜 가는 과정을 판단하지 말고 경청해 달라고 초대하는 것일 수 있다. 이러한 기억 형태를 제9장과 제10장에서 다시 살펴볼 것인데, 그 장에서 스토리텔링 뇌에 대해 말하면서 놀이가 그 뇌를 얼마나 손쉽게 활성화시키는지에 대해서 이야기할 것이다.

기억과 위계적 뇌

[그림 5-1]에서 보면, 암묵기억은 하단에 배치되어 있다. 이는 암묵기억이 생의 초기에 발달할 뿐 아니라 나머지 기억의 토대로 작용함을 보여 주기 위해서이다. 이러한 기억의 위계적 속성은 정서 및 인지 발달에서 놀이의 역할을 이해하는 다리가 될 수 있다. 제3장에서 Perry와 Panksepp의 연구에서 보았듯이, 뇌의 위계적 처리(이제 기억의 수준도 포함)는 초기 경험이 왜 그렇게 중요한지를 이해하기 위한 형판(template)이 된다. 이 형판은 치료가 진행되는 임상 맥락에서도 중요하다. 만약 우리가 대자연(Mother Nature)에 의해 만들어진 마음뇌(mind-brain)의 고유한 구조에 맞추어 협력하여 작업한다면, 개입을 계획할 때 우리의 작업은 훨씬 수월해질 것이다.

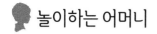 놀이하는 어머니

나는 Daniel Stern(1977/2002)에 의해 제안된 '놀이하는 어머니(Playing Mother)'라는 근사한 이미지로 이 장을 마무리하고자 한다. 그의 제안에 따르면, 영아가 자신의 상태에 맞추어 잘 조율해 주며 놀아 주는 어머니를 서로 다른 맥락에서 반복적으로 경험한다면, 영아는 이를 토대로 어머니에 대한 실제적인 표상을 형성하게 될 것이다. 잘 조율해 주는 어머니는 어떤 상황에 있든 혹은 어떤 일을 하든 상관없이 영아와 놀이를 자주 한다. 예를 들어, 목욕 장면에서 잘 놀아 주는 어머니는 오리 인형을 물에 넣고 첨벙 소리를 내며 노는 자녀의 행동을 반영해 주며 미소를 띠고 활기찬 목소리로 반응할 뿐 아니라 자기 손을 물에 담그며 첨벙 소리를 내기도 할 것이다. 이유식을 먹이는 동안에도 잘 놀아 주는 어머니는 아이의 시선을 끌기 위해 음식이 담긴 숟가락으로 원을 그리며 비행기 놀이를 하며 음식 먹는 것을 도와줄 것이다.

불편한 기저귀를 갈아 줄 때조차도 잘 놀아 주는 어머니는 아이의 배를 간질이며 리드미컬하고 다소 흥분된 목소리로 "너는 사랑스러운 냄새를 풍기는 아이"라고 말할 것이다. 이 어머니에게 왜 아이와 놀이를 하는지 묻는다면 대부분은 "재미있잖아요."라고 답할 것이다. 놀이는 본능적이고 자연스러운 일처럼 보인다.

그러나 당신이 모-아 놀이를 연구하다 보면 훨씬 더 복잡한 그림을 보게 될 것이다. Stern(1977/2002)은 이러한 놀이가 자주 반복되면 영아의 대상영속성 확립에 어떻게 도움이 되는지 설명하였다. 이러한 현상은 9개월경에 나타나는데, 이때 영아들은 낯선 이에 대한 불안, 분리 반응, 재결합 반응 등의 발달 이정표 행동을 보일 것이다. 이 시점에 영아는 어머니에 대한 내적 표상을 통합하기 시작한다. 어떻게 이런 일이 일어나는가?

영아는 낯선 이에 대한 불안을 나타내기 전에, 그리고 주 양육자에 대한 선호를 나타내기 전에 수없이 많은 모-아의 상호작용을 경험하였을 것이다. Panksepp의 관점에서 볼 때, 이러한 상호작용이 여러 **놀이** 에피소드에서 이루어졌을 것이다. 이때의 **놀이**는 **돌봄**, **탐색**, **공포/슬픔** 체계와 서로 맞물려서 나타났을 것이다. 그러나 이러한 모-아 상호작용이 모-아 관계(relationship)와 동일한 것은 아니다. 영아는 어떻게 상호작용 집합체를 관계 상태로 전환시키는가?

Stern(1977/2002)은 이 과정을 '어려운 도약(difficult leap)'이라고 하였는데, 왜냐하면 이는 단순히 과거와 현재의 상호작용의 합이 아니라 그 이상을 필요로 하기 때문이다. 그는 다음과 같이 설명하였다.

> 개념적으로 그것은 다른 유형의 조직화 혹은 또 다른 경험의 통합이다. 그 핵심 특성 중 하나가 다른 사람에 대한 정신 이미지 혹은 도식, 혹은 표상의 지속이다. 정신분석을 포함한 대부분의 심리학 이론은 이렇게 지속되는 내적 표상이 대상 연속성의 필수 요소라고 하였다(p. 117).

Stern은 더 나아가 '사람에 대한 표상'에는 세 가지 요소가 필요하다고 하였다. ① 영아가 대상(대상에는 사람이 포함됨)에게 한 행위, ② 영아의 감각 경험(대상에게 한 행위로 인해 자극된 반응), ③ 영아의 흥분된 정서 경험. 처음 두 요소는 감각-운동 행위 도식(sensorymotor action shema)으로 알려져 있는데, 영아는 이로부터 정신 도식을 발달시킨다. 예를 들어, 영아들은 딸랑이를 흔들고(대상에게 한 행위), 그로 인한 감각 경험(대상에게 한 행위로 인해 자극된 반응)이 반복되면서 딸랑이가 무엇인지를 학습한다. 그러나 이러한 정신 도식이 다른 사람에 대한 내적 표상과 동일하지 않다. 그렇다면 세 번째 요소는 어떻게 생겨나는가?

경험의 감각-운동 단위와 마찬가지로, 인간관계의 상호작용 단위(여기에 정서적 요소가 포함됨)도 반복적으로 경험되면서 다른 사람에 대한 표상으로 내면화된다. 어떻게 이런 일이 발생하는가? Stern의 제안에 따르면, 정서적인 놀이 절차가 영아에게 어머니와 관련된 기본적인 감각-운동-정서 경험 단위를 실행하는 데 도움이 될 수 있다고 제안하였다. Stern(1977/2002)은 다음과 같이 설명하였다.

영아가 상당히 광범위한 표상을 형성했더라도, 새로운 상호작용 사건은 관계의 역사에 표상의 형태로 매번 추가될 수 있다. 그런 다음 '(관계의) 역사'는 새로운 상호작용의 경로에 영향을 미칠 수 있다. 동일하게, 새로운 상호작용의 감각-운동-정서적 경험은 현재까지 진행되어 온 관계 역사의 형태를 변화시킬 수 있다. 이러한 방식으로 따라서 과거와 현재, 기존의 표상과 현재의 상호작용, 기존의 관계와 현재 진행 중인 관계 간의 상호작용이 역동적으로 이루어진다. 이러한 관점에서 생각할 때, 영아-양육자 쌍은 그들의 관계에 대한 개별적인 경로로 발달시킬 수 있으며, 겉으로 보기에는 비슷한 상호작용이 다른 모-아 쌍마다 서로 다른 관계의 역사로 인해 서로 다른 결과에 다다를 수 있다. 따라서 관계는 방향과 모멘텀(momentum)에 의해 결정된다(p. 130).

그런 다음, Stern(1977/2002)은 시간이 경과해도 어머니와 아기가 이러한 감각-운동-정서적 경험 단위를 어떻게 유지하는지에 대하여 기술하였다. 수유하기, 기저귀 갈기, 목욕하기 등 다양한 활동을 하지만, 어떠한 맥락에서도 자연스럽게 놀이 활동이 나타났다고 하자. 그러면 아이는 '먹여 주는 어머니', '기저귀 갈아 주는 어머니', '재워 주는 어머니' 등 다양한 경험을 했을지라도, 일관되게 '놀이하는 어머니'로 반복해서 표상할 것이다. Stern에 따르면, "이러한 방식으로 '놀이하는 어머니'가 지속적으로 나타나면…… 이는 충분히 공고화된 표상으로 통합되도록 촉진할 것이다"(p. 132).

놀이는 친밀한 사회적 관계의 핵심이다. 우리는 아이들과 놀이를 한다. 우리는 그들의 일부가 되고 그들은 우리의 일부가 된다.

제2부

마음의
뇌와
놀이하기

제6장

놀이: 이론에서 실제로

　지금까지 놀이의 기본 이론에 대해 살펴보았다면, 이제 보다 실제적인 측면에서 치유를 목적으로 아동과 성인에게 놀이를 적용하는 과정에 대해 탐색해 보고자 한다. 이론을 실제에 적용하는 과정을 통해 **놀이** 체계와 즐거운 놀이 활동이 어떤 경로를 통해 행복하고 생산적이며 회복력이 있는 삶을 만들어 내는 데 기여할 수 있는지 보다 심도 깊게 이해할 수 있을 것이다. 우리는 뇌와 마음의 자연스러운 역동적 흐름(Siegel, 2012)과 협력할 수 있는 다양한 방법을 모색할 것이다. 뇌와 마음은 단순한 상태에서 복잡한 상태로 변화하며, 놀이가 분화되고 통합되는 모든 순간과 과정에 기민하다. Panksepp(Panksepp & Biven, 2012)의 핵심 정서 체계와 Porges(2011)의 다미주신경 이론은 계속 강조될 것이다. 또한 Perry(2009)의 신경순차 모델을 통해 내담자의 리드미컬한 활동과 관계성에 대한 욕구를 이해할 것이다. 이 모델은 뇌-기반 개입을 실시하는 과정에서 어떤 활동을 해야 할지 결정할 때 실질적인 도움이 될 수 있다. 즐거운 의사소통의 기본 형태는 생애 초기 두 사람(보통 어머니와 아기) 간의 놀이 경험에서 시작된다는 관점(Stern, 1977/2002)은 관계적 놀이 활동을 이해하는 기본 토대가 될 것이다. 마지막으로, 현대 애착 이론(Schore, 2012)의 방향성을 따른다. 이에 기반하여 어떤 경로를 통해 타인과 연결되고자 하는 우리의 생물학적 · 심리적 욕구로부터 치유와 치료적 작업이 출현하게 되는지, 그리고 치료사의 따뜻함과 순간의 반응성이 어떻게 전 생애 동안 지속되는 애착의 신경 회로를 만들어 내는지 탐색할 것이다.

이제, 제1부에서 살펴본 대인관계 신경생물학의 기본 원리를 바탕으로 임상적 실제로 나아가기 위한 구체적인 방법들을 살펴볼 것이다. 이를 위해서는 다음의 기본 개념을 숙지하고 있어야 한다.

1. 안전 감지 신경지(Porges): 사회 관계 체계가 효과적으로 활성화되기 위해서는 신경계가 환경 내에서 안전을 감지하는 것이 필요하다.
2. **놀이**의 동기 체계(Panksepp): 놀이하고자 하는 욕구는 조상 대대로 이어져 온 것으로 출생 시부터 타고나며, 즐겁고 창조적이며 관계적으로 풍요로운 삶을 발달시키기 위해 필수

적이다.

3. 뇌의 위계적 특성(Perry, Panksepp, & Siegel): 상향식 처리과 정(리듬이 있는 패턴, 감각 경험, 몸에 기반한 행동 패턴, 일차 정 서 시스템)과 하향식 처리 과정(인지적 처리, 정신적 인식)은 통합적이다.

4. 뇌마음 시스템을 포함하여 생명체에 대한 복잡계 이론의 적용(Siegel): 뇌는 전체성을 향해 나아가며, 뇌에는 단순함 에서 복잡성을 향한 자연적인 움직임이 있다.

5. 통합의 경로(Siegel): 뇌마음이 통합(정신적으로 건강한 상태) 을 이루는 데는 수많은 경로가 있다.

6. **놀이** 체계와 **돌봄**, **탐색하기**, 공포/슬픔 체계 간의 상호 연관 성(Panksepp): 놀이는 애착의 핵심 요소이다. 놀이는 조율을 경험할 수 있는 다양한 기회를 만들어 내며, 조율은 정서 조 절과 긍정적 관계 예측의 발달에 필수적이기 때문이다.

7. 애착 관계에 있는 두 사람의 놀이에 대한 암묵기억(Shore & Stern): 두 사람 간의 긍정적인 놀이는 일생 동안 지속되는 정서 조율의 기본 형태를 만들어 내며, 이는 사회적 관계를 풍성하게 만든다.

제2부의 목표는 지난 몇십 년 동안 놀라운 발전을 이루어 낸 신경과학 연구로부터 도출된 대인관계 신경생물학의 주요 개념 을 적용하여 놀이치료를 해석하고 설명하며 요약하는 것이다. 최신의 신경과학 연구를 통해 밝혀진 내용을 놀이치료와 통합하

는 과정은 상당히 흥미로우면서도 벅찬 일이기도 하다. 치료사들에게 있어 최근까지 밝혀진 과학적 개념들과 임상적 개입을 역동적 방식으로 함께 엮어내야만 한다는 요구는 계속되어 왔다. 뇌와 마음의 발달에 대한 연구를 기반으로 접근할 때 놀이치료실을 찾는 각각의 독특한 내담자와 보다 실제적인 수준에서 그리고 효과적으로 협력할 수 있을 것이다. 현재 우리는 수많은 정교한 이론적 모델, 수백 가지의 치료 도구, 최신의 놀이실을 갖추고 있다. 그러나 발달하는 마음과 협력할 때에만 원하는 만큼의 치료적 효과를 이루어 낼 수 있을 것이다.

이제 여정을 시작해 보고자 한다. 아마도 놀이치료 과정에서 치료사의 존재 방식은 물론 매 순간 이루어지는 선택의 과정에 이러한 개념을 어떻게 적용해야 하는지에 대해 질문하는 것이 그 출발점이 될 것이다. 놀이 관계가 뇌와 마음의 구조와 기능에 미치는 영향에 대해 부모, 교사, 혹은 동료들에게 어떻게 설명할 것인가? 아마도 우리 모두가 갖고 있으며, 다른 사람과 공유하는 이 놀라운 적응 기관인 뇌에 대해 아이들이 이해할 수 있도록 간단하지만 정확하게 설명할 수 있는 방법을 찾는 것이 가장 어려운 과제일 것이다.

제 7 장

심리적 안전구역으로서의 놀이

3세 무렵부터 4~6세까지의 아동의 삶에 놀이는 필수적 요소이다. 놀이는 이 연령대의 아동을 위한 자연의 선물이다. 아동들은 친구들과 함께 있을 때면 언제나 놀이를 만들어 낸다. 우선, 3세에서 6세까지의 아동을 모두 보호구역으로 데려와야 하며, 따라서 아동들은 모두 동일한 한 장소에 머무르게 되는 것이다. 또한 이곳에서 아동을 돌보는 사람은 아동들이 서로 예의 바르게 행동하는지 잘 살펴야 한다.

- 플라톤, 『법률』 VII, 794

Panksepp은 아동 발달에 있어 놀이의 중요성을 강조하기 위해 위에 제시한 플라톤의 어구를 여러 저술을 통해 인용해 왔다. Panksepp은 플라톤의 조언에 따라 사회는 아동이 안전하게 창

171

조적 놀이 활동을 할 수 있도록 '놀이 안전구역'을 만들어 내는 데 투자해야 한다고 믿었다(Panksepp, 2007; Panksepp & Biven, 2012). Panksepp은 놀이 안전구역은 현대 사회의 많은 아동이 잃어버린 것, 즉 풍부한 놀이를 할 수 있는 기회를 되찾는 데 도움이 될 것이라고 생각했다.

플라톤의 놀이 안전구역은 놀이를 위해 확보된 물리적 공간으로, 현실로부터의 피난처이자 보호의 공간이다. 조류 보호구역, 예배의 성소, 야생동물 보호구역과 마찬가지로 이러한 공간은 특별한 목적을 위해 마련된 장소이다. 이러한 공간에서는 침입자나 포식자 혹은 타인의 비판에 대한 공포 없이 자신만의 특별한 욕구를 탐색할 수 있으며, 자유로움을 경험하게 된다. 보호구역을 물리적 공간으로 생각할 수도 있지만, 이는 정서적 혹은 심리적 공간일 수 있다. 놀이가 바로 좋은 예이다. 아동 발달 전문가인 Fred Rogers는 이 개념을 잘 이해하고 있었던 것 같다. 그는 다음과 같이 말했다. "중요한 무언가에 집중하고 있을 때 그런 것처럼, 우리는 놀이를 통해 안전한 거리를 가질 수 있다"(Rogers, 1994, p. 59).

놀이의 영역에 진입하게 되면 우리는 내적 안전구역으로 들어가게 된다. 이때 자신이 얼마나 우스꽝스러운 행동을 하고 있는지, 다른 사람들이 자신을 얼마나 바보 같이 여기는지는 더 이상 중요하지 않게 되며, 타인, 그리고 자신으로부터의 평가와 비판에서 자유로울 수 있다. 우리는 "그냥 노는 것"이기 때문이다.

우리는 스스로에게 (혹은 타인에게) "진짜로 그런 건 아니었어.",

"장난이야! 그런 척한 것뿐이야."라고 말할 수 있다. 우리는 있는 그대로의 자기 자신을 온전히 수용할 수 있게 되는 심리적 놀이 공간으로 들어갈 수 있어야 한다.

🗣 자유, 보호 그리고 안전구역

놀이 안전구역은 자유와 보호를 동시에 제공한다. 안전구역의 경계선 내에서, 그 선이 보이든 보이지 않든, 자유가 주어진다. 안전구역 안에는 물리적 · 심리적 제한이 있으며, 이러한 제한을 통해 우리는 진정한 자기 자신이 될 수 있다. 융심리학에 기반한 모래 놀이치료의 창시자인 Dora Kalff(1980, 2003)는 놀이치료사의 주된 임무 중 하나는 바로 정서적 치유를 위한 '자유롭고 보호된 공간'을 만드는 것이라고 설명했다. Kalff는 다양한 재료(물감, 점토, 모자이크, 석고, 모래상자, 미니 피겨 등)를 갖추고 아동을 초대하여 상상의 세계에 참여하도록 하는 곳이 바로 놀이 공간이라고 기술했다. 모래 놀이 전문가인 Kalff는 치유에 필요한 자유와 보호를 제공하는 방식에 대해 모래 놀이를 활용하여 설명하였다.

아동은 무엇을 만들어 낼지, 어떤 피겨를 선택하여 어떻게 사용할지에 관해 절대적 자유를 갖는다. 그러나 현실 세계에서 진정한 자유를 위해 지켜야만 하는 제한은 모래상자에도 동일하게 존재한다. 모래상자는 한 사람이 사용할 수 있는 크기로 축소된 세계로, 일정한 틀이 정해져 있다는 의미에서 제한이 있으며 그 틀 안에서 변형이 일어날 수 있다. 아동은 무의식적으로 자유와 보호된 공간을 동시에 경험하게 된다(Kalff, 2003, p. 17).

다음으로 Kalff는 9세 남아인 Christopher를 예로 들어 설명했다. Christopher는 빈번한 학교 무단결석과 불안 문제를 갖고 있었다. Christopher와의 놀이치료를 설명하면서 Kalff는 '자유롭고 보호된 공간'은 단순히 물리적인 공간만을 의미하는 것이 아니라는 것에 대한 깊은 이해를 보여 주었다. 이 공간은 내담자와 함께 있는 동안 치료사가 자기 자신을 어떻게 구성해 내는가에 따라 결정되는 '치료사의 존재 방식'을 통해 만들어진다. Kalff는 Christopher가 부서진 기관차를 수리하고 트랙을 만든 후 스위치를 만들었던 상황을 중심으로 설명했다. 트랙을 완성한 후, Kalff와 Christopher는 함께 바닥에 앉았다. Christopher는 Kalff에게 스위치를 사용하여 기차를 조작하는 방법에 대해 알려 주었다. Kalff는 말했다. "나는 Christopher가 나를 이끌도록 했다. 내가 스위치를 누르는 것을 깜빡할 때처럼 무언가 놓치는 상황은 Christopher가 나를 바로잡을 수 있는 기회가 되었다. 이 놀이에서 Christopher는 나의 선생님이 되었고, 새로운 역할을 발달시켰다. Christopher는 내가 배워야 할 것들을 이미 알고 있었다"(p. 28).

놀이치료실에서 Kalff는 한 인간으로서 Christopher의 불안을 어떻게 담아내야 하는지 보여 주었다. Kalff는 Christopher가 자신을 가르치게 함으로써 능동적 동인이 될 수 있는 기회를 제공하였으며, 새로운 역할을 발달시킬 수 있도록 했다. 이런 의미에서 '치료사 자신'은 안전구역이 되며, 내담자가 가져 오는 모든 심리적 어려움을 담아내는 사람이 된다. 마음챙김과 놀이치료의 관계적 특성에 대해 설명할 때 실제적 수준에서의 치료자의 역할에 대해 좀 더 자세히 살펴볼 것이다.

🗣 놀이로의 초대

대부분의 아동은 놀이를 위한 형식적인 초대를 필요로 하지 않는다. **놀이** 회로와 **탐색하기** 회로는 결합되어 있으며 함께 작동하고, 많은 학자들이 동의하듯 두 체계의 상호 관련성은 긍정적인 결과를 가져온다. **탐색하기** 체계의 호기심과 **놀이** 체계의 실험이 없다면, 아동은 성인의 세계로 진입하기 전에 알아야만 하는 모든 것을 배울 수 없을지도 모른다. 아동은 언제 어디서든 놀이할 수 있는 방법을 잘 찾아낸다. 놀이를 하기 위해 반드시 특별한 놀이실이 필요한 것은 아니지만, 마음속의 **놀이** 회로에 적합하도록 구성된 환경에서는 놀이를 하지 않을 수 없게 된다. 심지어 성인들조차도 특정 환경이 '놀이하기에 적합한 장소'라고 느끼게 되면, 놀이를 하고자 하는 유혹을 떨쳐 버리기 어렵다.

아동을 위한 놀이 공간

　새로운 정보는 감각기관을 통해 뇌로 유입되고 대부분의 아동
은 동적 방식으로 세계를 흡수하므로, 아동의 감각을 자극하고
탐색하기 체계와 **놀이** 체계를 신속하게 매료시킬 수 있는 놀이실
을 갖추는 것이 중요하다. 이는 뇌의 동기 회로를 열고 치료를
공고히 하는 데 도움이 될 수 있다.

　아동은 어떤 놀이 도구를 원하며 또 우리는 어떤 놀잇감을 선택
해야 할까? 앞에서(제6장) 설명한 기본 개념을 토대로 뇌의 위계
적 특성에서부터 시작하고자 한다. Bruce Perry(2006, 2009)의 신
경순차 모델과 Panksepp의 내재된 위계에 의하면, 뇌간의 초기 발
달은 정서 조절에 결정적 요인이며, 정서 조절은 정신병리와 아동
발달의 핵심이라고 볼 수 있다. Perry는 뇌간의 발달에 있어 반복
적 패턴화의 중요성에 대해 여러 차례 강조하였다. 영아의 자궁
내 경험은 대부분 리듬과 관련되어 있다. 출생 후 영아는 어머니
의 심장박동을 통해 위안을 얻고, 어머니와의 리드미컬한 상호작
용은 아동의 발달하는 뇌를 조직화하는 데 중요한 패턴화되고 반
복적인 감각 자극과 경험을 제공한다. 생의 초기 방임과 학대를
경험한 아동에게 이러한 반복적이며 리드미컬한 상호작용은 특
히 중요한 의미를 갖는다. 사실상 반복적이며 리드미컬한 감각
자극으로부터 아무런 영향도 받지 않는 사람은 없을 것이다.

　뇌에 대한 이와 같은 개념에 근거해 볼 때(신체는 리드미컬한 조
절을 필요로 한다.) 이러한 종류의 감각 입력을 제공할 수 있는 놀

잇감은 매우 중요한 의미를 갖는다. 드럼과 같은 악기를 사용할 수 있으며, 공은 리드미컬한 주고받기에 특히 유용한 놀잇감이다. 작은 고무공은 어떤 환경에서든 사용이 가능하고, 공간이 여유롭다면 바운싱볼 역시 도움이 될 수 있다. 최근 호버만의 구(Hoberman sphere)라는 것을 발견했는데, 나는 이 놀잇감에 '숨 쉬는 공(breathing ball)'이라는 이름을 붙였다. 이 공은 다양한 색깔로 이루어져 있고, 커졌다가 작아질 수 있으며, 호흡에 맞춰 쉽게 조작 가능하다.

흔들의자(아동용 혹은 성인용)나 회전의자 역시 놀이치료실에서 유용하게 사용될 수 있다. 시각적인 리듬이 있는 도구 역시 사용될 수 있다. 나의 모래상자 놀이 세트에는 움직이는 작은 조각상이 포함되어 있는데, 시각적 리듬을 경험할 수 있는 피겨로 아동과 성인 모두 쉽게 조작 가능하다. 요요나 모래진자(Wind&Weather.com에서 구매 가능), 밸런스 모빌(OfficePlayground.com에서 구매 가능) 등 리드미컬한 움직임이 있는 것은 모두 유용할 수 있다.

중간 대상으로서의 놀잇감

아이들은 종종 "이거 집에 가져가도 돼요?"라는 질문을 하기도 하고, 때로는 우리가 잠시 한눈을 파는 사이에 놀잇감을 주머니에 슬쩍 집어넣기도 한다. 연령이 아주 어린 아동의 경우, '훔치는 것'에 대한 인식이 없을 수도 있으며, 이때는 설명과 교육이 필요하다. 이와는 별개로 지금부터는 아동이 내적 안전을 확립하기 위해 중간 대상을 필요로 하는 상황에 대해 살펴보고자 한다. 영아와 어린 연령의 아동은 어머니와 물리적으로 함께 있든 그렇지 않든 어머니의 존재를 내면화하기 위해 외적 대상을 필요로 한다. 나의 딸에게는 그 중간 대상이 담요였는데, 40년이 지난 지금도 담요를 가져 오기 위해 베이비시터의 집으로 되돌아갔던 때를 생생히 기억하고 있다.

뇌는 연합적인 기관이다. 어머니가 자신을 안고 흔들어 주며 자장가를 불러 줄 때마다 영아가 자신을 감싸고 있는 매끄럽고 부드러운 담요를 만졌다면, 영아의 뇌에는 자신을 감싸고 있던 담요에 대한 느낌과 어머니가 자신을 진정시켜 주던 행동 간의 연합이 형성된다. 이후에 영아가 담요를 만지게 되면 어머니와 함께 있는지와 상관없이 그 느낌은 어머니가 자신을 진정시켰던 그 기억을 상기시킬 것이고("함께 발화된 뉴런은 함께 연결된다."는 말을 기억해야 한다.), 영아는 스스로를 진정시킬 수 있을 것이다 (비록 영아가 실제로 내면화된 어머니와의 관계로 되돌아가는 것일지라도). 이것이 바로 **자기 조절**(self-regulation)이며, 아동들은 때때로 놀이실의 장난감을 이와 유사한 방식으로 사용하는 것 같다.

판단하지 않는 치료사의 존재는 아동을 진정시키고 치유하며, 아동들이 치료사를 내면화시키면서 놀이실의 놀잇감은 자신을 진정시켰던 대상과 연합을 형성하게 된다.

장난감을 집에 가져가고 싶다는 요청에 대응할 수 있는 한 가지 방법은 작은 장난감들을 담아 두는 '장난감 대여상자'를 마련하는 것이다. 아동이 빌려 갔던 장난감을 반납한 후에 다른 것을 빌려 갈 수 있다는 것을 이해시키는 것이 필요하다. 또 다른 방법은 작은 바구니나 상자와 같은 '특별한 보관함'을 놀이실에 두고 아동이 다음 회기까지 장난감을 안전하게 보관할 수 있게 하는 것이다. 이전에 고아원에서 입양된 7세의 러시아계 여자 아동을 치료한 적이 있었다. 이 아동은 매주 치료실에 오면 가장 먼저 자신이 지난 회기에 모래상자 놀이에서 사용한 후 자신의 보관함에 넣어 두었던 작은 보트가 여전히 보관함에 있는지를 확인하곤 했다. 이 행동은 일정 기간 동안 지속되었다.

아동이 장난감을 집에 가져가거나 혹은 자신만의 보관함에 넣어 두게 하는 것이 언제나 가능한 것은 아닌데, 그렇게 하면 다른 아동이 그 특별한 놀잇감을 사용할 수 없기 때문이다. 흔한 경우는 아니지만, 이러한 상황을 다루기 위해 다른 조치를 취해야 하는 때도 있다. 7세의 입양 아동의 경우, 작은 보트를 자신의 보관함에 넣어 두었는데, 이 아동이 오지 않는 시간에는 이 보트를 꺼내 놀이실의 선반 위에 옮겨 두곤 했었다. 이 작은 보트를 매번 사용하는 다른 아동이 있었기 때문이며, 이렇게 장난감을 옮겨 두는 것은 아동이 이 장난감을 안전하게 보관하는 것을 그만둘 때까지 계속되었다.

이 문제를 보다 쉽게 다루는 방법은 다음과 같다. "이 _____ (특정 놀잇감)은 놀이실에 있어야 해. 그렇지만 이 놀잇감의 사진을 찍어서 네가 그 사진을 집에 가져갈 수는 있단다(네 상자에 넣어둘 수 있단다.)."라고 말해 줄 수 있다. 한 가지 짚고 넘어가야 할 점은 놀잇감을 가져갈 수 없는 이유가 다른 아동 역시 이 놀잇감을 가지고 놀아야 하기 때문이라고 설명해 주지 않는다는 것이다. 자신에게 매우 소중한 무언가를 다른 아동과 공유한다는 생각만으로도 힘들어지는 아동이 있다. 내 딸도 자신의 중간대상인 담요를 친구들과 쉽게 나누지 못했던 것 같다. 우리가 만나는 많은 아동 내담자들은 다른 아동들 역시 놀이치료실에서 와서 우리(치료사)와 함께 특별한 시간을 보낸다는 생각을 하지 못한다. 공유하는 것 역시 가르쳐야 하지만, 그것이 놀이치료의 첫 번째 과제는 될 수 없다. 일반적으로 아동-치료사 관계라는 특별한 심리적 안전구역을 잘 보존하는 것이 보다 더 중요한 의미를 갖는다.

다양한 놀잇감 갖추기

놀이실에 오는 아동의 놀이 형태, 욕구, 학습 방식은 다양하며 그 범위도 매우 넓다. 따라서 아동의 욕구를 충족시키기 위해 의상 역할 놀이, 미술 놀이, 게임 놀이, 모래 놀이 등을 할 수 있도록 다양한 범주의 놀잇감을 마련해 두는 것이 유용하다. 다양한 놀잇감을 준비하는 것은 상징 놀이가 고통스러웠던 실제 경험에 근접해졌을 때 아동이 놀이의 영역을 옮길 수 있게 함으로써 자신의 자율신경계를 자기 조절하는 데 도움이 될 수 있다.

Molly는 8세의 여아로, 유분증[1]을 갖고 있었다. Molly의 놀이는

----

1) 유분증은 배설장애의 하나로, 발달적으로 배변 조절을 할 수 있는 연령이 지난 후에도 부적절한 장소에서 반복적으로 대변을 보는 증상을 보인다.

아동이 심리적 안전을 보호하기 위해 본능적으로 놀이 영역을 옮기는 것을 잘 보여 주는 예가 될 수 있다. Molly는 모래상자에 미니어처 피겨를 사용하여 바닷가 장면을 만들었다. 다른 아동들과 마찬가지로 Molly는 모래상자의 피겨를 움직이며 이야기를 하기 시작했다. "가족이 개를 데리고 바닷가에 갔어요. 캠핑을 했어요."라고 말했다. 이야기를 하면서, 파라솔을 세우고 식탁보를 펼친 후 음식을 놓았다. "저녁을 먹은 후 텐트를 치고 잠을 잤어요. 아침에 일어나서 아빠는 자신이 강아지 똥 위에서 잤다는 것을 알았어요. 우웩!" Molly는 갑자기 말을 멈췄다. 10초가량 침묵한 후 치료사로부터 얼굴을 돌린 채 말했다. "우리 캔디랜드 게임할까요?"

Molly는 오직 집에서만 유분증 증상을 보였다. 삼촌에게 당한 성학대 경험을 고려해 볼 때, Molly는 이야기의 특정 부분에서 큰 수치심을 느끼고 뒤이어 '똥'이라는 단어를 입 밖으로 말했을 때 배측 미주신경계로의 급작스러운 하강이 일어난 것 같았다. 아버지는 Molly가 배변 실수를 하면 화를 내곤 했다. 자신이 만든 이야기가 본인의 실제 문제와 너무 유사해졌을 때 그렇게 깜짝 놀라는 것은 전혀 이상한 일이 아니었다. Molly가 구조화되어 있고 안전감을 제공하며 치료사와 다시 연결될 수 있는 캔디랜드 게임을 선택한 것은 참으로 다행스러운 일이었다. 놀이를 바꾼 것은 Molly가 회복할 수 있는 좋은 방법이 되었다. 치료를 시작하고 8주가 지난 시점부터 Molly는 모래상자에 대한 이야기를 하는 데 깊이 몰두하기 시작했다. '똥 이야기' 이후 몇 주 동안 Molly는 모래를 만지지 않았다. 그러나 Molly는 이야기하는 것을 좋아했고, 손인형을 사용하여 냄새 나는 스컹크를 포함한 다양한 주제가 담긴 이야기를 하기 시작했다. 시간이 지나고 다시 안전감을 회복하면서 Molly는 모래에서 놀이를 할 수 있게 되었다. 여전히 '똥'에 대한 이야기를 하는 것은 꺼렸지만, 진흙 놀이를 하면서 더러워진 아이들을 보고 놀라는 어머니에 대한 이야기가 가능해졌다. 스스로 방향을 전환할 수 있는 자유를 통해 Molly는 치료적 놀이를 지속할 수 있게 하는 안전한 방법을 찾을 수 있었다.

조직화와 예측 가능성

놀이실을 잘 정돈된 상태로 유지하는 것은 쉽지 않은 일이다. 그러나 외상적 경험으로 인한 통제감 상실로 고통받는 내담자에게 놀이실의 정리는 중요한 의미를 갖는다. 특정 장소에서 특정 물건을 찾을 수 있다는 것은 어떤 것도 예측할 수 없어 보이는 세상에서 예측 가능성을 제공할 수 있다. 아동기에 경험한 심각한 신체적·성적 학대로부터 비롯된 오래된 상처를 다루기 위해 정기적으로 모래상자를 만들었던 성인 여성을 기억하고 있다. 그 여성은 언제나 선반으로 다가가 매우 작고 특별한 하얀색 부엉이를 가져 오는 것으로 모래상자 만들기를 시작했다. 그 여성이 만든 모든 모래상자에는 언제나 이 작은 부엉이가 있었다. 시간이 흐르면서 부엉이는 그녀가 만든 모래상자들을 연결 짓는 단단한 연결고리가 되었다. 그녀는 단 한 번도 그것을 부엉이라고 명명하지 않았으며, 부엉이가 자신에게 무엇을 의미하는지 말하지 않았다. 그러나 나는 그녀가 부엉이를 가져 와 자신이 만든 세계에 조심스럽게 내려놓던 매 순간 그녀가 안도하고 있음을 느낄 수 있었다. 이 여성이 언제나 그 장소에서 소중한 부엉이를 찾을 수 있게 하기 위해서는 놀이실을 정돈된 상태로 유지해야만 했다.

놀이의 대인관계 신경생물학의 맥락에서 보자면 정리하기와 관련된 이슈는 평범한 주제로 보일 수 있다. 그럼에도 불구하고, 정리하기를 어떤 식으로 다루는가는 아동과 의사소통할 수 있는 중요한 기회가 된다. 아동에게 놀이실은 깨끗하고 정돈된 상태를 유지해야 한다는 일반적인 기대가 적용되지 않을 수 있는 특별한 공간이기 때문이다. 정리하지 않은 상태에서 놀이실에서 나갈 수 있도록 함으로써 아동은 허용을 경험할 수 있다. 허용은 정서적인 안전 감지 신경지를 형성하는 데 중요하다. 허용을 통해 놀이실에서 하는 행동과 말(혹은 아무것도 하지 않거나 아무것도 말하지 않는 것)이 모두 수용될 수 있다는 것을 전달할 수 있다.

놀이실에서의 허용의 가치를 받아들이기 힘들어하는 부모들이 있다. 이런 경우 허용의 대인관계적 의미에 대해 부모와 함께 논의하는 것이 필요하다. 부모들은 보통 놀이실에서의 허용으로 인해 자녀가 버릇없어지는 것에 대한 두려움을 갖는데, 가정에서는 정리하기의 규칙을 유지해도 된다는 것을 분명히 전달할 필요가 있다. 아동에게 놀이실을 소개할 때(보통 부모도 함께 한다.), 다음과 같이 말해 줄 수 있다.

"이곳은 특별한 놀이실이란다. 여기에서는 네가 원하는 것은 무엇이든 할 수 있어. 만약 네가 해서는 안 되는 것이 있다면, 내가 알려 줄 거야. 여기에서는 놀이가 끝났을 때 정리를 하지 않아도 괜찮아. 그렇지만 정리하지 않아도 되는 규칙은 여기에서만 적용되는 거야. 집에서는 정리하기 규칙을 지켜야 한다는 것을 알고 있단다."

놀이실에서의 허용에 대해 설명할 때, 아이들이 잘못된 행동을 하도록 내버려 두지는 않는다는 것을 부모가 분명히 이해할 수 있도록 해야 한다.

놀이실에서의 사생활 보호

놀이실이 삶의 고통스러운 부분을 탐색할 수 있는 안전한 장소라는 것을 아동에게 어떻게 전달할 수 있을까? 아동은 자신의 놀이 방식에 대한 부모나 교사, 또래의 비언어적 단서에 민감하다. 안전 감지 신경지(Porges, 2011)를 제공하는 것이 중요하기 때문에 내담자가 판단받는 것에 대한 두려움 없이 자신의 깊은 고통을 공유할 수 있다는 것을 확신할 수 있도록 해야 한다. 이상적으로는 (우연히 보거나 엿듣는 것으로부터) 사생활을 보호할 수 있는 물리적 환경을 만들어야 한다. 완벽한 방음이 불가능하다면, 대기실과 놀이실 간에 일정한 거리를 두는 것이 도움이 될 수 있다. 이조차 불가능한 경우라면, 놀이실 문 밖에 음악이 나오는 스피커를 설치하는 것도 한 가지 방법이 될 수 있다.

성인을 위한 놀이 공간

아동을 위한 놀이 공간을 만들 때 고려해야 할 사항들은 성인을 위한 놀이 공간을 구성할 때도 대부분 적용될 수 있다. 그림 그리기, 점토 놀이, 모래상자 만들기와 같은 아동의 놀이 활동은 성인에게도 도움이 될 수 있다. 그러나 성인들만이 갖고 있는 심미적 욕구를 고려해야 하며, 놀이 공간의 장식과 구성을 통해 "이곳은 성인들을 위한 놀이 공간입니다."라는 메시지를 분명히 전달할 수 있어야 한다. 그렇지 않은 경우, "오, 선생님은 아이들과 함께 일하는군요."라고 말하며 놀이 활동의 유용성에 대해 폄하하게 될 수도 있다.

나는 아동은 물론 성인과도 함께 작업을 한다. 따라서 성인의 기분을 불편하게 하지 않으면서도 동시에 아동의 상상력을 제한하지 않게끔 놀이실을 구성하기 위해 노력했다. 일부 아동은 성인 내담자를 위한 놀이실 구성을 좋아하기도 한다. 아동과 성인에게 모두 적합한 다목적 놀이실을 만들기 위해서는 다소 많은 비용이 소요되지만, 2개의 분리된 놀이실을 만들기 위해서는 더 많은 비용이 필요하다는 것은 분명하다. 나는 아동은 사용할 수 없는 모래 놀이 피겨들을 구비하고 있다. 성인만 사용할 수 있게 하는 이유는(아동의 손이 닿지 않는 높은 선반이나 잠금장치가 있는 장에 보관해 둔다.) 그 피겨들이 아동이 사용하는 경우 쉽게 손상

될 수 있거나 혹은 정리하기에 어렵기 때문이다. 예를 들어, 나는 작은 자수정 원석과 라벤더 씨앗을 담아둔 바구니를 갖고 있는데, 아동은 이것들을 사용할 수 없게 한다. 그 이유는 아동이 바구니를 모래상자나 바닥에 쏟는 경우 다음 내담자를 맞이하기 위한 준비를 해야 하는 상황에서 내가 감당해야 할 청소에 대한 부담감으로 인해 불안감이 상승하기 때문이다. 아동은 우리가 불안해하는 것을 즉각 알아챈다. 우리(치료사)가 스스로를 조절할 수 없게 되면, 아동 역시 자신을 조절할 수 없게 된다(이때 아동은 더 큰 조절의 어려움을 겪게 된다.). 나 자신이 침착함을 잃지 않고 평온한 상태를 유지할 수 있는 수준에서 내담자가 놀이실에서 즐겁고 창의적이며 재미있는 경험을 할 수 있도록 가능한 다양한 놀잇감을 제공하는 것이 핵심이라고 말할 수 있다.

놀이 안전구역 내에서의 유연한 경계

형제나 가족 놀이 또는 또래 놀이 집단에서 갈등의 발생은 불가피하다. Kalff(2003)는 치료사는 내담자가(내적, 외적으로) 놀이를 위한 자유롭고 보호된 공간을 가질 수 있도록 해야 한다고 했고, 나는 이러한 주장에 전적으로 동의한다. 나의 치료실의 내적경계는 필요시 자유로운 이동이 가능할 정도로 유연했다. 다섯 살과 아홉 살인 두 형제가 모래상자에서 함께 군인 놀이를 했고, 당연히 '전쟁'이 일어났다. 나는 서로를 향한 불평이 일정 수준에 도달하기 전까지 단순히 관찰하며 반영적인 태도를 취하고 있었다. 마침내 나는 다음과 같이 말했다. "오, 뭔가 중요한 일이 일어나고 있구나. 너희 둘 모두는 그 총을 서로에게 겨누는 것을 원하지 않는 것 같아. 우리는 어떻게 해야 할까?" 불평은 격렬해졌고, 목소리는 더욱 높아졌다.

모래상자의 신체적 안전 영역이 더 이상 안전하지 않다는 판단이 섰을 때, 나는 보다 단호히 말했다. "정말 중요한 순간이 다가왔구나. 이제 무언가 조치를 취해야 할 때인 것 같아. 좋아, 이쪽으로 다가오렴. (아동들을 모래 영역에서 1.2m 가량 떨어진 지점으로 이동하게 했다.) 너희가 놀이를 계속할 수 있도록 문제를 해결해 보자." 우리는 잠시 동안 놀이 영역으로부터 벗어나 갈등 해결 영역을 만들었다. 다음 5분 동안 서로의 입장을 듣고, 두 사람이 모두 수용할 수 있는 해결책을 찾아야 한다고 말했다. 나는 어떠한 충고도 하지 않았다. 두 아동은 문제를 해결하고, 다시 놀이를 시작할 수 있었다. 다음 전화통화에서 아버지는 큰아들이 집으로 돌아가는 길에 "정말 재미있었어요."라고 말했다고 보고했다. 두 아동이 놀이 속에서 서로의 다름을 인정하고 해결하는 것은 그 둘에게 특별히 중요한 과제였다. 왜냐하면 부모는 자신들의 차이와 다름을 해결할 수 있는 기술이 부족했고, 그로 인한 갈등이 격해져 이혼 과정에 있었기 때문이다.

나의 놀이실에 대해

지난 몇 년 동안 나는 여러 곳의 놀이실을 경험했다. 첫 번째 놀이실은 말 그대로 내게 배정된 곳이었는데, 창문은 없고 장난감은 부족했으며 보기 싫은 커다란 회색 철제 책상이 놓여 있었다. 처음 놀이실로 들어섰을 때 오래된 주황색 카펫, 초록색 전등 갓, 보기 흉한 철제 책상이 있는 이곳에서 얼마나 오래 버틸 수 있을지 예상하기 어려운 정도였다. 기관의 책임자가 회색 책상을 치워 줄 것인지의 여부는 불투명했다. 나는 주말마다 페인트를 칠하고 놀이실을 꾸몄다. 이 과정은 나의 창의적인 영혼이 이 공간에서 행복감을 느끼고 놀고 싶은 마음이 들 때까지 계속됐다. 남은 예산을 들여 놀이실 한구석을 기분이 좋아질 수 있는 공간으로 만들었다. 마침내 놀이실로 들어섰을 때 나의 시선은 보기 싫은 책상 대신 그 공간을 향했으며, 내담자들 역시 그 공간을 마음에 들어 하는 것 같았다. 개인 치료실을 시작하게 되었을 때 나는 창문이 있고 외부의 놀이 영역으로 쉽게 통할 수 있는 문이 있는 장소를 대여하여 내가 원하는 방식대로 놀이실을 꾸몄다. 놀이실은 미적인 측면에서 만족스러웠으며, 창조적인 놀이의 기쁨과 생명력을 촉진시켜 주었다.

놀이의 창조적 영혼을 발휘하는 데 있어 놀이 공간이 얼마나 소박한지 혹은 화려한지는 그다지 중요하지 않다. 내담자들이 암묵적으로 "여기는 놀이하기에 좋은 곳이야."라는 것을 느낄 수 있는 것이 핵심이다. 첫 번째 소박한 놀이실을 통해 얻을 수 있었던 교훈은 주어진 놀이 공간에서의 나의 느낌을 존중해야 한다는 것이었다. 내면이 드러나면서 놀이 공간도 성장한다. 나의 내적인 놀이 안전구역을 보호함으로써 상상력이 발휘될 수 있고, 이는 물리적 공간이 정서적 치유를 위한 놀이 안전구역이 되는 것을 가능케 한다.

제8장

함께 놀이하기: 협력적 관계

관계에서의 안전감 경험은 스트레스가 되는 생활 사건을 다룰 때 특히 중요하다. Jaak Panksepp은 Margot Sunderland(2006)의 저서 『The Science of Parenting』의 서문에서 "정서, 심지어 분노 폭발까지도 소중히 여겨지고 존중받았던 아동은 생의 초기 강렬한 정서를 거부당했던 아동에 비해 훨씬 행복한 삶을 영위할 수 있다."(p. 7)고 밝힌 바 있다. 4세인 Eddie는 매우 당황스러운 상황에 맞닥뜨리게 되었다. 좋은 부모의 외동아이었던 Eddie는 부모가 동생 Kate를 병원에서 데려온 바로 그날 깊은 충격에 빠지게 됐다. 그동안 부모는 새로 태어날 동생에 대해, 그리고 동생이 생기는 것이 얼마나 신나는 일인지에 대해 설명해 주며 동생의 출생에 대해 Eddie를 '준비시켰다.' 그러나 어머니의 무릎을 동생과 함께 나누고 아버지와의 일대일 상호작용 시간이 줄어드는 것에 대해 Eddie는 아무런 '준비'도 되어 있지 않은 것처럼 보였다.

Kate가 태어나고 3주가 지났을 즈음 Eddie는 놀이실에 오게 되었다. Eddie는 놀이실에 들어서자마자 모래상자 피겨가 있는 선반을 향해 다가갔다. 분홍색 담요로 싸인 작은 아기 인형을 발견하고는 놀이실 한가운데 놓여 있던 모래상자의 중앙에 내려놓았다. 다시 선반으로 가서 턱이 움직이는 작은 악어 인형을 꺼냈다. Eddie는 악어 인형으로 급습하듯 덮쳐 아기를 물고는 모래상자에서 1.2m 떨어진 곳까지 걸어갔다. 그리고 악어 입에서 아기를 꺼내 바닥에 던졌다. Eddie는 악어를 다시 선반에 가져다 놓았다.

Eddie는 아기와 악어로부터 시선을 돌린 채 나를 보며 말했다. "자, 이제 기차 놀이해요."

Eddie는 상자에서 장난감 기차를 꺼내 나에게 기찻길 만드는 것을 도와달라고 했다. Eddie와 나는 몇 분 동안 함께 기차 놀이를 했다. Eddie는 칙칙폭폭 소리를 내며 기차를 움직였고, 통나무를 기차에 싣고 제재소까지 운반하는 방법에 대해 이야기했다. Eddie는 바닥에 버려져 있는 아기 인형과 선반으로 안전히 되돌아간 악어에 대해 아무런 언급도 하지 않았다. 새로 태어난 여동생 Kate에 대해서도 아무 말도 하지 않았으며, 나 역시 묻지 않았다.

나는 이 1분여의 모래상자 놀이 동안 내가 목격한 아기와 악어에 대해 어떠한 언어적 반영도 하지 않았다. Eddie와 나는 안전하고 따뜻한 침묵의 관계 속에서 많은 의미를 담고 있는 놀이를 함께했을 뿐이었다. 회고해 보면, 그 당시 Eddie에 대한 아주 짧은 순간의 직관적 반응이기는 했지만, 침묵을 지켰던 것은 치료적으로 옳은 결정이었던 것 같다. 인지적 수준에서 즉각적으로 언어적 반응을 해야 했던 것은 아닌지, 혹은 회기 중에 이 주제를 다시 다루었어야 했는지 의심하지 않았다. 또한 부모를 통해 Eddie가 여동생에게 공격성을 표현하는지 확인해야겠다는 생각도 하지 않았던 것 같다. 침묵의 관계 속에서 Eddie와 의사소통하는 것이 옳은 결정이었다고 느꼈을 뿐이었다. 그러나 Eddie가 '기차 놀이'를 하자고 했을 때는 더 이상 침묵하지 않았다. Eddie와 함께 바닥에 앉아 Eddie의 말을 반영해 주었으며, 나 역시 기차를 움직이며 칙칙폭폭 소리를 냈다. 우리는 함께 놀이했고, Eddie가 관심을 보이는 것에 함께 참여했다.

좌반구의 관점에서 이 짧은 치료적 순간을 분석할 수 있다. Porges와 Panksepp에 따르면, Eddie가 가장 놀이에서 아기를 향해 공격성을 보였을 때 Eddie의 자율신경계는 교감신경계 활성화 상태로 접어든 것이다. 모래 놀이를 하는 동안 **놀이** 체계가 활성화되고 Eddie는 어떠한 평가나 판단도 내려지지 않는 놀이를 통해 조절되지 않은 공격성을 다룰 수 있게 된 것이다. 놀이의 안전함 속에서 공격성을 공동-조절하는 새로운 경험을 통해 이러한 정제되지 않은 감정을 다룰 수 있는 새로운 신피질 경로가 형성되기 시작한 것이다.

이러한 좌반구 원리는 한번 깊이 학습되면 안정화되어 의식적 인식 밖에서 작동하게 되며, 점차 순간의 공명 반응 흐름, 즉 관계적이고 창발적인 우반구 과정으로 대체된다. 우반구에 기반한 반응과는 대조적으로 좌반구 처리는 상당히 느린 편이다. 따라서 만약 내가 다음에 무엇을 해야 할지에 대해 의식적으로 판단하려고 했다면, Eddie와 나는 아름다운 공명의 순간을 놓쳤을 것이다. 우리는 체화된, 우반구적 인식의 순간에 함께 머물렀고, 치유적 관계 속에서 공격적인 감정이 비판단적 그리고 공감적으로 수용되면서 이 감정을 다룰 수 있었다.

직관적인 우뇌 과정이 바로 정신치료 과정의 핵심이다. 우뇌 과정은 무언가의 이면에서, 언어 이전에, 그리고 의식적 인식 밖에서 작동한다. 우뇌 과정은 내담자와 치료사 사이에서 오고 가는 암묵적인 정서적 의사소통에 관여한다(Schore, 2011). Eddie의 악어놀이는 의식적인 명시적 인식보다는 암묵적 인식으로부터 출현한 것이라고 추측할 수 있다. 나는 상호작용을 하는 동안 Eddie가 여동생에 대해 의식적인 생각을 하지 않았다고 믿고 있다. 또한, Eddie의 악어놀이에 대한 나의 침묵 반응(그렇지만 그 순간 나는 온전히 Eddie와 함께 있었다.)은 치료적인 몸과 몸의 연결에서 온 것이며, 이는 명시적이기보다 암묵적인 것이었다. 그럼에도, 이러한 과정에 대해 곰곰이 생각을 하게 되면 그 당시 내가 어떤 이유에서 그러한 방식으로 반응했는가에 대해 좌반구적인 설명을 할 수밖에 없게 된다.

좌반구와 우반구의 차이점은 우리가 '직관적으로' 반응할 때 분명히 드러난다. Iain McGilchrist(2009)는 대뇌 편재화에 대한 연구에 기반하여 각각의 반구는 각기 다른 시각과 우선순위를 통해 세상에 대해 다른 관점을 형성해 내며, 또한 이 두 반구가 언제나 양립할 수 있는 것은 아니라고 강하게 주장하였다. 그는 다음과 같이 설명했다.

> 두 반구는 동등하지 않다. 두 반구는 모두 세상에 대한 지식의 형성
> 에 기여하고 따라서 통합되어야 하지만, 우반구는 좌반구에 비해 우선
> 한다. 왜냐하면 우반구는 좌반구에 앞서 지식을 이해하고, 우반구만이
> 두 반구가 모두 알고 있는 지식을 사용 가능한 전체로 통합할 수 있기
> 때문이다(p. 176).

우반구는 두 사람 사이의 공간, 즉 관계에 초점을 두며 모든 새로운 경험이 우리의 뇌로 들어오는 바로 그 지점이다. 애착회로는 우반구에 존재한다. Eddie와의 상호작용과 유사한 모든 순간의 상호작용은 우반구의 관점에서 펼쳐진다. 좌반구의 관점은 우반구가 경험한 것 위에 덧붙여진다. 좌반구를 통해 세상을 조직화하는 체계가 형성되며, 앞으로 무슨 일이 펼쳐질지를 예상할 수 있게 된다. 우반구가 공감적 관계성의 시각으로 주도하고 좌반구가 그 시각을 유지할 수 있는 체계를 만들어 가며 이 둘이 함께 작동할 때, 개인과 가족, 사회는 건강함을 유지할 수 있다. 치료 회기가 진행되는 동안 순간적으로 직관적인 결정을 할 때나 혹은 깜짝 놀라 자신도 모르게 입 밖으로 단어가 튀어나와 무언가 말을 하게 되는 순간은 모두 우반구의 주도하에 관계의 춤에 반응하는 것이라고 할 수 있다. 치료적 관계에서 진정한 조율

이 이루어지기 위해서는 우반구적인 연결이 요구된다. 이는 우리가 갓 태어난 신생아를 팔에 안았을 때 경험하게 되는 것들과 매우 유사하다. 우리는 자동적으로 '어머니 말투'로 말을 하게 되고, 일상적인 사회적 상호작용에서 보이는 것과는 다른 얼굴 표정을 짓게 된다. 주로 우반구를 통해 모든 것을 처리하는 신생아가 이해할 수 있는 방식으로 우리 자신을 맞추고 조정해 가는 데 중요한 역할을 하는 것은 바로 우반구이다.

이러한 관점은 심리치료에 새로운 패러다임을 불러일으켰고, Allan Schore(2011)는 이에 대해 상세한 설명을 제공하고 있다. 그는 광범위한 과학적 연구와 문헌 검토를 통해 행동주의적 그리고 인지적 관점에서의 심리치료에서 벗어나 무의식적인 정서에 주목하는 대인관계 신경생물학적 심리치료로의 전환이라는 역사적인 움직임에 함께하며, 다음과 같이 설명했다.

> 인간 경험에 있어 무엇보다 중요한 것은 언어적인 좌반구가 아니라 정서적인 우반구 영역이며, 인간 존재의 가장 근본적인 문제들은 이 원초적 영역에 대한 이해 없이는 설명될 수 없다고 주장해 왔다. 지난 20년 동안 발달적 정신분석 및 발달적 정서 신경과학 분야에 관한 내 연구의 주요 주제는 우반구는 영아기뿐 아니라 인생의 모든 단계에서 매우 중요하다는 것이었다(p. 8).

발달하는 마음에 있어 우반구가 중요하다는 점이 심리치료적 관계에서 좌반구가 중요하지 않다는 것을 의미하는 것은 아니다. 예를 들어, 좌반구의 과제, 즉 놀이실에서 Eddie를 만나기 전에 부모를 통해 발달력을 면밀히 조사하는 것이나 대인관계 신경생물학에 대한 지식을 쌓아 가는 것은 모두 우반구의 직관적 결정에 중요한 역할을 한다. McGilchrist(2009)가 설명한 대로 우반구는 통합하는 역할을 하며, 순간순간이 모두 중요한 관계적 맥락에서 좌반구의 모든 정보를 빠르게 처리한다. 치료에는 함께 춤을 추며 통합을 이루어 가는 두 반구가 모두 요구된다. 새로운 패러다임은 우반구를 통해 관계적 맥락 내의 많은 자원에 접근할 수 있는 방법을 제시하고 있다.

놀이의 다면성

Eddie와 마찬가지로 대부분의 아동은 가장 놀이를 통해 일상의 경험을 처리한다. 아동은 그들의 발달하는 뇌에 영향을 미치는 외상이나 이혼, 가족의 변화에 대한 적응, 그 외의 사소한 일상의 경험에 대응해 나간다. 그리고 이 과정에서 놀이할 수 있는 자유가 주어지는 한 언제나 놀이를 하며, 놀이를 하면서 아동의 뇌는 다시 연결된다. 아동의 놀이 형태는 다양하며, 발달 및 사회심리학자는 아동의 놀이를 다음과 같이 범주화한다.

• 초기 감각-운동 놀이
• 기능적 혹은 탐색적 놀이

- 숙달 놀이
- 상징 놀이
- 규칙이 있는 게임 놀이
- 신체 놀이
- 극놀이
- 사회극 놀이
- 구성 놀이

그동안 많은 심리학자가 다양한 형태의 놀이를 발달적으로 분류할 수 있는 체계를 개발하고자 시도해 왔다. Panksepp(1998)은 보다 간결한 과학적 용어로 놀이를 설명하고자 했는데, 모든 다양한 형태의 놀이는 신체 놀이 혹은 싸우는 놀이로 지칭될 수 있으며, 단일한 동기 체계, 즉 **놀이** 체계에서 발생한다고 제안했다. 놀이하고자 하는 원초적인 욕구에서 시작하여 뇌의 이차, 삼차 과정을 거치면서 아동과 성인에게는 보다 정교한 형태의 놀이가 출현한다. 예를 들어, 성인의 놀이는 언어적 상호작용의 형식을 취하는데, 이는 여러 측면에서 신체 놀이와 유사하다. 이러한 유사성은 실험실 동물 연구를 통해 상세하게 다루어진 바 있다. 성인의 놀이는 언어적 상호 교환을 중심으로 이루어지며, 보통 한 사람이 상대방을 장난스럽게 놀리거나 때로는 날카롭고 신랄한 말을 던져 상대방을 도발하는 것으로 시작한다. 이때 두 명의 성인은 누가 더 똑똑한지 혹은 누가 더 결정타를 날리는지 겨루며 서로를 이기고자 애쓰면서 티격태격한다. Panksepp과

Biven(2012)은 성인의 언어적 상호 교환 놀이에서 발생하는 것의 핵심을 "한 방 먹여 주지!"라는 말로 설명했다(p. 366).

얼굴 표정과 언어를 통한 이러한 상호 교환은 아동이나 실험실 동물의 신체 놀이와 많은 유사성을 갖는다. 아동과 동물은 긍정적 에너지와 과장된 움직임으로 발로 차는 척을 하고 힘겨루기를 하며 손으로 서로를 치는 등 에너지로 가득한 행동을 보인다. 그들은 달리고 쫓고 서로를 찌르고 도망친다. 놀이를 지속시키기 위해 스스로를 불리한 조건에 처하게 하여 쫓던 사람이 쫓기는 사람이 되기도 하고 승자가 일시적으로 패자가 되는 등 역할 반전이 일어나기도 한다. 중요한 점은 아동이 서로에게 '놀이를 하고 싶은 얼굴'을 지어 보임으로써 신호를 보낸다는 것인데, 이는 Harry Hollow(1962)가 붉은 털 원숭이의 사회적 놀이에서 처음 발견한 것이다. '놀이를 하고 싶은 얼굴' 혹은 Porges(2011)가 명명한 사회적 관계 체계 내에서의 '면대면 참여'(p. 276)는 싸우는 놀이에서 공격적인 의도가 없다는 것을 전달한다는 점에서 중요한 의미를 갖는다(놀이 체계는 교감신경계와 관련된다.). 반면, 눈살 찌푸리기, 울기, 위협적인 표정이 수반되는 밀치기, 밀어붙이기, 주먹으로 때리기, 발로 차기와 같은 공격성은 사회적 관계를 동반하지 않은 채 교감신경계를 활성화시키는 신호를 보내게 한다.

이제 체스 혹은 보다 단순하게는 캔디랜드와 같은 게임이 상징적인 의미에서 싸움이 될 수 있는 이유를 쉽게 이해할 수 있을 것이다. 캔디랜드 게임에서 'Plumpy' 카드(출발점으로 되돌아가라는 카드)를 뽑게 되면, 이제 한 명은 패자이고 다른 한 명은 승자라는 사실이 분명해진다. 실제로, 이 게임에서 나를 이기고 흡족해하던 아동이 있었다. 또한 극적이고 구성적인 형태의 놀이에는 갈등을 해결하기 위한 성공적인 시도와 실패한 시도가 모두 있다는 의미에서 상징적인 싸움의 요소가 포함된다고 볼 수 있다. 이 모든 상호작용의 공통점은 관계 안에서 일어나고, 우리로 하여금 경계를 시험해 볼 수 있게 하며, 고조된 열정을 동반한 접촉이 이루어진다는 것이다. 또한 강렬한 정서를 인내할 수 있도록 각성 범위를 확장시킨다는 것 역시 중요한 특징이다. 감정이 위험한 수준에 이를 정도로 넘쳐흐르게 되면 한계점을 시험하고 다시 관계의 연결을 되살리는 방법 역시 배울 수 있다. 때로 이 과정은 다른 사람의 도움을 통해 이루어지기도 한다.

🗣️ 신체 놀이와 후성설

아동은 활기가 넘치는 거친 신체 놀이를 좋아한다. 많은 성인은 이러한 놀이가 파괴적이라고 생각하지만, 거친 신체 놀이는 장기적인 관점에서 볼 때 정서적 건강에 필수적 요소이다. Panksepp(1998)과 Sunderland(2006)는 이러한 유형의 놀이는 뇌에서 강렬한 오피오이드를 방출하게 함으로써 자연적인 항스트레스 효과를 가지며 긍정적인 정서 상태를 유지하는 데 도움이 된다고 설명했다. 신체적 상호작용 놀이는 신경성장촉진인자(neurotrophic factor: BDNF)와 인슐린 유사성장인자(insulin-like growth factor 1: IGF-1)와 같은 신경성장인자의 활성화를 촉진한다. Panksepp과 Biven(2012)은 이러한 놀이는 뇌 성장을 촉진하는 '영양제'와 같다고 설명했다. "**놀이** 활동의 효과 중 하나는 후성적 과정을 통해 신피질에 새로운 친사회적 신경 경로를 만드는 것이다. 경험을 통해 장기적인 유전자 발현 패턴에 변형을 가져올 수 있다"(p. 380).

후성설은 오랫동안 지속되어 온 천성-양육의 논쟁을 이해하는 데 도움이 될 수 있다. 유전자 발현은 환경적 경험에 의해 영향을 받기 때문이다. 비활성화 상태의 유전자가 경험에 대한 반응으로 활성화되면, 이 유전자는 특정 뇌세포에서 이전에 생산된 적이 없는 새로운 단백질과 신경펩타이드를 만들어 낸다. 새로운 신경화학적 경로의 생성은 뇌와 마음의 기능을 변화시킨다(Panksepp & Biven, 2012, p. 342). 이러한 후성적 과정은 영아의 애착 유형(안정 및 불안정)에서 분명히 드러난다. 애착 유형은 양육자의 **돌봄**과 관련된 동기 체계가 어떻게 활성화되었는가에 따라 다르게 발달한다. Panksepp과 Biven은 신체 놀이는 친사회적 신경 경로의 발달에 있어 이와 유사한 효과를 미칠 수 있다고 제안한다.

이러한 종류의 놀이는 자율신경계의 회복력을 높이는 데도 효과가 있는데, 놀이를 통해 각성 범위가 확장됨으로써 두려움을 느끼지 않은 상태에서 교감신경계의 과다각성과 배측 미주신경의 과소각성이 가능해진다. 이는 아동이 타인과 연결되어 복측 미주 사회 관계 체계가 활성화된 상태에서 강렬한 활동성과 깊고 편안한 휴식 상태를 경험할 수 있다는 것을 의미한다.

다른 관점에서 보자면 신체 놀이를 하면서 아동은 상대방에게 어느 정도까지 압박을 가하고 언제 물러서야 할지를 배울 수 있다. 싸움 놀이 파트너의 얼굴 근육을 관찰하면서 신경계의 가속 장치를 밟아야 할 때와 제동장치를 밟아야 할 때를 구분하는 기술을 배울 수 있다. 싸우는 놀이와 공격성을 구분하는 데 있어 아동은 성인보다 유능하다(Pellis & Pellis, 2009, p. 147). 싸우는 놀이가 실제 공격성으로까지 확장되는 경우가 있기는 하지만, "나쁜 것을 없애려다 중요한 것까지 잃는 것"은 실로 엄청난 손실이라고 할 수 있다. 만약 학교와 가정에서 신체 놀이를 하지 못하게 막는다면, 친사회적 행동에 미치는 후성적 영향력을 중재하는 매우 중요한 체화된 활동을 포기하는 것과 같다.

Daniel Stern(1977/2002)이 제안한 영아와 양육자 간의 적정 범위의 놀이 행동을 적용한다면 신체 놀이는 영아의 발달하는 신경계와 자기 조절의 일부분이 될 수 있다. 어머니와 영아 간의 많은 놀이는 상징적인 관점에서 볼 때 상당히 무섭고 또 공격적이다. 어머니나 아버지가 괴물 흉내를 내며 아이를 잡아먹는 흉내를 낼 때(예: "잡았다!"고 말할 때) 이는 상당히 **거칠고 무섭기까지 하다.** 자장가인 ⟨Rock a bye baby on the treetop⟩은 어떠한가? 나뭇가지가 부러지고, 요람이 흔들리면 아기는 얼마나 힘들 것인가! 대부분의 동화는 상당히 무서운 내용을 담고 있다. 다행스럽게도 아이를 사랑하는 부모들은 안전한 경계 안에서 이야기를 들려주고, 이야기를 통해 각성 범위를 만들어 가는 방법을 가르친다. 이는 때로는 스트레스가 되고 심지어 무섭기까지 한 이 세상을 살아가는 데 꼭 필요한 요소이다.

우리는 아이들에게 이야기를 들려준다. 이 이야기들은 아동의 신경계의 경계는 물론 무서운 상황을 다룰 수 있는 능력을 확장시키는 데 도움이 된다. 또한, 아이들은 실제 삶에서 거칠고 험난한 경험을 맞닥뜨리게 되면서 자신들의 모험에 대한 이야기를 한다. 놀이의 결말이 파괴적이든 혹은 즐거움으로 가득 차 있는지의 여부는 그다지 중요하지 않다. 아이들은 한바탕 놀이를 하고 난 후 부모나 다른 사람들과 자신의 이야기를 공유하고 싶어 한다. 좌반구는 이야기를 만들고 싶어 하며, 또한 이야기를 듣고자 한다. 경험한 것을 이야기로 만들었을 때 그 이야기는 경험을 유지하고 체화하며 구체화시키는 데 도움이 될 수 있으며, 화자와 청자가 함께할 때 이러한 과정은 가장 원활히 일어날 수 있다. 다른 한편으로, 좌반구가 우반구와 단절된 상태로(보통 청자로 인해 발생한다.) 이야기를 만들어 내는 경우 그 이야기에는 응집성이 부족하며 체화된 이야기에 머무르는 것은 불가능해진다.

다음 장에서는 스토리텔링 놀이에 대해 살펴보고자 한다. 이 과정을 통해 우반구의 체화된 이야기를 좌반구의 언어화된 이야기로 연결 짓고, 다시 우반구로 되돌아갈 수 있는 방법을 탐색할 수 있다. 이제, 집단 모래상자 놀이 과정에서 신체 놀이에 대해 능숙하게 이야기할 수 있게 된 남아들의 집단을 만나게 될 것이다.

제 9 장

스토리텔링 놀이

집단 모래상자 놀이 회기를 마치고 학교를 막 나오려고 할 때 11세의 Jack이 나를 따라와 질문했다. "상담사는 무슨 일을 하나요?" 나는 대답했다. "글쎄, 아이들이 상담사와 이야기를 나누게 되면, 기분과 관련해서 도움을 받을 수 있단다." 나의 말이 끝나기도 전에 다시 Jack이 말했다. "아하, 집단 활동을 시작한 이후로 나는 더 이상 말썽을 피우지 않게 됐어요." 학교 상담사와 내가 함께 진행하는 모래상자 놀이의 5회기가 막 끝난 시점이었다. 이 프로그램은 Jack 외의 5명의 남아가 함께 참여하여 모래상자를 만들고 이야기를 만드는 '우정 집단'이었다. 행동 문제나 학업상의 어려움을 보이는 아동들이 집단에 참여했다. Jack은 이 두 문제를 모두 갖고 있었다. 담임교사는 Jack이 모든 과목에서 또래들에 비해 뒤처져 있으며, 운동장에서 다른 아동들을 향해 돌을 던진 적이 있었다고 보고했다. 지난 몇 개월 동안 Jack의 행동은 점차 악화되고 있었다.

지난해 이 초등학교의 자문위원으로서 사회-정서적, 행동적 문제로 인해 학업 실패의 위기에 처한 아동을 대상으로 하는 집단상담 프로그램을 개발하기 위한 특별 프로젝트를 담당했다(Kestly, 2010). 학교 상담사와 논의 후 예비 프로젝트로 5학년 남아를 대상으로 집단 모래상자 놀이를 실시하기로 결정했다. 이 프로젝트를 '우정집단'으로 명명했고, 아이들과의 첫 미팅에서 집단에 대해 다음과 같이 소개했다. "우리는 함께 놀이를 할 때 비로소 친구가 될 수 있어요. 그래서 앞으로 12주 동안 이곳에 와서 모래 놀이를 하고 이야기를 만들 거예요." 아이들은 분명 놀란 듯 보였다. Tommy는 "우리를 그냥 놀게 한다고요? 정말요?"라고 물으며 의아해했다.

이것이 바로 우리가 의도한 것이었다. 우리는 아동을 초대하여 '그냥 놀게' 하기를 원했다. 우리는 아동이 안전감을 느끼면서 내면을 탐색하고 자신의 삶의 이야기를 언어적으로 표현할 수 있는 환경을 제공하고자 했다. 또한, 아동이 체화된 이야기를 우리와 함께 나누고 서로의 이야기를 보고 듣고 마음속에 담아 두면서 관계성과 소속감을 경험할 수 있도록 돕고자 했다. 일탈된 행동과 부주의는 안전한 관계를 기반으로 표출되지 못한 내적인 혼란에서 기인한 것이라는 신념을 바탕으로 작업했다. 애착 이론과 더불어 Margaret Lowenfeld(1979/1993)의 '이미지로 사고하기'

개념(아동 내담자에게 모래상자를 만들게 했다.)에 기반하여 프로그램을 구성했다. 사고의 비언어적 특성에 대한 Lowenfeld의 관점이 옳다고 판단했기 때문이다. Lowenfeld는 아동은 이미지를 통해 자신의 내적 세계를 표현하면서 치유와 정신적 통합을 이루어 낼 수 있다고 확신했다. 이야기를 만들면서 경험하게 되는 내적인 위안과 심화된 관계성을 통해 행동의 변화는 물론 학업적 향상이 가능할 것이라고 가정했다.

우리는 아동에게 집단의 구성원으로 선별된 이유는 물론 행동 변화와 관련된 목표에 대해 아무런 설명도 하지 않았다. 이는 의도된 것이었다. 또한 놀이 시간에 지켜야 되는 규칙도 정하지 않았다. 단지 초반에 아동들에게 타인의 놀이 경계를 존중할 것을 당부했을 뿐이었다. 개별 모래상자 놀이를 진행할 때는 타인의 모래상자를 만지지 않으며, 또한 타인이 자신의 모래상자를 만지는 것도 허용하지 않게 했다. 초기 단계 동안 상호 존중을 통해 안전을 형성하고 이를 바탕으로 풍성한 창조적인 놀이가 이루어지도록 했다. 매주 한 시간 동안 아동들은 피겨와 모래를 사용하여 자유롭게 놀며 Lowenfeld(1979/1993)가 명명한 대로 그들의 '세계'를 만들었다. 이후 20분 동안에는 원하는 아동에 한해 자신이 만든 세계에 대해 이야기를 하도록 했다.

예비 프로젝트가 진행되는 동안 교장 선생님과 담임교사, 부모들, 그리고 참여한 아동들을 통해 다양한 일화를 수집했고, 이를 근거로 개입 프로토콜을 개선시키고자 했다. 예비 집단이 끝날 무렵 교장 선생님은 다음 해에 이 프로젝트를 확대하여 진행하는 것이 가능한지 물었다. 당연히 가능했으며, 이는 우리도 진정 원하는 바였다. 첫 번째 집단의 참여자들은 교실과 운동장에서 또래들과의 다툼과 파괴적 행동 문제 때문에 의뢰된 아동들이었다. 교장 선생님은 예비 집단의 모든 아동을 개인적으로 알고 있었다. 행동 문제로 인해 이미 교장 선생님에게 보고된 이력이 있는 아동들이었기 때문이다. 아동들 중 일부는 거의 매일 교장실에 불려 가곤 했었다. 집단은 1월에 시작하여 3월에 끝났다. 4월 중순경, 교장 선생님은 집단이 끝난 이후로 우정 집단에 참여했던 아동 중 어느 누구도 교장실에서 다시 만나지 않게 되었다며 기뻐했다.

몇몇 교사는 집단에 참여한 아동들이 학업적인 면에서 향상을 나타냈다고 보고했다. 상당히 반가운 결과였다. 그 이유는 아동을 학교에서 놀게 해야 한다는 우리의 새로운 시도를 정당화하기 위해서는 행동은 물론 학업에서도 변화가 있는지를 확인해야 했기 때문이다. 다음 해에는 교장 선생님의 지원하에 보조금을 받아 프로젝트를 확대할 수 있었다. 교장 선생님은 집단 놀이의 효과성에 대해 강한 믿음을 갖고 있었으며, 종종 "이 아이에게는 모래 놀이 집단이 필요해요."라고 말하곤 했다. 이런 과정을 통해 Jack을 만나게 되었다. 그 당시 Jack은 학업은 물론 관계에 있어서도 어려움을 겪고 있었다.

12회기의 프로젝트가 끝나갈 무렵, 나는 다시 한번 우연히 Jack과 마주쳤다. Jack과 나는 학교의 복도를 나란히 걸으며 이야기를 나눴다. Jack은 말했다. "나는 이제 학교 공부를 따라갈 수 있게 되었어요." 이 말에 나는 깜짝 놀랐다. 모래상자 놀이 집단에서 Jack은 단 한 번도 학교 공부나 학업 성취, 바람직한 행동에 대한 바람을 표현해 본 적이 없었기 때문이었다. Jack은 놀이집단과 좋은 행동을 할 수 있는 능력, 이후에는 학교 공부를 해낼 수 있는 능력을 연합시킨 것 같았다. 담임교사에게 확인한 결과 Jack은 모든 과목에서 향상을 보이고 있는 것으로 나타났다.

처음에 담임교사는 집단에 참여시키기 위해 수업시간 중에 Jack을 데려가는 것을 꺼려 했다. 학업적인 면에서 Jack이 또래에 비해 너무 뒤처져 있었기 때문이었다. 그러나 이제는 Jack에게 무엇인가 긍정적인 변화가 일어나고 있다는 것을 인정하고 있었다. 놀이 집단에 참여했기 때문일까? 담임교사는 혼란스러워했다.

Jack의 성공-어떻게 가능했는가

뇌의 시대 동안 수행된 수많은 대인관계 신경생물학 연구의 관점에서 보면 Jack의 학업적 성취와 행동 변화는 오히려 쉽게 설명될 수 있다. 프로젝트를 시작할 때 애착 연구에서 설명한 대로 아동들은 소속감을 통해 정서적 도움을 받을 수 있을 거라고 확신하고 있었다. 또한 Lowenfeld가 정교화시킨 모래상자 스토리텔링의 '이미지로 사고하기' 과정은 학업에 긍정적 영향을 미칠 거라는 희망을 갖고 있었다.

신경과학자인 Antonio Damasio(1999, 2010)의 연구는 Lowenfeld

의 비언어적 사고 개념을 지지한다. 그는 스토리텔링은 비언어적인 과정으로, 우리가 환경과 상호작용하면서 접하게 되는 대상을 분류하고 선택하며 조합하고 통합하려는 뇌의 타고난 경향성에 이미 내재되어 있다고 설명했다. 그는 언어가 사용되지 않는 스토리텔링의 본질에 대해 다음과 같이 설명했다.

'이야기하기'는 자신에게 일어난 일을 뇌 지도에 등록하는 과정이며, 그런 의미에서 뇌는 '이야기하기'에 강한 집착을 갖고 있다. 진화의 관점에서는 물론 내러티브를 산출하는 데 필요한 신경 구조의 관점에서 볼 때 이야기하기는 매우 이른 시기에 시작된다. 이야기하기는 언어에 앞서 일어난다. 왜냐하면 이야기하기가 바로 언어의 조건이기 때문이다. 또한 이야기하기는 단순히 대뇌피질에서만 일어나는 것이 아니며, 뇌의 모든 영역, 그리고 좌반구와 우반구 모두와 관련되기 때문이다.

철학자들은 마음의 내용은 마음 밖에 있는 것을 '향한' 것이라는 점에 흥미를 가지며 '의도성'에 관심을 가져 왔다. 마음의 광범위한 '지향성(aboutness)'은 뇌에 내재되어 있는 이야기하고자 하는 태도에 그 기원을 갖는다. 뇌는 유기체의 구조와 상태를 표상하고, 유기체를 조절하는 과정에서 환경에 속한 유기체에게 발생한 일들에 대해 자연스럽게 언어가 없는 이야기를 만들어 낸다(p. 189).

또 다른 신경과학자 역시 Lowenfeld(1979/1993)가 제안한 사고의 비언어적 특성을 지지하는 연구 결과를 제시했다. Iain McGilchrist(2009)는 그의 저서 『The Master and His Emissary: The

Divided Brain and Making of the Western World』에서 이 주제를 광범위하게 다루고 있다. McGilchrist는 다양한 과학적 연구를 통해 좌반구와 우반구의 유사성과 차이점을 포함하여 두 반구가 협력하고 때로는 서로를 억제하는 과정에 대해 설명하고 있다.

포식자를 경계하며 먹이를 찾는 새는 왜 우리에게 2개의 뇌(좌반구와 우반구)가 모두 필요한지를 이해하는 데 좋은 예가 된다. 2개의 뇌는 독립적으로 기능할 때도 있고 환경의 세부 사항을 처리하면서(좌반구) 동시에 전반적 맥락을 주시하는 것(우반구)과 같은 복잡한 기능을 수행할 때는 서로 협력하기도 한다. 새의 경우, 자갈밭에서 옥수수 알갱이를 찾는 데 집중하기 위해서는 좌반구가 필요하고 동시에 포식자가 있는지를 탐색하기 위해 환경 전체를 훑을 때는 우반구를 사용한다. 이렇게 하지 않으면 새는 누군가에게 잡아먹힐 위기에 처하게 된다.

인간 뇌의 두 반구는 상당히 복잡한 방식으로 기능한다. 우선, 즉각적으로 관계적 맥락에 주의를 기울이고(우반구) 그 이후에 그 경험을 논리적으로 이해한다(좌반구). 이 두 반구가 세상에 대해 어떻게 다른 관점을 형성하는지, 또한 단독으로는 불가능한 무언가를 이루어 내기 위해 서로가 어떻게 협력하는지에 대해 대략적인 인상을 형성할 수 있을 것이다. 좋은 스토리텔링을 위해서는 두 반구가 모두 관여해야 하며, 두 반구 모두를 거쳐야만 하는 특별한 여정이 필요하다. 스토리텔링은 (Damasio가 기술한 대로) 환경이나 기억 시스템에서 접하게 되는 '생생한' 순간에 대해 응집성 있는 그림을 그리고자 할 때 비언어적으로 시작된다. 이 '생생한' 만남이 이루어지는 동안 우리는 '무엇인가가 일어나고 있다는 느낌'을 경험하고, 뇌는 이러한 신체적 느낌을 우반구에 지도로 그려 놓으며 체화된 암묵기억을 만들어 낸다(Damasio, 1999). 이러한 경험이 언어의 수준에 도달하게 되면 (MaGilchrist, 2009의 설명에 따르면) 좌반구로의 여행이 시작되어, 경험을 나타내는 단어를 통해 참조적 형태로 분석되고 처리된다. 이것이 바로 언어, 정교화된 구문, 그리고 여러 부분적인 정보를 사용하여 형성된 경험에 대한 표상이다. 표상은 다시 은유적 사고를 통해 우반구로 되돌아가고 신체적 경험의 세계와 관계성을 갖게 된다. 여기에서 톤, 유모, 모순, 은유, 얼굴 표정 등을 사용하여 상황의 요점을 파악해 내는 우반구의 독특한 능력을 통해 '무엇인가가 일어나고 있다는 느낌'과의 통합이 일어난다. 이러한 전체 과정이 진행되면서 청자는 단어를 통해 전달되는 이야기를 귀로 들으며 동시에 몸을 통해 이야기의 의미를 느낄 수 있게 된다.

McGilchrist(2009)는 언어의 진화 과정에 대해 다음과 같이 설명했다. 언어는 주로 좌반구에서 발달한다.

언어는 몸과 경험적 세계로부터 추상화된 것이다. 언어의 형식은 경험에 **존재하지 않는** 모든 것을 지칭할 수 있게끔 발달해 왔다. 언어는 **표상**을 가능하게 한다. …… 이 과정에서 언어의 중요한 한 가지 측면, 즉 정확한 참조와 계획하기를 가능하게 하는 외연적 요소는 좌반구에서 처리된다. 반면 언어의 다른 측면, 즉 내포적이고 정서적인 기능은 우반구에서 담당한다. 가장 높은 수준에서의 언어 이해는 부분들이 하나로 합쳐졌을 때 일어난다. 맥락을 통해 말해진 것을 이해하는 것, 말해진 것 이면의 내용을 고려하는 것, 톤, 모순, 유모 감각, 은유를 이해하고 사용하는 것 등은 우반구가 담당한다(p. 125).

McGilchrist(2009)는 언어와 체화된 것이 통합되어 강렬한 느낌을 동반하는 내러티브를 만들어 내고, 이 내러티브가 화자와 청자 모두에 의해 경험되는 과정에 대해서도 설명했다. 이는 두 반구가 동일한 경험을 각기 다른 방식으로 처리하지만, 궁극적으로는 서로 영향을 주고받는다는 개념과 일치한다. McGilchrist(2009)는 다음과 같이 설명했다.

은유는 언어의 중요한 한 측면이다. 은유를 통해 언어는 세상과 관계성을 가지며 언어가 표현하는 세상의 '부분'을 서로 연결 짓는다. 반면, 문자 그대로의 언어는 일종의 도구로써, 일관된 표식 시스템으로 발달해 가면서 마음과 실재 간의 접촉을 느슨하게 만든다. 그러나 문자 그대로의 언어를 넘어서는 무엇인가가 있으며, 우리는 이것을 지속적으로 접하고 있다. 그것은 우반구의 세계에서 발생해서, 좌반구에서 처리되고, 가장 높은 수준에서는 결국 다시 우반구로 되돌아간다(pp. 125-126).

두 반구 간의 잠재적 관계에 대해 McGilchrist(2009)의 설명을 따른다면, 신체 경험에 기반한 비언어적 사고를 지원하는 과정을 통해 아동의 뇌와 마음을 협력시킬 수 있는 방법을 찾을 수 있을 것 같았다. 우리는 제스처, 소리, 단어를 통해 표현되는 아동의 신체 경험을 반영해 줌으로써 아동을 좌반구의 세계로 초대할 수 있다. 아동과의 관계성, 그리고 성인의 보다 성숙한 언어 시스템을 통해 아동의 좌반구가 신체 경험을 언어로 표상하는 과정을 도울 수 있다. McGilchrist에 의하면, 좌반구의 언어 처리 과정은 은유를 통해 우반구로 되돌아가며 우반구에서 스토리텔링은 그 의미의 토대가 되는 신체적 경험과 다시 연결된다. 체화된 이야기를 언어로 표현할 수 있도록 충분히 돕는다면, 우반구로 되돌아갈 수 있는 경로의 발달이 자연스럽게 촉진될 수 있을 것이다. 두 반구 간의 계속되는 상호 연결을 통해 몸과 정신이라는 두 수준에서의 이해가 가능해진다. 이러한 응집성에는 깊은 안정감이 동반되며, 이는 대인관계 연결의 향상과 주의력 증진에 도움이 될 수 있다.

우반구-좌반구-우반구 나선순환 모델은 McGilchrist(2009) 연구의 핵심 주제 중 하나이며, 우리의 스토리텔링 프로젝트에도 잘 맞는 것 같았다. [그림 9-1]은 우반구에서(여기에서 경험은 비언어적인 스토리텔링에 기반한) 좌반구로의(여기에서는 경험을 표현하기 위해 언어를 사용한다.) 흐름, 그리고 자서전적 이해와 은유적 이해, 즉 체화되고 응집성 있는 이야기를 위해 다시 우반구로 되돌아오는 경로를 보여 주고 있다.

우반구 → 좌반구 → 우반구 나선순환 모델

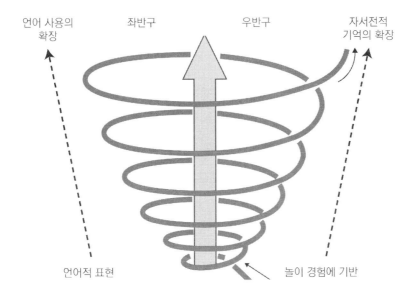

[그림 9-1] 스토리텔링 뇌의 신경생물학

우반구-좌반구-우반구의 나선순환은 오른쪽 아래에서 시작한다. 이 지점에서 자아(한 개인의 독특한 본성 혹은 본질적 존재)의 경험은 환경 안에서 살아 있다는 그 느낌에서 비롯된다. 자아가 우반구에서 경험한 것은 좌반구로 이동하여 언어적 표현을 찾고, 다시 은유를 통해 우반구로 되돌아간다. 이제 우반구에서 조각난 정보들은 변형의 과정을 거쳐 확장된 자아로 통합되고, 역동적이고 변화하는 환경 속에서 자아는 살아 있음을 생생하게 경험하게 된다. 이러한 흐름은 좌반구로 이동하고 다시 우반구로 되돌아오고자 하는 우반구의 지속적인 욕구에서 비롯된다. 우반구-좌반구-우반구 나선순환이 일어날 때마다 더 많은 자서전적 이야기가 생성되며, 동시에 존재에 대한 인식은 더욱 확고해진다.

학교 장면에서는 글을 읽고 쓰는 것이 중요시되고, 따라서 스토리텔링은 좌반구 영역에 갇혀 통합과 의미 만들기가 이루어지는 우반구로 되돌아갈 기회를 잃게 된다. 더 안 좋은 점은 학교에서는 우반구에 기반한 신체적 경험을 배제한 채 좌반구에만 국한지어 언어를 가르친다는 것이다. 이렇게 하는 이유는 무엇일까? 아마도 현재의 교육 시스템이 분석적이고 예측적인 언어 기술에 가치를 둠으로써 우반구의 체화된 경험과 의미 만들기 과정은 평가절하하는 태도를 형성했기 때문일 것이다. 아동은 좌반구로 해낼 수 있는 것, 즉 확실성(문법 규칙), 사실이나 정답 말하기(이미 알고 있는 것을 반복하는 것), 범주화, 추상화, 주의집중을 유능하게 해냈을 때 칭찬을 듣고 좋은 성적을 받을 수 있다. 우반구가 담당하는 과정들, 즉 새로운 자극의 처리(새로운 경험에 대한 반응으로), 직관적 사고, 모호성에 대한 대처, 전체 맥락의 파악, 상대적 관점에서의 정보 처리(예: 대인관계, 음악, 예술)를 해냈을 때는 별다른 보상을 얻지 못한다. 또한 우반구적인 재능을 측정하는 것은 쉽지 않은 일이다. 결국 학교의 입장에서는 학생의 성취를 측정하고 설명할 수 있어야 하기 때문에 자연스럽게 좌반구적인 성취를 강조하는 방향으로 나아갈 수밖에 없다.

일반적인 공립학교나 사립학교에 잘 적응하고 있는 아동의 경우 학교에 입학하기 전에 이미 우반구에서 좌반구로의 이동, 다시 우반구로 되돌아가는 순환을 성공적으로 이루어 냈을 것이라고 단언할 수 있다. 이러한 순환은 안정 애착을 통해 생애 초기에 형성된다. 안정 애착을 형성한 아동의 부모는 아동의 체화된 이야기에 주의를 기울이고 또 아동이 언어를 사용해 그 이야기를 공유하는 것을 격려하며, 아동은 이러한 부모의 태도에 익숙해져 있다. 부모가 아무런 판단도 하지 않은 채 아동의 이야기를 반영해 주면 아동은 자연스럽게 우반구로 되돌아갈 수 있는 능력을 발달시키면서 내러티브를 생성해 낼 수 있게 된다. 우반구에서 내러티브는 삶의 역사의 온전한 일부가 될 수 있다.

학업적 측면에서는 우수하지만 우반구 문제로 혼란을 겪는 아동들이 있다. 대부분 불안정 애착, 가족문제, 그 밖의 외상이 원인이 된다. 이러한 아동은 좌반구 관점의 지식이 강조되는 학교를 피난처로 삼지만, 많은 경우 관계의 어려움을 경험하게 된다. 다행스럽게도 안전과 관계성을 경험할 수 있게 해 주는 교사를 만나는 경우, 애착의 어려움과 외상에 대한 치유 과정이 시작될 수 있다. 점차적으로 아동은 자신의 체화된 이야기에 안전하게 귀를 기울일 수 있는 능력을 발달시키고 동시에 교사가 이 과정을 지켜봐 준다면 아동은 우반구로 '되돌아가' 온전하고 응집성 있는 내러티브를 만들 수 있게 된다.

학교에 입학하기 전에 우반구-좌반구-우반구 순환을 형성하지 못한 채 좌반구 처리를 강조하는 학교 교육에 사로잡힌 아동들은 마치 우리의 모래상자 집단에 의뢰된 아동들처럼 학교 적응에 어려움을 겪게 된다. 그러나 생물학적인 관점에서 볼 때 아동들은 우반구를 통해 체화된 이야기를 만드는 과정을 시작할 수밖에 없다. 그 이유는 우반구가 삶 속에서 맞닥뜨리게 되는 새로운 경험들을 계속 매개하기 때문이다. 아동의 생생한 이야기 또는 언어로 표현된 이야기에 관심을 기울이는 사람이 없다면, 아동은 자연스럽고 편안한 방식으로 대뇌반구 간 이동을 가능하게 하는 신경 경로를 발달시키지 못한다. 우반구 모드의 경험과 연결성을 발달시키지 못한 아동에게 좌반구 모드의 처리 과정을 강요하게 되면 아동은 우반구-좌반구-우반구 순환을 완결하는 기회를 가질 수 없게 된다. 결과적으로 이러한 아동은 행동 폭발을 보이거나 멍한 상태가 되어 학업적으로 뒤처질 수밖에 없게 된다.

학교에서의 성공이라는 측면에서 볼 때 집단에 참여한 아동들은 모두 어려움을 겪고 있었다. 그러나 모래상자 놀이를 통해 새로운 세계관을 창조하고 스토리텔링을 통해 그 세계관을 언어의 수준으로까지 끌어올리는 과정을 실패한 아동은 단 한 명도 없었다. 1, 2회기가 진행되는 동안 대부분의 아동은 자신의 세계에 대해 이야기하는 것을 원치 않았다. 그러나 우리가 그 어떤 이야기도 비판하지 않으며 아동의 타고난 생물학적 욕구, 즉 자신의 삶의 경험을 소중히 여기고 싶은 마음을 존중한다는 사실을 깨닫게 되자, 언어의 흐름은 멈출 수 없는 지경까지 이르게 됐다. 집단 안에서 우반구-중심의 이야기가 환영받고 인정되면서 우반구에서 좌반구로 다시 우반구로의 순환 과정은 보다 자연스러워졌다. 실제로 집단의 모든 아동에게 자신의 세계에 대해 이야기할 수 있는 기회를 주기 위해서 타이머를 사용해 시간을 제한해야 하는 상황에 이르게 됐다. 관계적 맥락에서의 단순한 놀이 과정과 공유된 스토리텔링을 통해 이러한 변화가 가능할 수 있을까? 그렇다고 생각한다. 이 과정은 뇌-마음의 우반구-좌반구-우반구 순환과 일치하는 방식으로 관심과 존중을 받고자 하는 대인관계 신경생물학적 욕구를 충분히 반영하고 있었기 때문이다.

끝으로, 아동의 사회적, 정서적 성장은 **놀이** 체계(모래상자 세계를 창조하는), **탐색하기** 체계(새로운 자극에 대한 자연스러운 호기심), 그리고 **돌봄** 체계(아동의 세계관에 관심을 갖고 지켜보며 반영해 주는 성인과 이러한 성인의 모습을 보고 배우는 아동)가 함께 작용했기 때문에 가능했다는 것을 강조하고자 한다. 이제 놀이 집단에서 자신이 만든 세계에 대해 이야기를 하면서 눈에 띄는 변화를 보인 Jack의 사례를 살펴볼 것이다.

🗣️ 보석과 함께 떠나는 Jack의 여행

Jack의 집단에 참여했던 모든 아동에 대해 많은 이야기를 할수 있지만, 12주간의 프로젝트가 진행되는 동안 Jack이 집단에서 말했던 이야기를 중심으로 설명하는 것이 이 장의 목적에 보다 부합될 것이다. Jack은 특수교육 대상자로, 학업적·행동적 문제는 심각한 수준이었다. 처음 만났을 때 Jack은 다소 수줍어하고 집단 내에서 철수된 것처럼 보였다. 첫 회기에서 Jack은 나에게 바다를 만들고 싶다고 말했다. 모래상자 놀이 경험이 전혀 없었던 Jack은 모래상자에 물을 부으면 모래를 다루기 어려워진다는 사실을 알지 못해 많은 물을 사용했고 그 결과 원하는 대로 해안선을 만들 수 없었다. 그럼에도 불구하고 Jack은 꽃과, 조개, 다양한 종류의 물고기, 반짝이는 돌(수족관에서 흔히 볼 수 있는)을 사용하여 열심히 바다를 만들었다. Jack이 바다를 무너지지 않게 하려고 애를 쓸수록 모래상자는 더 지저분해졌다. Jack은 계속해서 물을 부었고, 결국 바다는 모든 요소가 뒤섞여 있는 원생액*처럼 변했다. 마치 모든 것이 혼란스러운 난장판 같았다. 우리는 회기가 끝나기 20분 전쯤 원하는 아동에 한해 자신이 만든 세계에 대해 이야기를 하게 했다. 자신의 세계에 대해 이야기하기를 원하지 않는 경우, 그냥 넘어갈 수 있다. Jack의 차례가 돌아왔지만, Jack은 이야기를 하지 않겠다고 했다.

두 번째 회기부터 모래상자에 사용할 수 있는 물의 양에 제한을 두기로 했다. 첫 번째 회기가 끝난 후 모래상자를 정리하는 과정에서 원하는 만큼 물을 사용하게 내버려 두면 아동이 모래를 다루기 어려워진다는 사실을 깨달았기 때문이다. 아동들에게 모래상자에 한 병의 물만 사용할 수 있다는 것을 설명하자 Jack은 놀란 듯 보였다. Jack은 무엇을 만들지 결정하지 못한 채 불안해했다. 피겨가 놓인 선반 앞에서 이리저리 오가며 피겨를 모래상자에 놓았다가 다시 선반에 되돌려놓기를 반복했다. 시간이 지나면서 Jack은 커다란 동물 인형을 사용하기 시작했고, Jack은 점차 안정을 찾는 듯했다. 여전히 불안해 보였지만, 다른 아동보다 5분 먼저 작업을 끝마칠 수 있었다. 이야기를 하는 시간이 되었을 때 Jack은 단 두 마디의 말을 했다. "라이언 킹"

Jack의 세 번째, 네 번째 모래상자는 다소 혼란스럽고 발달적

---

* 역자 주: 원생액(primordial soup)은 지구상에 생명을 발생시킨 유기물의 혼합 용액을 말한다.

으로 미성숙해 보였다(예: 특별한 주제 없이 여러 대의 자동차를 줄 세워 놓기). 이 두 회기 동안 Jack은 자신이 만든 세계에 대해 거의 이야기를 하지 않았다. 다섯 번째 회기의 모래상자 역시 여전히 혼란스러워 보였지만, Jack은 집단에서 다음과 같은 이야기를 했다. "여기는 부자 마을이에요. 사람들이 마을을 무너뜨리고 있어요."

Jack은 힘겨운 시간을 보내고 있었다. 사용할 수 있는 물의 양을 제한한 것이 Jack을 힘들게 하고 있다는 것을 알고 있었기 때문에 Jack과의 개별 회기를 통해 물과 관련된 이슈를 다루기로 했다. 나는 몇 가지 다른 종류의 모래상자를 갖고 있었고, 모래가 담겨 있는 상자와 모래가 없는 상자, 그리고 물을 담을 수 있는 작은 통을 준비했다. 나는 Jack에게 원하는 만큼 물을 사용할 수 있다고 말해 주었다. Jack은 상자의 바닥을 덮을 정도로 모래를 담은 후 그 위에 천천히 물을 부었다. Jack은 바닷가에 등대를 놓고 보트를 정박시켰다. 그 외에도 첫 회기에 바다를 만들 때 사용했던 것과 동일한 피겨들을 놓았다. 이번에는 육지와 바다를 구분 짓는 해안선을 만들 수 있었다. 첫 번째 바다와는 분명히 달랐으며, Jack은 분명 행복해 보였다.

여섯 번째 회기는 크리스마스 휴가가 끝난 직후에 실시되었다. 계절에 맞게 Jack은 바닥 타일 조각을 사용하여 구유가 있는 장면을 만들었다. Jack은 많은 작은 나무, 관목림, 예수 탄생과 관련된 다양한 피겨, 그리고 앞선 두 회기에서 바다를 만들 때 사용했던 반짝이는 보석을 사용했다. 이 회기에서 Jack은 짧은 이야기를 들려주었다. "마리아와 요셉이에요. 여기는 부자 마을

인데, 아무도 그 사실을 몰라요."

Jack은 상당히 열심히 모래상자를 만들었다. 나는 Jack이 자신이 만든 상자에 대해 언어적으로 표현할 수 있는 능력이 어느 정도 되는지 궁금해졌고, 다시 한번 Jack과 개별 회기를 갖기로 했다. 여섯 번째 모래상자를 촬영한 여러 장의 사진을 펼쳐 놓고 Jack에게 이 사진들에 대해 이야기를 해 줄 수 있는지 물었다. Jack은 구유 장면의 사진을 선택하여 다음과 같은 이야기를 들려주었다. Jack은 이야기를 끝마치고는 이야기를 묘사하는 그림을 그렸고 그 그림에 제목을 붙였다.[1](나는 어떠한 지시도 하지 않았다.). "산"

"옛날 옛적 산속에 부자 마을이 있었어요. 하느님은 거기에서 태어났어요. 거기에는 커다란 검은 문이 있었는데, 어느 누구도 그 문을 열고 들어가지 못해요. 그런데 사실은 그곳으로 들어갈 수 있는 길이 있어요. 길은 지붕 구석에 있어요."

"그곳에는 작은 강이 있어요. 사람들은 강물을 마셔서 죽지 않고 살 수 있어요. 동물도 있어서 잡아먹을 수도 있어요."

"그곳에는 작지만 값비싼 돌멩이가 있어요. 그들이 돌멩이를 가지고 도시로 가서 사람들에게 5달러에 팔았어요. 사실 돌멩이의 값은 1,000달러지만, 사람들은 그 사실을 몰랐어요. 그렇지만

---

1) 나는 아동(혹은 성인)에게서 언어적 자료를 이끌어 내기 위한 성급한 시도(제목을 물어보는 것과 같은를 하지 않도록 주의한다. 이러한 시도는 오히려 내담자를 우반구 처리 과정에서 멀어지게 할 수 있기 때문이다.

그들이 몰랐으니까 괜찮아요. 그것이 그 사람들이 살아가는 방식이에요."

그다음 주에(일곱 번째 회기) Jack은 자동차와 황금, 보물을 사용하여 모래상자를 꾸몄다.

회기가 끝날 때쯤 Jack은 모래상자의 피겨를 가지고 혼란스럽게 놀기 시작했고, 다음과 같은 이야기를 했다. "사람들이 황금과 다른 것들을 훔치고 있어요. 경찰도 보물을 훔치고 있어요. 사람들이 황금 때문에 싸우고 있어요."

Jack의 그림
제목: '산'

이 시점에서 Jack은 모래상자에서 세 가지 다른 주제를 펼쳐 보이고 있었다. 하느님, 부(황금, 보물, 부자), 그리고 물에 대한 욕구. 신적인 에너지는 구유 장면을 만들었을 때 처음 등장했지만, 물과 '값비싼 작은 돌멩이'(수족관에 있는 돌)는 처음부터 있었다. 집단 모래상자 과정에서 흥미로운 것 중 하나는 아동은 물론 성인 역시 타인의 주제를 자기만의 방식으로 반영한다는 것이다. Jack의 집단에서도 이러한 현상이 일어났는데, 여덟 번째 회기에서 특히 두드러졌다. 이 회기에서도 Jack은 여전히 신과 부와 관련된 주제를 다루고 있었다. 다른 아동들도 신과 황금과 관련된 모래상자를 만들었다. Stuart는 모래상자를 보물로 가득 채우고는 자신이 제일 부자라고 말했다. 이 회기에서 Jack은 상당히 흥미로운 모래상자를 만들었는데, 부정적인 의미를 담고 있었지만 독창적인 방식으로 하느님의 힘에 대한 생각을 전달했다. Jack은 이전에 비해 이야기를 상세하게 정교화시켰다.

"이거는 하느님이에요, 열쇠가 있어요. 그 사람들은 열쇠를 사용해 밖으로 나갈 수 있다고 생각했지만, 열쇠는 진짜가 아니었어요. 그 사람은 전기에 감전됐어요. 전기로 몸이 구워졌는데, 머리만 멀쩡했어요. 하느님이 그 사람을 감전시키라는 명령을 내렸어요."

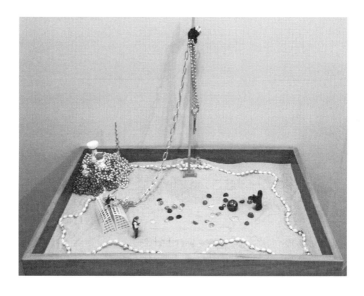

Jack의 모래상자: 전기에 감전시키라는 메시지를 보낸 하느님

아홉 번째 회기에서 Jack은 보물상자가 넘쳐나도록 보석을 담고는 보물상자의 뚜껑 위에 나비가 앉아 쉬고 있는 평화로운 장면을 만들었다. 물과 보석으로 가득 찬 작은(플라스틱) 연못 가까이에서 사슴들은(수컷 사슴, 암컷 사슴, 두 마리의 새끼 사슴) 풀을 뜯고 있었다. Jack은 자신이 만든 모래상자에 만족하는 것 같았다. 모래상자에 대한 이야기는 하지 않았다.

Jack은 열 번째 회기에 참여하지 않았다. 결석한 아동이 있는 경우 집단 내에서의 아동의 공간을 지켜주기 위해 아동의 이름이 적힌 명찰을 모래상자에 넣어 둔다. 은유적인 의미에서 아동이 물리적으로 함께 하지 않더라도 집단에서의 아동의 존재는 특별하다는 것을 전달하기 위한 것이다. 우리는 아동을 마음속에 담아 두고 있는 것이다.

다음 회기에서 Jack은 물병을 사용하여 모래를 뿌리고는 2개의 보물상자와 말이 끄는 마차를 가지고 격한 놀이를 했다. 1개의 보물상자는 모래 속에 반쯤 묻어 두고 다른 보물상자를 그 위에 올려놓았다. 위에 놓여 있는 보물상자에는 보물이 넘쳐 나고 있었다. 이야기는 단 한 문장으로 끝났다. "그들이 보물을 도시로 가져가고 있어요." 이 문장을 말하고 모래상자로 다가가 마차의 뚜껑을 벗기자 값비싼 돌멩이들이 모습을 드러냈다. Jack은 6회기의 구유 장면에서 '값비싼 작은 돌멩이'를 도시로 가져가 실제 가격보다 훨씬 싼 가격에 팔았다는 이야기를 통해 이미 이 모래상자에 대한 예고편을 우리에게 들려주었다.

마지막 회기에서 Jack은 물과 관련된 주제를 보다 직접적으로 드러냈다. 회기가 시작하자 12cm 정도 되는 파란색 플라스틱 깔때기를 가져 와서 테이프를 붙여 달라고 했다. '동물을 위한 연못'을 만들고 싶다고 했다. 정말 물을 담을 것인지 의문스러웠지만 Jack의 창조적인 시도를 지지해 주고 싶었기 때문에 테이프를 붙여 깔때기의 끝을 막아 주었다. Jack은 모래상자의 오른쪽에는 여러 종류의 식물을 사용하여 울창한 풀숲을 만들었고 그 안에 연못(테이프를 붙인 파란색 깔때기)을 놓았다. 이 연못은 실제로 물을 담을 수 있었다. 왼편에는 한 그루의 야자수만이 덩그러니 남아 있는 사막을 만들었다. 그리고는 자신이 만든 세계에 여러 마리의 공룡을 가져다 놓았다. 공룡들은 분명 사막에서 나와 풀숲을 향하고 있었다. 이 이야기를 통해 Jack은 물과 관련된 이슈, 즉 동물(공룡)에게 충분한 물을 공급하지 못하는 환경과 관련된 문제를 어떻게 극복했는지를 분명히 보여 주고 있었다. Jack은 말했다. "공룡들은 물이 있는 곳을 향해 이동하고 있어요. 티라노사우루스는 이 공룡들이 물을 마시지 못하게 했어요. 하지만 목이 길기 때문에 물에 닿을 수 있어요." 사용할 수 있는 물의 양을 제한했음에도 Jack은 목이 마른 동물에게 물을 제공하고, 지속적으로 물을 공급하기 위해 물을 담아 둘 수 있는 방법(깔때기에 테이프를 붙여)을 찾아냈다.

이 이야기는 분명 자기 가치감을 찾기 위한 어린 소년의 험난한 여정을 보여 주고 있다. Jack은 부족한 자원과 하느님으로부터 벌을 받을지도 모른다는 극심한 공포와 같은 삶의 걸림돌을 은유적으로 극복해 냈다. 상세한 언어적인 묘사가 부족하고 때로는 문법적으로 맞지 않는 문장을 사용하기는 했지만, Jack의 이야기는 풍부한 무언의 이미지로 가득 차 있었으며, Jack의 정신이 필요로 하는 바로 그 내용을 담고 있었다. Jack은 보석을 보관하고 옮길 수 있는 방법을 찾아냈다. Jack은 맨 처음 경계가 없는 원시적 바다에 있었던 보석을 마차에 실어 도시로 옮길 수 있었다. 또한, Jack은 보석이 얼마나 값진 것인지 이해할 수 있게 되었다. 다른 사람들은 여전히 보석의 가치를 과소평가하지만, Jack은 도시의 사람들은 단지 그 가치를 모르고 있다는 것을 수용할 수 있었다. 분명히, Jack은 보석과 함께한 그의 여행, 그리고 이 여행을 옆에서 지켜봐 주었던 우리를 통해 자신 안의 보물을 발견하고 내면화시켰으며, 결국 자신의 가치를 수용하기에 이르렀다.

꿈의 의미를 이해하듯이 Jack의 모래상자 이미지를 숙고해 본다면, Jack은 (그리고 목마른 동물들은) 물을 마실 수 있는 환경(울창한 숲)으로 옮겨 가고자 했다. Jack은 원하는 것을 찾기 위해 스스로를 적응시킬 수 있었다. 하느님과의 만남은 전기충격과도 같았다. 놀이 속에서(교감신경계의 활성화) Jack은 하느님으로부터 벌을 받게 될지도 모른다는 압도적인 두려움을 조절할 수 있었다. 이는 놀이라는 사회적 상호작용을 통해 또래와 학교 상담사와 나의 얼굴 표정을 확인하고, 결국 하느님의 전기충격은 '그냥 놀이'일 뿐이라는 것을 확신하게 되면서 가능할 수 있었다.

이 모든 해석은 나의 은유적 사색에서 온 것이지만, 확실한 것은 학교에서의 Jack의 행동에 분명한 변화가 일어났으며, 학업적인 면에서도 또래들을 따라잡을 만큼 많은 향상이 있었다는 것이다. Jack은 보석과 함께 은유적 여행을 마쳤다. 그 여행은 미분화되고 혼란스러운 바다에서 땅속에 묻혀 있는 보물상자로, 그리고 보석이 넘쳐나는 땅 위의 보물상자로, 그리고 마침내 보석의 가치가 인정되는 도시까지 이어졌다. Jack은 또한 자신이 원했던 물을 가질 수 있는 방법을 찾아냈다. Jack은 관계성과 안전을 최우선으로 여기며 사회적인 연결이 이루어지는 우정집단 안에서 여행을 시작하고 끝마칠 수 있었다. 우리는 Jack에게 Jack의 부정적 행동과 나쁜 성적에 관해 아무런 말도 하지 않았다. 그러나 Jack은 자신의 문제 영역이 변화하고 있음을 깨달았을 때 자신의 달라진 행동과 학업적 성취에 대해 나에게 말하고 싶어 했다. Jack에게 있어 이러한 변화는 놀이 집단에 참여한 결과일 수 있다. 이는 Jack이 나에게 한 말에서 분명히 드러난다. "집단 활동을 시작한 이후로 나는 더 이상 말썽을 피우지 않게 됐어요." Jack은 또 말했다. "나는 이제 학교 공부를 따라갈 수 있게 되었어요."

　놀이 집단이라는 구조를 통해 Jack은 McGilchrist(2009)가 언급했던 분리된 뇌를 관통하는 우반구-좌반구-우반구 순환을 진행시킬 수 있었다. 놀이라는 형식을 통해 Jack은 각 회기를 우반구에서 시작할 수 있었다. 피겨와 모래를 사용한 신체적 놀이 활동에 참여하면서 Jack의 뇌는 삶의 경험을 상세하게 그려 낼 수 있게 되었다. 모래상자를 만들 때마다 Jack은 '무언의 이야기'를 시각적 이미지로 형상화하고 신체적으로 느낄 수 있었다. 이러한 과정을 통해 자연스럽게 좌반구로 가는 길이 만들어졌다. 좌반구에서는 시각적 이미지와 느껴진 경험들이 내러티브와 다른 분석적 과정을 통해 언어적으로 '펼쳐지게 된다.' Jack과 다른 모든 아동들은 놀이 속에서 자신들이 창조해 낸 세계를 설명하고 공유하기 위해 언어를 필요로 하는 것 같았다. 특히, 다른 사람들이 자신들의 언어를 판단하거나 비판하지 않는다는 것을 깨닫게 될 때 더욱더 언어를 원하게 되는 것 같았다.

상담사와 나는 아동들과 상호 주관적 관계를 형성했다. 이는 아동들의 이야기를 지켜보고 그들의 은유, 말의 리듬과 톤(운율)을 반영해 줌으로써 가능했다. 우리는 아동이 느끼고 있는 것을 우리도 느끼고 있다는 것을 아동에게 알려 주고자 했다. 아동이 자신의 세계를 드러낼 때마다 이를 면밀히 따라갔다. 우리는 좌반구의 내러티브에 대한 재현을 재고하게 만드는 어떠한 '가르침'이나 지침도 주지 않기 위해 노력했다. 우리는 창조적 과정(혹은 McGilchrist, 2009가 제안한 우반구−좌반구−우반구 순환)을 충분히 지원하고자 했다.

상호 주관성의 영역에서 아동의 좌반구 내러티브와 공명을 이루었다면, 아동들은 ('느껴진' 경험을 통해) 좌반구의 내러티브는 '알아차리기'의 훌륭한 도구라는 것을 알 수 있었을 것이다. 스토리텔링을 하는 동안 '알아차리기'를 통해 자기 자신과 서로에 대한 이해가 가능해질 수 있다. 이러한 공유된 활동을 통해 아동은 자신의 삶의 경험을 이해하고 우반구로 되돌아갈 수 있었다. McGilchrist(2009)가 설명한 대로 우반구에서는 은유를 활용하여 가장 높은 수준의 처리 과정을 수행한다. 이제, 우리는 전체의 맥락에서 우리 삶의 의미를 만들어 나갈 수 있게 된 것이다.

다음 장에서는 스토리텔링의 신경생물학에 대해 보다 자세히 탐색하고자 한다. 치료사로서, 부모로서, 그리고 교사로서 이야기하는 것을 사랑하는 뇌, 혹은 Damasio(1999)의 묘사에 의하면 이야기하기에 대한 뇌의 '집착'과 어떤 방식으로 협력해 나가면서 우리 자신을 구성해 나갈 것인지에 대해 다룰 것이다. 언어적 내러티브는 언어 없이 이루어지는 스토리텔링에 그 기원을 둔다는 것을 기억하면서 제1장에 소개되었던 Alice를 다시 만나게 될 것이다. 우리는 Alice의 말이 없는 이야기를 통해 고아원에서의 생후 첫 10개월 동안의 이야기를 듣게 될 것이다. Alice는 이 이야기를 어머니의 심장박동 소리를 듣는 병원 놀이를 통해 우리에게 들려주었다.

제 **10** 장

스토리텔링 놀이의
대인관계 신경생물학

제1장에서 소개한 Alice를 처음 만났을 당시, Alice는 이제 막 6세에 접어들고 있었다. Alice는 늑대와 돌고래 손인형, 입에 지퍼가 달린 악어 인형을 가지고 놀이를 하며 치과 수술로 인한 외상과 학교에서 말을 하는 것이 힘든 이유에 대해 이야기했다. 놀이를 하면서 Alice가 사용할 수 있는 단어는 많지 않았다. 그러나 Alice는 분명히 즐거워하며 안도하고 있었고, 우리는 행위를 통해 이야기를 공동 구성해 나갈 수 있게 되었다.

Alice의 초기 성장 과정을 이해하고 마음 깊이 느끼면서 마음의 여러 수준을 통해 Alice의 내러티브를 받아들일 수 있게 되었다. 나는 좌반구를 통해 Alice가 외상을 다루고 있다는 것을 이해할 수 있었다. 또한, 외상에 대한 이야기를 하면서 촉발된 깊은 신체적 두려움을 다루기 위해 **놀이** 체계가 작동되면서 Alice의 신경계(교감신경과 복측 미주 부교감신경)가 함께 협력하고 있다는 것을 알 수 있었다. 이는 우반구를 통해 느낀 것이다. 나의 사회적 회로는 '가장' 놀이를 하며 즐거워하고 있는 Alice에게 맞춰져 있었다. 이러한 공명을 통해 Alice의 뇌는 암묵적인 외상 기억이 저장되어 있는 신경 회로를 활성화시킬 수 있었다. 놀이의 안전함과 조율된 관계 속에서 우반구 모드의 정서적 · 행동적 반응을 통해 치과 수술과 연합된 공포 및 유기와 관련된 신경망이 열릴 수 있게 되었다. Alice의 외상에 대한 체화된 경험(각성 범위 내에서의) 그리고 안전감을 제공하며 동반자로서 함께하는 나의 체화된 경험이 공존하는 그 순간 신경 회로가 열리면서 깊이 뿌리내린 신경망을 수정할 수 있는 조건이 만들어졌다(Ecker et al., 2012). 외상의 공포가 활성화되는 바로 그 순간 안전한 존재와 함께하는 것을 **불일치하는 경험**(disconfirming experience)이라고 한다.

이 장에서는 Alice의 초기 외상에 대한 이야기를 따라가면서 놀이 내러티브에 대한 탐색을 심화시키고자 한다. 이러한 맥락에서 변화하는 암묵기억의 과학과 스토리텔링 놀이, 즉 언어를 통해 표현되는 이야기와 언어가 없는 이야기가 이 과정에 어떻게 도움이 되는지를 살펴볼 것이다.

Alice는 손인형 놀이를 하며 언어를 사용하여 '치과 수술'에 대한 이야기를 했다. 그러나 최초의 외상 이야기에는 아무런 언어도 사용되지 않았다. Alice에게는 오직 암묵기억만이 있을 뿐이었다. 그럼에도 불구하고 어머니가 놀이실로 들어와 함께 작업하는 단계에 이르렀을 때 Alice는 사람들로 혼잡했지만 돌보아 줄 사람은 부족했던 고아원에서의 10개월간의 이야기를 보여 주었다. Alice는 놀이를 통해 말없이 그 이야기를 들려주었고 이야기 속에 어머니와 나를 참여시켰다. 나는 이 이야기가 얼마나 중요한지 알게 되었다. 이 이야기를 통해 Alice의 문제 행동의 기저를 이루는 암묵적인 정신 모델이 드러났기 때문이다.

학교에서 Alice는 말을 하기 시작했고 거의 문제를 일으키지 않았다. 그러나 부모와 두 형제는 Alice의 행동으로 힘겨워하고 있었다. Alice는 목욕하기, 이 닦기, 어머니가 등을 어루만지게 하기, 동화 듣기, 안아 주기 순서로 진행되는 잠자리 의식을 고집했다. 언제든 주방에서 스낵을 먹을 수 있었지만, 침실에 음식을 감춰 두곤 했다. 반려견을 발로 차고, 가족의 규칙을 빈번히 위반했다. 때로 Alice는 모범생처럼 행동하기도 했다. Alice는 매력적이었으며, 다행스럽게도 주변의 어른들은 Alice를 명랑한 아이라고 생각했다. 그러나 대부분의 또래들은 Alice를 무시했고, Alice 역시 그들을 무시했다. Alice는 관계를 유지하는 데 필요한 주고받음의 규칙에 서툴렀기 때문이다. 부모는 Alice에게 헌신했지만, Alice는 부모로부터 받은 만큼 되돌려주지 못하는 것 같았다. 어머니(Murray 부인)는 다른 두 자녀(생물학적인 친자녀)와의 관계와 비교해 볼 때, Alice와의 관계에서 '공허함'을 느낀다고 말했다. 다른 두 자녀는 발달적으로 적절히 성장하고 있었다.

치료 초기 단계부터 Alice의 행동을 공동-조절하고 애착 관계를 강화시키기 위해 어머니와 나는 다양한 전략을 갖고 다각적인 접근을 취했다. 상호 주관성(어머니와 Alice가 같은 의도를 가지고 함께 활동을 할 때 Alice가 느끼는 것을 어머니도 느낄 수 있다는 것을 Alice가 알게 하는 것)에 대한 어머니의 이해를 심화시키고, 애착 이슈를 다루기 위해 어머니를 놀이치료 회기에 참여시켜 Alice를 도울 수 있도록 코치했다. 이는 어머니와 Alice의 애착 관계를 강화시키기 위한 과정이었다. 어머니는 높은 교육 수준과 Alice를 돕고자 하는 강한 열의를 갖고 있었다. 치료 회기 동안 어머니가 Alice와의 관계 놀이에 접근할 수 있도록 도왔지만, 놀이는 힘겨웠고 한편으로는 매우 슬프기도 했다. Alice는 어머니와의 놀이에서 상당히 유아적인 욕구를 드러냈으며, 이러한 놀이는 생후 첫 10개월 동안 Alice가 심각한 '모성 결핍'을 겪었다는 것을 이야기하고 있었다. 이제 그 이야기를 시작해 보고자 한다.

손인형 놀이 회기가 끝나고 얼마 지나지 않아 나는 Alice와 어머니에게 드럼 놀이를 소개했다. 나는 '진짜' 청진기와 3개의 드럼을 준비했다. 이즈음 Alice는 내가 '진짜' 의사가 아니며, 실제로는 자신에게 주사를 놓지 않는다는 사실을 알게 되었다. 따라서 실제 청진기를 가지고 놀이를 해도 별 무리가 없을 거라고 판단했다. 나는 청진기를 어머니에게 건네주고 Alice의 심장박동 소리를 들어 보라고 했다. 청진기로 Alice의 심장박동 소리를 들으며 그 리듬에 맞춰 다른 한 손으로 박자를 두드리게 했다. 어머니가 박자를 두드리는 것을 보면서 드럼을 연주하기 위해서였다. 나는 Alice의 심장박동에 맞춰 부드럽게 드럼을 치며 말했다. "Alice, 네 심장은 이런 리듬으로 두근거리고 있어. 네 심장은 이렇게 뛰고 있단다." 어머니가 손바닥으로 바닥을 쿵쿵 치면, 나는 그에 맞춰 드럼을 쳤다. 나는 Alice도 자신의 심장박동에 맞춰 드럼을 두드리게 했다. Alice도 드럼을 쳤고, 나는 어머니에도 드럼을 주며 놀이에 함께 참여하게 했다. Alice와 어머니가 Alice의 심장박동에 맞춰 드럼을 치는 동안 나 역시 계속 드럼을 연주했다. Alice는 엷은 미소를 지었다.

나는 "좋아요, 이제 바꿔 봐요."라고 말했다. 우리는 드럼을 교환했고(각각의 드럼은 조금씩 차이가 있었다.), 어머니는 Alice에게 청진기를 건네주었다. 나는 Alice에게 실제 청진기를 사용하면 소리가 증폭되어 들리기 때문에 청진기의 청진판에 대고 큰 소리를 내면 안 된다는 것을 설명해 주었다. 또한 청진기를 귀에 꽂고 있는 경우, 청진판을 손에 쥐고 있는 식으로 잘 잡고 있어야 한다고 말해 주었다. Alice는 설명을 이해하는 듯했고, 대부분의 지시를 잘 따랐다. (주의: 나는 아동이 실제 청진기를 가지고 노는 것을 허용하지 않는다. 잠재적인 청력 손상의 원인이 되므로, 엄격한 모니터링이 필요하다.)

우리는 어머니의 심장박동을 듣고 따라 하는 것을 반복했다. Alice는 특히 어머니의 심장박동 리듬에 매료되는 것 같았다. 나는 Alice가 아주 어린 아기, 심지어 자궁 속에 있는 아기가 된 것 같은 느낌으로 어머니의 심장박동을 듣고 있는 것은 아닌지 궁금했다. 우리는 대략 5분 동안 이 활동을 계속했다. 다음 회기에도 청진기를 사용했는데, Alice의 심장박동 소리를 먼저 들었다. 그 후 대략 20초 동안 Alice는 놀이치료실 밖의 복도를 이리저리 뛰어다녔다. 우리는 느린 심장박동(뛰기 전)과 빠른 심장박동(뛰고 난 후)에 맞춰 드럼을 연주했다. 나는 잠시 동안 Alice와 어머니에게 우리의 몸에서 일어나고 있는 일을 심장이 뇌에 어떻게 전달하는지에 대해 설명했다. 또한 긴 의식적 호흡을 통해 뇌에게 속도를 늦추고 진정하라는 메시지를 전달할 수 있는 방법에 대해 말해 주었다.

대부분의 놀이치료 회기에서 나는 아동의 주도를 따르지만, 때로는 내가 새로운 아이디어를 제안하고 아동이 이를 이해할 수 있는지 기다려 보는 것이 도움이 되기도 한다. 나는 Alice가 스스로를 진정시키는 전략을 발달시킬 수 있도록 도왔다. 너무 앞서가지 않기 위해 다음 회기에는 청진기와 드럼을 가져가지 않았다. 그러나 Alice는 이미 이 놀이에 빠져든 상태였다. Alice는 병원 놀이 세트를 사용하여 어머니의 심장박동을 듣는 놀이를 했다. 병원 놀이 세트에 들어 있던 혈압계를 발견하고는 어머니의 혈압을 측정하면서 시간을 보냈다. 이러한 놀이는 Alice와 어머니 간의 풍부한 신체 접촉을 가능하게 했다. 놀이 과정에서 Alice는 어머니의 볼을 만지기 시작했는데, 어머니의 얼굴에 손이 닿을 수 있다는 것을 알게 되어 기뻐하는 아기가 된 것 같았다. 나는 Alice에게 어머니가 Alice의 제스처로 인해 깜짝 놀라면서 동시에 깊은 감동을 받은 것 같다고 말해 주었다. 다소 불안정하지만 진정한 관계성이 시작되는 아름다운 이야기가 펼쳐지고 있었다.

어머니는 이전에 Alice가 신체 접촉을 아주 싫어하는 것 같다고 말했었다. Alice는 안아 주는 것을 좋아하지 않았고, 손을 잡는 것조차 원하지 않는 때가 많았다. 어머니가 Alice를 만지려고 하면 급히 손을 빼거나 어깨를 뒤로 젖히는 식으로 반응했다. 그러나 이번 회기에서 Alice는 어머니의 얼굴에 대해 아주 조금이지만 호기심을 보이는 것 같았다. 안전한 관계 속에서 Alice의 유아적 욕구는 다시 깨어났다. 스스로 준비가 되면서 어머니의 볼을 자유롭게 만질 수 있게 되자 고아원에 있는 동안 메말라 버리고 회피 모드를 형성했던 Alice의 애착 회로는 활성화되기 시작했다. 어머니는 Alice가 자신을 만지는 것을 기쁜 마음으로 받아들였고, Alice는 어머니와 연결되고 싶은 자신의 마음이 받아들여졌다는 것을 느끼고 볼 수 있었다. 이것은 Alice에게 정말 필요했지만, Alice가 아기였을 때는 불가능했던 것이었다.

어머니는 10개월이 된 Alice를 입양했을 때 Alice에게 우유를 먹일 때마다 고개를 돌리고 있어야만 했던 상황을 기억해 냈다. 혹은 우유병을 Alice 얼굴 옆에 받쳐 놓고 있었다고 회상했다. 입양했을 당시의 Alice의 뒤통수가 아주 납작했다는 사실을 함께 고려해 본다면, 이러한 행동에는 사연이 있는 것 같았다. Alice는 출생 후 10개월 동안 심각하게 방임된 상태에 있었다. Alice는 태어나서 6개월 동안 영아와 어머니 간에 이루어져야 하는 눈맞춤을 거의 경험하지 못한 것이 분명해 보였다. 또한 상호적 옹알이와 놀이도 거의 없었던 것 같았다. Daniel Stern(1977/2002)에 의하면, 상호적 옹알이와 놀이는 어머니와 영아 간의 '춤'으로 이 춤을 통해 전 언어 상태의 아기는 인간의 의사소통(리듬, 순서 주고받기, 다양한 템포, 상호작용의 시작/유지/종료 또는 회피)에 핵심적인 사회적 상호작용의 흐름을 배울 수 있다.

어머니의 얼굴을 만진 직후, Alice는 선반에서 소꿉놀이 세트를 꺼내 오며 "소풍 가요."라고 말했다. Alice는 두 사람 분량의 음식과 마실 것들을 준비했다. Alice는 요란스러운 소리를 내며 먹는 시늉을 했고, 어머니에게도 똑같이 하라고 요구했다. 어머니는 Alice의 요구를 따랐다. Alice는 과일을 가져 와 어머니의 입에 넣어 주었다. "여기요, 이거 먹어요." 그다음 Alice는 어머니에게 자신도 먹여 달라고 말했다. 단지 몇 분 동안이었지만, 이러한 다정한 주고받음이 오고 가는 것을 바라보면서 나는 깊은 감동을 받았다. Alice가 아기 같은 옹알이를 하며 먹는 시늉을 하면 어머니는 조용히 반영해 주었고, 이러한 활동을 하면서 Alice의 긴장이 완화되는 것 같았다. 우리는 영아에서 6세까지 다양한 발달 수준을 부드럽게 오고 가며 여러 이야기를 풀어냈다. Alice는 안전함을 느끼며 영아기의 언어가 사용되지 않은 이야기를 공유해 나갈 수 있었다. 이러한 과정을 통해 상호적 놀이를 할 수 있는 새로운 역량이 함께 발달해 나갔다.

어머니와 함께하는 놀이 과정에서 나는 Alice에 맞춰 조율하고 반영적으로 의사소통하는 방법에 대해 시범을 보였으며, 어머니에게 놀이실에서 최소한의 제한만을 설정하며 허용적인 환경을 만드는 것이 중요한 이유에 대해 설명했다. Alice가 어머니에게 특정한 방식으로 놀이하자고 요구했을 때, 나는 다음과 같이 반영해 주었다. "너는 어머니가 네가 원하는 방식대로 해 주기를 원하는구나." 모델링과 코치를 통해 어머니는 민감하고 조율된 상태에서 Alice와 유연하게 상호작용하는 방법을 배워 나갔다. 영아와 같은 행동이 출현하는 경우, 어머니와 나는 더 많은 시간을 들여 조율의 중요성에 대해 논의했다. 이런 경우에는 영아에게 자연스럽게 맞춰 주는 것이 조율이었다. 그러나 거의 7세가 다 되어 가는 Alice가 영아의 행동(옹알이, 까꿍 놀이, 영아가 하는 방식의 접촉 등)을 보일 때는 섬세한 균형감을 갖고 반응하는 것이 중요했다. 어머니는 Alice가 보이는 영아기적 행동을 잘 다룰 때도 있었지만, 때로는 어색해하며 혼란스러워하기도 했다. 우리는 Alice가 집이나 공공장소에서 이러한 놀이를 요구했을 때 어떤 식으로 행동을 담아내야 하는지에 대해 이야기를 나누었다. 이런 경우, 서로가 납득할 수 있는 수준의 제한과 함께 Alice에게 특별한 시간과 장소를 제공해 주는 것이 필요했다. 또한 Alice가 영아기적 행동을 시작했을 때 Alice의 몸은 어떤 느낌을 경험하고 있는지에 대해 함께 탐색하기도 했다.

대략 4개월 동안 Alice는 어머니와 함께하는 놀이에 빠져 있었다. Alice는 다양한 놀이 주제와 놀이 형태를 보였으며, 함께 놀이를 할 때면 어머니의 행동을 직접적으로 주도했다. Alice는 특히 어머니와 모래상자 만드는 것을 좋아했다. Alice는 자동차와 경주용 트랙을 자주 사용하였으며, 이 놀잇감을 어떻게 가지고 노는지 그리고 어떤 소리를 낼 수 있는지 어머니에게 보여 주곤했다. 나는 어머니와 Alice의 놀이를 지켜보고 반영해 주며 조율된 의사소통을 하는 방법을 보여 주면서 어머니가 Alice를 느끼고 있다는 것을 알 수도 있도록 도왔다. 복측 미주신경의 이완 상태에서 거울 뉴런과 공명 회로는 상대방이 느끼고 있는 것을 받아들여 눈빛과 음성, 신체 언어를 통해 비언어적으로 그 느낌을 반영해 준다. 나는 어머니가 이러한 반영적 반응을 할 수 있도록 격려하고 코치했다. 어머니는 이러한 특별한 의사소통에 대한 Alice의 바람을 이해하고 있었으며, 실제로 이러한 의사소통을 해내고 있었다. 어머니와 Alice의 몸과 서로에 대한 행위에는 상호 연결에 대한 새로운 경험적 내러티브가 분명히 출현하고 있었다.

　Alice와 함께한 모든 시간을 숙고해 볼 때 우리의 놀이에 대한 내 자신의 내러티브는 다음과 같다. 첫째, 나는 Alice의 고아원 이야기에 깊은 감동을 받았다. 물론, Alice는 그 시절에 대한 명시기억을 갖고 있지 않았다. 그러나 Alice는 생후 첫 10개월 동안 자신이 원했던 것 그리고 갖지 못했던 것을 우리에게 보여 주었다. Alice가 입양 가족으로부터 좋은 보살핌을 받고 있다는 것에 대해서는 분명 의심의 여지가 없었다. 그러나 Alice가 처음 이 가정에 왔을 때 그 어린 신경계는 친밀한 어머니-영아 놀이를 할 수 있을 정도로 준비되어 있지 않았고, 행동은 암묵기억에 철저히 사로잡혀 있었다. 관계 맺기를 원했지만 실패했던 경험으로부터 생겨난 거부와 무기력이 Alice 안에 깊이 자리 잡고 있었으며, Alice는 친밀한 인간적 의사소통을 통해 상호작용하기를 원했던 입양 가족으로부터 스스로를 방어하고 해리시켰던 것이다. 영아의 해리는 조용함으로 오인되기 쉽기 때문에 Alice는 이런 전략을 계속 유지할 수 있었을 것이다. 아마도 Alice의 부모는 Alice가 너무 오랜 시간 동안 과소각성의 상태에서 무기력하게 누워 있었다는 것을 이해하지 못했을 것이다.

그 외에 언어 지연과 같은 다른 발달적 문제가 우선시되면서 생의 초기에 이루어졌어야 하는 영아-어머니 간 놀이의 춤에 대한 관심은 뒤처지게 되었다. 그러나 열망은 결코 사라지지 않는다. 마침내 Alice는 생의 초기 경험에 대한 무언의 이야기를 말할 수 있는 기회를 갖게 되었다. 이 내러티브는 매우 강력했다. Alice가 세상을 헤쳐 나가는 과정에서 발달시킨 정신 모델의 핵심을 형성했기 때문이다. 그러나 불행히도 이 모델에는 인간 의사소통의 상호적 패턴이 담겨 있지 않았다. 이는 Stern(1977/2002)이 기술한 대로 생후 첫 6개월 동안 이루어야 할 발달 과제였다. 이것은 언어가 없는 우반구의 이야기였고, 따라서 우리는 우반구를 통해 Alice와 상호작용해야 했다. 또한 놀이 과정에서 발생할 수 있는 다양한 상황에 대해 적절한 직관적 결정을 내리기 위해서는 좌반구를 통해 Alice의 성장 과정을 이해하고 근거에 기반한 과학적 지식을 적용해야 했다. 우리는 사회적 관계성에 대한 Alice의 깊은 생물학적 열망에 지속적으로 조율해 나갔다.

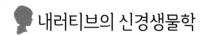

내러티브의 신경생물학

Bonnie Badenoch(2011)는 스토리텔링 내러티브의 생물학적 특성에 대해 다음과 같이 설명하고 있다.

인간은 이야기하는(storytelling) 존재이다. 우리의 유전자에는 의미를 탐색하는 경향성이 이미 각인되어 있다. 뇌는 우리로 하여금 경험을 의미 있게 만들고, 갈등을 해결하며, 미래를 준비하게 한다. 이러한 뇌의 활동은 우리가 경험을 언어로 표현할 수 있어야만 가능한 것은 아니다. 우리가 살아온 역사와 관련된 신경망들을 함께 엮는 내적인 과정은 계속되며, 이는 앞으로 우리가 하게 될 것에 영향을 미친다. 이러한 과정은 의식적 인식의 수준 아래에서 일어난다(p. 83).

Badenoch(2011)는 Raichle(2010)의 연구를 인용하여 우리가 과거의 역사를 이해하고, 미래를 준비하는 데 있어 뇌의 내적인 연결 짓기 과정에 필요한 에너지에 대해 설명하였다. 스토리텔링 과정에서 과거와 미래를 엮는 현재의 순간은 심지어 우리가 다른 과제로 인해 분주한 순간조차 언제나 계속된다. Badenoch(2011)는 이러한 통합 과정과 관련된 회로를 다음과 같이 정의했다. ① 내측 두정엽(개인적 경험과 관련된 사건의 기억을 담당하는 영역), ② 내측 전전두피질(자기 반영 및 자서전적 기억과 관련된 영역), 그리고 ③ 후대상피질(뇌의 뒤쪽 가까이에 위치한 통합 영역).

연구자들(Gusnard & Raichle, 2001; Raichle, 2010)은 이러한 회로를 "디폴트 네트워크(default network)"*라고 지칭했다. 우정 집단에서 실시한 모래상자 놀이를 돌이켜보면(제9장 참조), 디폴트 네트워크는 아동들이 함께 놀이하는 시간 동안 계속 활성화되어 있었다. 우리는 아동들에게 침묵하며 모래상자를 만들라고 지시하지 않았다. 왜냐하면 이러한 요구는 집단 놀이 과정에 적절하지 않다고 느꼈기 때문이다. 아동들은 놀이를 하면서 온갖 이야기를 했다. 아동들은 가장 최근에 본 영화나 운동장에서 했던 이야기들을 함께 나누었다. 아동들은 이야기를 하면서 손으로는 모래로 그들의 세계를 만들었고, 공식적인 스토리텔링 시간 동안에 아동들이 한 이야기는 자유 놀이 시간에 '재잘거린 내용'과는 아무런 관련성을 갖지 않았다. 아동들의 내러티브는 그들의 삶의 역사를 상당히 정확하게 은유적으로 드러내며 점차 깊어졌다. 우리는 아동들이 놀이하는 동안 디폴트 네트워크의 내적인 연결 짓기 과정이 지속되는 것을 지켜볼 수 있었다. 생각해 보면, 아동들이 그들의 삶의 역사 속으로 깊숙이 들어갈 수 있었던 이유 중의 하나는 좌반구가 또래와의 상호작용 속에서 일어나는 대화에 관여하는 동안 우반구가 자유로워지면서 몸으로 모래상자 놀이를 하는 과정에서 주도권을 가질 수 있게 되었기 때문이다.

Jung(1989/1961)은 스토리텔링 뇌의 신경생물학에 대해 직관

---

* 역자 주: 디폴트 네트워크(default network): 개인이 수행해야 할 과제가 없을 때 활발해지는 뇌의 영역으로, 휴지 상태 네트워크(rest state network)라고도 한다.

적으로 이해하고 있었던 것이 분명하다. Jung은 그의 자서전 『Memory, Dreams, Reflections』**에서 자신의 경험을 통해 체화된 놀이의 중요성에 대해 설명한 바 있다. 성인기의 힘겨운 혼란의 시기 동안 Jung은 어린 시절의 놀이를 다시 하기로 의식적인 결정을 내렸다. 11세경에 했던 놀이로 돌과 진흙, 다른 자연물을 사용하여 집 근처의 호숫가에 탑을 쌓는 것이었다. Jung은 어린 시절의 창조성과 연결되고자 노력했다. Jung은 다음과 같이 기술했다.

나는 매일 점심 식사를 마치고 만들기 놀이를 했다. 식사가 끝나자마자 놀이를 하기 시작했고, 이 놀이는 내담자가 올 때까지 계속됐다. 일찍 업무를 마치는 날이면 저녁 시간 동안 다시 놀이에 몰두했다. 이러한 활동을 하면서 나의 사고는 명료해졌고, 내 안에서 희미하게 그 존재를 느낄 수 있었던 환상을 붙잡을 수 있게 되었다.

자연스럽게 나는 내가 하고 있는 것의 의미에 대해 생각했고, 스스로에게 묻게 되었다. "지금 나는 무엇을 하고 있는가? 나는 작은 탑을 만들고 있고, 마치 의식을 수행하는 것처럼 이 작업을 하고 있다." 내 질문에 대한 확실한 답을 찾지는 못했다. 오직 나 자신의 신화를 발견해 가는 길에 있다는 내적 확신만이 있을 뿐이었다. 만들기 놀이는 시작일 뿐이었다. 이 놀이를 통해 환상의 흐름이 열렸으며, 나는 이후에

** 역자 주: 『C. G. Jung의 회상, 꿈 그리고 사상』(2012)으로 출간되었다.

이에 대해 자세히 기록했다(pp. 174-175).

Jung은 어린 시절의 놀이로 돌아가는 것에 대해 한편으로는 어리석다고 느꼈지만, 동시에 그것이 얼마나 결정적인 영향을 미쳤는지에 대해 깨달았다. 그는 다음과 같이 말했다.

> 나는 어린 시절의 놀이로 돌아갈 수밖에 없었고, 그 당시의 유치한 놀이에 또다시 몰두하게 되었다. 이 순간은 내 인생의 전환점이 되었지만, 저항을 거듭한 후 체념한 상태에 이르러서야 이를 받아들일 수 있었다. 어린 시절의 유치한 놀이 외에는 아무것도 할 것이 없다는 것을 깨닫는 것은 고통스럽고 모욕적인 경험이었다(p. 174).

이러한 놀이 경험은 Jung의 삶에서 전환점이 되었으며 아동의 체화된 놀이가 갖는 지혜를 바라보는 새로운 관점(성인의 관점에서)을 열어 주었다. 아동은 Jung이 언어를 통해 표현하고자 하는 바를 직관적으로 알고 있는 것 같다. 놀이를 통해 자신의 길을 찾을 수 있다. 아동이 자신을 표현할 수 있는 안전과 자유를 갖게 되면, 디폴트 네트워크는 아동이 삶의 중요한 이야기를 할 수 있게 만든다. Alice가 바로 좋은 예이다. Alice는 자신의 핵심적 이야기를 우리에게 보여 주었다(말로 표현하지 않고 이야기했다.). Alice의 디폴트 네트워크는 분명 자신의 역할을 하고 있었던 것이다.

Badenoch(2011)는 내러티브와 관련된 뇌 회로의 또 다른 측면에 대해 다음과 같이 설명했다.

이 네트워크는 가능한 모든 것을 통합하려는 강한 속성을 갖고 있기 때문에 뇌의 전체적인 흐름으로부터 해리되어 있는 회로는 말 그대로 디폴트 네트워크의 순환으로부터 분리된 채 있다. 이는 매우 중요한 개념으로, 치료적 작업이 어떤 방향으로 나아가야 하는지를 시사한다 (p. 83).

우리가 Alice에게 조율하면서 Alice는 우리를 치료적 작업의 핵심으로 이끌었다. 놀이 주제를 주도하고 어머니의 놀이를 이끌어 가면서 Alice는 문제 행동의 원인이 되었던 고아원에서의 유기에 대한 암묵적 이야기를 우리에게 '들려주었다.' 고아원 요람에서 홀로 있었던 외로움의 시간 속에서 Alice는 다른 사람과의 단절에서부터 시작하여 분리불안, 두려움, 격노에까지 이르게 되었고 (Panksepp & Biven, 2012), 어느 누구도 자신에게 관심을 갖도록 할 수 없다는 무력감에 압도되면서 결국은 해리 상태에 빠지게 되었다. 이와 같은 경험이 어느 정도 수준에 이르면 해리는 익숙한 신경 경로가 되어 버린다. Alice는 해리를 통해 심각한 유기로 인한 고통스러운 경험으로부터 스스로를 봉쇄해 버린 것처럼 보였던 것이다.

놀이 회기 동안 Alice가 바닥에 무기력하게 누워 있는 모습을 몇 차례 목격한 후, 어머니는 Alice가 일상생활에서 이러한 적응방식을 사용했던 상황들에 설명해 주었다. Alice의 적응 방식은 일상생활에서 반드시 해야만 하는 것이 자신을 압도하는 상황이 되면 얼어붙었다가 무반응의 상태가 되는 것이었다. 예를 들어,

피아노 학원에 늦지 않기 위해 아버지가 Alice를 차로 데리러 가야 하는 상황이 있었다. Alice는 음악을 좋아했고, 따라서 대부분의 경우에는 즐거워하며 학원에 가곤 했다. 그러나 그날 Alice는 컴퓨터 게임을 하고 있었고, 게임을 중단하려고 하지 않았다. 아버지가 차에 타야 한다고 말한 후 Alice를 안아서 차에 태우려고 하자, Alice의 초기 암묵기억이 촉발되었다. 이는 Alice가 누군가와 연결되기를 간절히 원하며 시도했지만, 이러한 욕구가 충족되지 못한 채 실패했던 것에 대한 기억이었다. 몇 년이 지났고 상황은 달랐지만, Alice의 감각 체계는 강렬했던 욕구와 그 바람이 좌절되었던 암묵적 느낌을 촉발시킨 듯했다. 차 안에서 Alice는 얼어붙은 것처럼 꼼짝 않고 앉아 멍하니 앞을 응시하고 있었다. 아버지가 안전벨트를 매라고 했지만, Alice는 그 소리가 들리지 않는 것 같았다(혹은 실제로 듣지 못했을 수도 있다.).

Alice가 차에서 말하는 것을 거부한 채 가만히 있는 모습은 '버릇없고 고집을 부리는 아이'처럼 보였을 수 있다. 그러나 보다 깊이 들여다보면, Alice는 마치 욕구를 충족하지 못한 채 요람 안에 꼼짝 않고 누워 있는 것처럼 반응하고 있다는 것을 알아챌 수 있었을 것이다. Alice는 다른 사람들로부터 단절된 채 배측 미주 신경의 활성화 상태에 있는 것이었다. 부모는 Alice에게 적절히 구조화되고 조절된 일상적 삶을 주기를 원했고, 따라서 이러한 행동 패턴은 부모에게 어려움과 좌절감을 불러일으켰다. 불행히도, Alice에게는 충족되지 못한 욕구에 대한 암묵적 적응 양식인 철수가 너무 쉽게 촉발되었다. Alice와 같은 과거력을 갖지 않는 사람에게는 정상적이거나 가벼운 스트레스만을 경험하는 상황에서조차 Alice는 철수를 보였다. 또한 Alice는 초기 유대감 형성과 그 이후의 정상적인 개별화 과정을 거치지 않았기 때문에 상호적 의사소통을 통해 자신의 욕구를 충족시키는 방법을 배우지 못했다. Alice의 정서 발달 수준은 영아기에 머물러 있었고, 따라서 타인과의 관계에서 개별적인 인간으로서의 자기 자신을 경험하지 못했다. 아기들은 보통 융합된 일체의 상태를 좋아하지만, 대부분의 7세 무렵의 아동은 이러한 상태를 불편하게 여긴다. 아버지는 Alice의 이러한 상태를 힘겨워했고, Alice 역시 이러한 아버지와 함께 있는 것을 달가워하지 않았다.

몇 번에 걸쳐 이러한 상호작용을 경험한 후 우리는 Stern(1977/2002)의 관점으로 돌아가 이러한 패턴을 다른 시각에서 바라보기 시작했다. Stern(1977/2002)에 의하면, 생후 첫 6개월 동안 양육자와 영아 간의 놀이 상호작용은 다음의 세가지 핵심 경험을 통해 뇌 발달에 영향을 미친다. ① 상호 응시는 인간의 관계 맺기의 가장 초기 형태 중 하나이다. (Stern에 의하면, 어머니와 영아는 놀이를 하면서 항상 서로를 응시한다.) ② 상호적 놀이는 상호적 패턴의 인간 의사소통의 토대가 된다. ③ 최적의 놀이 각성은 자율신경계의 각성 범위의 형성에 기여한다.

Alice가 생후 첫 10개월 동안 고아원에서 상호 응시 및 관계적 경험을 거의 하지 못했다면, Alice는 최적으로 기능할 수 있는 사회 관계 체계(자율신경계의 복측 미주신경)를 강화시킬 수 있는 중요한 경험을 거의 하지 못했을 것이다. 대신, Alice는 대부분의 시간을 교감신경계의 활성화로 인한 공포 각성 상태 혹은 배측 미주신경의 활성화로 인해 무기력하게 멍한 상태로 있었을 것이다. 이러한 경로는 강력한 영향력을 가지며 쉽게 활성화된다(함께 발화된 신경세포들은 함께 연결된다.). 이제, 사회 관계 체계는 순식간에 닫혀버려 Alice는 싸우기-도망가기 상태 혹은 멍하고 무기력한 상태에 머무르게 된다. 또한 Alice는 누군가 자신에게로 다가올 때 그 사람들과 진정으로 연결되는 일은 일어나지 않으며, 그 사람들은 Alice의 정서적 욕구를 알아 주지 않은 채 단순히 생명을 유지하기 위한 최소한의 것만을 해 줄 것이라는 암묵적 기대를 갖고 있었다.

정신역동의 관점에서 보자면, Alice는 중요한 타인과의 유대감 형성과(대략 생후 첫 1년 동안 일어나는), 이후 개별화 과정을 통해 분리된 자기에 대한 건강한 느낌을 발달시킬 수 있는(대략 생후 2년 이내에 일어나는) 경험을 하지 못했다(Mahler, Pine, & Bergman, 1975; Schore, 1994). '나'는 충분한 '우리'의 경험을 통해 발달한다. '우리'의 경험을 통해 어머니와 하나가 된 상태에서의 우리 자신에 대한 충분한 반영을 경험할 수 있다. 아마도 어머니의 얼굴을 만지고 사랑을 받는 것과 같은 경험을 통해 '나'가 확립되기 전까지 Alice는 일상적 상호작용에서 관계적 주고받기를 하는 데 필요한 역량을 발달시킬 수 없었을 것이다. 초기 관계의 암묵기억이 안전한 놀이실에서 출현하게 되면서, Alice는 아기였을 때 필요로 했던 것, 즉 가장 먼저는 '우리', 그다음에는 타인과의 관계 속에서의 '나'를 탐색할 수 있는 기회를 갖게 되었다.

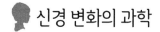# 신경 변화의 과학

Alice에 대한 놀이치료의 초기 목표는 Alice가 외상과 유기의 해리된 네트워크를 놀이로 가져 올 수 있는 방법을 찾도록 돕는 것이었다. Porges(2011)의 다미주신경 이론에 기반하여, 이러한 과정은 안전을 제공할 때 가능할 것이라고 가정했다. 그 이유는 Alice의 신경계는 안전 감지 신경지(무의식적 앎)를 통해 안전의 조건을 감지할 수 있기 때문이다. Alice가 안전하다고 느끼게 되면, 애착 회로가 활성화되면서 유기와 관련된 초기의 암묵적 경험이 드러나고 영아기 때 느끼고 경험했어야 하는 합당한 욕구가 출현하게 될 것이라고 보았다. 깊고 친밀한 관계성을 향한 열망이 드러났지만, 이는 처음에는 거의 감지할 수 없는 수준이었다. 그러나 우리가 그 열망을 알아채고 반응해 주자 Alice는 점점 더 복잡한 방식으로 그 열망을 표현하고자 시도했다.

Badenoch(2011)는 신경 변화가 일어나는 경로에 대한 과학적 연구를 종합하여 다음과 같이 설명했다.

장기기억에 저장되어 있던 암묵기억은 현재의 지각에 활발하게 반응한다. 이는 암묵기억을 보유하고 있는 우반구 처리 과정의 신경 회로는 정서적 혹은 행동적 반응에 의해 활성화되고 이러한 반응을 산출해 낸다는 것을 의미한다. 또한, 현재의 지각이 암묵기억에 저장되어 있는 정신 모델과 명백히 모순된다면, **기억 회로의 시냅스는 폐쇄된 채로 고정되어 있던 상태에서 불안정하고 가변적인 상태로 변화하**

게 되며, 새로운 에너지와 정보가 유입되면서 원래의 정신 모델을 암묵기억에서 제거하고 새롭게 고쳐 쓰는 근본적인 변화를 겪게 된다. 신경과학자들은 이렇게 암묵기억을 새롭게 하는 과정을 **재공고화**(reconsolidation)라고 명명했다. 이 과정을 통해 다양한 변화의 기회가 생겨날 수 있다. 새롭게 수정된 기억이 저장되거나 혹은 재공고화가 일어나면, 전반적인 정신 모델에 대한 변화된 암묵적 패턴이 함께 **저장된다**. 여기에는 수정된 신체 감각, 행동 충동, 정서, 지각 그리고 자기와 타인과의 관계에 대한 모델이 포함되며, 이들은 모두 암묵기억을 구성하는 새로운 요소가 된다(pp. 186-189).

암묵기억이 변화되면서 느껴지는 내러티브에도 변화가 생긴다. 또 다른 형태의 이야기인 행동에도 암묵적 변화가 반영되며, 결국에는 새로운 내러티브를 언어적으로 표현할 수 있게 된다. Badenoch가 기술한 신경학적 변화를 나타내는 세 가지 주요 특징은 Alice의 놀이 장면에서도 잘 드러난다. 그것은 바로 ① 기억의 분화, ② 정서적으로 생생한 경험과의 접촉, ③ 불일치하는(disconfirming) 에너지의 증가이다. Badenoch(2011)의 저서 『The Brain-Savvy Therapist' Workbook』은 이 주제를 심도 깊게 다루고 있으며, 성인 내담자와의 치료 과정을 예로 들어 상세히 설명하고 있다.

첫 번째 특징인 **암묵기억의 분화**는 Alice와 어머니가 함께 작업한 모래상자 회기에서 잘 드러난다. 어느 날 Alice는 어머니에게 다음과 같은 질문을 하며 회기를 시작했다. "엄마, 우리 무슨 놀이할까요?" 어머니는 대답했다. "음…… 우리가 무슨 놀이를 하면 좋을지 궁금하구나. 너는 무슨 놀이를 하고 싶니?" Alice는 어머니가 경주용 오토바이를 좋아한다는 것을 이미 알고 있었다. Alice는 오토바이를 찾고는 어머니에게 "이건 어때요?"라고 물었다. 어머니는 동의했고, Alice는 모래를 사용하여 경주용 트랙을 만들었다. Alice는 출발점과 피트 스톱(자동차 경주에서 급유 등을 위해 정차하는 곳), 도착점으로 구성된 2개의 트랙을 만들고, 한참 동안 2개의 트랙이 정확히 똑같은지 확인했다. Alice는 찰흙 놀이 도구를 사용하여 정성스럽게 모래를 다듬었고, 트랙의 길이를 똑같이 만들기 위해 여러 번에 걸쳐 확인했다.

나는 Alice의 고통스러운 숨결과 고조된 집중력을 느낄 수 있었다. 이는 신경계의 각성 수준이 높아졌다는 것을 나타내는 신호로, Alice가 암묵기억의 영역과 **생생한 정서적 접촉**을 하기 시작했을 가능성을 시사한다. 나는 거의 말을 하지 않거나 상당히 부드러운 톤으로 말했는데, Alice가 혼잣말을 중얼거리며 매우 집중하고 있었기 때문이다. 나는 말했다. "너는 이 두 트랙이 똑같기를 원하는구나." Alice는 "예" 하고 아주 작은, 거의 들리지 않을 정도의 목소리로 대답했다. 이러한 반영적인 상호작용 속에서 우리는 Alice가 현재 경험하고 있는 감정을 버텨 낼 수 있도록 관계적 토대를 만들어 갔고, 이러한 과정을 통해 Alice는 초기 경험으로 온전히 되돌아갈 수 있었다.

마침내 Alice는 어머니와의 경주를 위한 준비를 마쳤다. 어머니는 Alice의 지시를 정확히 따랐다. 어머니의 오토바이는 Alice

의 오토바이를 간소한 차이로 뒤따랐으며, Alice와 똑같은 소리를 내며 움직였다. 거의 대부분 Alice의 오토바이가 승리했다. 이 상호작용 속에서 어머니는 Alice가 아주 어린 시절 거의 경험해 보지 못했던 조율된 놀이를 통해 **불일치하는 경험**을 제공하고 있었다. 회기가 끝날 무렵, 나는 "Alice, 엄마를 위한 트랙과 너를 위한 트랙을 하나씩 만들었구나. 그래서 엄마와 너는 함께 경주를 할 수 있는 트랙을 하나씩 가졌구나." Alice는 서로를 비춰 주는 것처럼 똑같은 2개의 트랙을 만듦으로써 은유적 수준에서 자기와 타인을 분리하는 작업을 했던 것이 분명했다.

모래 놀이와 더불어 어머니와 함께 영아기로 되돌아가 그 시간을 다시 경험하며 바로잡아 가는 놀이가 번갈아 가며 진행되었고, Alice는 영아기의 욕구를 충족하는 것과 안전한 분화를 향해 나아가는 것을 모두 오갈 수 있었다. Alice는 초기 경험을 통해 누군가가 멀어진다는 것은 유기와 존재 자체에 대한 거부라는 처참할 정도의 고통과 무서움을 의미한다고 알고 있었다. 이제, Alice는 안아 주는 관계의 안전함 속에서 멀어지는 것의 의미를 재탐색할 수 있게 되었다.

Alice는 4주에 걸쳐 이 주제에 관련된 놀이를 지속했다(다른 주제와 관련된 놀이도 포함되었다.). 이 시기 동안 어머니는 Alice와 함께 즐거운 시간을 보내는 때가 많아졌으며, 놀랍게도 Alice가 어머니에게 입맞춤을 했다고 보고했다. 또한 Alice는 '우리 가족'이라는 제목의 그림을 그리기도 했다. 어머니는 여전히 많은 어려움이 있지만, Alice와 함께 즐거움을 느낄 수 있는 방법에 대해 희미하게나마 이해하기 시작했다고 보고했다.

놀이가 계속되면서, 우리는 **정서적으로 생생한 경험과의 접촉**이 많아지는 것을 느낄 수 있었다. Alice는 여전히 분화와 관련된 놀이 활동을 지속했지만, 놀이의 정서적 관계성은 점차 강해졌다. 관계성이 강해진다는 것은 강렬한 정서에 대한 Alice의 각성 범위가 점점 확장되어 가고 있으며, 관계는 위험하다는 핵심적인 체화된 경험을 내포하고 있는 Alice의 정신 모델이 변화되고 있다는 것을 의미한다. 오토바이가 서로 이야기를 하기 시작하면서 '경주용 오토바이' 놀이는 달라지기 시작했다. Alice의 오토바이는 활기찬 목소리로 말했다. "얘, 우리 친구할래?" 어머니의 오토바이가 답했다. "오, 좋아!" Alice는 새로운 친구를 집에 초대했고(어머니와 Alice의 대화는 계속되었다.), 친구가 집에 오자 Alice는 둘이 잠을 잘 수 있는 공간을 만들었다. 두 대의 오토바이 위에 상당히 조심스럽고 부드럽게 모래를 덮은 후 Alice는 말했다(뒤로 한 걸음 물러서 제삼자의 입장에서 말하는 것 같았다.). "오토바이의 담요예요." 이 시점에서 Alice는 놀이의 참여자이자 동시에 관찰자였다. Alice는 젖은 모래를 사용하여 벽을 세워 모래 위에 작은 공간을 만들었는데, 이것은 마치 2개의 방처럼 보였다(2개의 침실). Alice는 지금까지는 들어보지 못한 새로운 톤의 목소리를 내며 정서적으로 생생한 놀이를 계속해 나갔다. Alice는 인간관계를 향해 손을 내밀고 있었던 고아원에서의 초기 암묵기억과 접촉하고 있는 것이 분명했다.

다행스럽게도 놀이 과정에서 어머니는 신경적 변화에 필요한 세 번째 요소, 즉 **불일치하는 에너지**를 제공해 주는 역할을 훌륭하게 해내고 있었다. 어머니는 Alice에게 잘 조율해 주었으며, Alice가 아기였을 때 가졌던 관계성에 대한 깊은 열망을 어머니가 받아들이고 있다는 것을 Alice가 듣고 느낄 수 있는 방식으로 반응해 주었다. 유기와 관련된 신경망이 열리기 시작했다. 어머니는 오래전 경험했던 거부, 즉 관계를 맺기 위해 손을 내밀었지만 실패했던 경험과 **불일치하는** 놀이에 기꺼이 공명했다. '친구들의 대화'가 진행되는 동안 Alice가 더 이상 고통스런 숨을 내쉬지 않게 되었다는 것을 알아챌 수 있었다. 이는 Alice와 어머니가 상호 조절의 춤을 향해 나아가고 있다는 것을 나타낸다. 나는 마음 깊이 감동을 느꼈다. 이러한 놀이를 몇 차례 혹은 그 이상 반복해야 할 필요성이 있다는 것을 알고 있었지만, Alice의 핵심적인 신경생물학적 체계가 어머니의 신경생물학적 체계와 공명하고 있으며, 이러한 과정을 통해 애착과 건강한 관계 맺기를 지지하는 통합적 경로의 발달이 가능해지리라는 것을 느낄 수 있었다.

놀이치료 시간 동안 Alice가 좋아했던 활동 중 하나는 게임 놀이였다. Alice는 특히 Trouble 게임을 좋아했고, Sorry 게임 역시 Alice가 좋아하는 보드게임이었다. 어느 날 Alice는 우리와 함께 할 수 있는 상황임에도 불구하고 자신이 이 게임을 혼자서도 잘 할 수 있다는 것을 보여 주는 데 몰두했다(마치 고아원에 있는 것 같았다.). 우리는 함께 Sorry 게임을 했고, 놀이는 순조롭게 진행되었다. 나는 반영과 조율된 의사소통을 하는 데 집중했다. 이는 한 가지에 함께 집중하는 동안 Alice가 느끼는 감정을 나도 느낄 수 있다는 것을 알게 해 주기 위한 것이었다. Alice는 말했다. "엄마, 내가 도와줄게요." Alice는 게임판에서 카드를 가져 와(어머니를 대신해) 읽고 나서 어머니의 게임말을 옮겨 주었다. Alice는 어머니와 한편을 이루었는데, 이는 가족 간 유대감을 확고히 하기 위한 시도인 것처럼 보였다. 이전 회기에서도 Alice는 이런 모습을 보인 적이 있었다. Alice는 어머니 차례임에도 어머니를 대신해 주는 것을 몇 차례 계속한 후, 내 역할마저도 대신하려고 했다. 어머니와 나는 Alice 혼자 하는 Sorry 게임의 관중이었다는 것을 불현듯 깨닫게 되었다. 내 마음속에서 눈물이 흐르는 듯했다. Alice는 다른 사람과 함께 있었지만 대부분의 시간을 홀로 외로이 보내고 있었던 것이다.

나는 Alice에게 '다른 사람과 함께하는'(혹은 함께하지 않는) 놀이에 대해 정확히 알려 주고 싶었다. "그래, 너는 이 게임을 나나 엄마와 함께 하고 싶지 않은가 보구나."라고 말했지만, Alice는 나를 무시했다. 몇 분이 지난 후 다시 말했다. "좀 지루하다. 나도 내 게임말을 옮기고 싶어. 그렇지 않으면, 이 게임을 하고 싶지 않단다." 어머니는 내 의도를 알아채고 코를 고는 척했다. Alice는 말했다. "엄마, 일어나요!" 그러나 Alice는 여전히 우리들의 게임말을 자신이 대신 옮겼다. 놀이를 끝내야 할 시간이 다가왔지만, Alice는 놀이를 계속하고 싶어 했다. 사실상 Alice는 혼자서 놀이하고 있었다. Alice는 분명 우리에게 무언가를 이야기하고 있었고, 우리가 그 이야기를 들어주기를 원했다. 나는 Alice

가 자신의 외로움을 보여 주고 있다고 가정했었다. 그러나 지금 생각해 보면, Alice는 우리에게 외로움이 아닌 자아의 확장(생후 첫 1년 동안 일어나는)을 보여 주고 있었던 것 같다. 아마도 상호적 기술의 부족으로 인해 Alice는 타인의 입장을 고려하지 못하고 우리도 게임에 참여하고 싶다는 것을 이해하지 못했을 수 있다. 말로 표현하지 않은 이야기에 포함된 모든 뉘앙스를 담아 언어로 옮기는 것은 불가능하다. 이 놀이에는 외로움과 자아의 확장, 혹은 그 이상의 의미가 모두 포함되어 있을 수도 있다.

그다음 주가 되었을 때, 나는 나의 '지루함' 언급에 대해 많은 생각을 했고, Alice가 놀이를 통해 어떤 이야기를 공유하기를 원하든 간에 이 반응이 도움이 되지 않는다는 것을 깨달았다. Alice가 왔을 때, 나는 이를 바로잡아야겠다고 생각했다. "Alice, 나는 그동안 우리가 지난주에 했던 Sorry 게임에 대해 많은 생각을 했단다. 나는 네가 게임말 3개를 모두 갖고 놀이를 잘 해내는 것을 보고 정말 놀랐어. 그렇지만 네 엄마와 나는 너와 함께 놀이하고 싶었어. 그래서 네가 우리의 게임말을 혼자서 모두 옮겼을 때 지루해졌던 거야." Alice는 내 말에는 관심이 없는 것처럼 보였으며, 병원 놀이 세트를 만지작거리고 있었다. 몇 분이 지난 후, 나는 다시 말했다. "나는 네가 혼자서 게임을 얼마나 잘할 수 있는지 정말 궁금했단다." Alice는 나를 쳐다보며 어깨를 으쓱했다. 나는 말했다. "나는 네가 아기였을 때 고아원에서 혼자서 얼마나 게임을 잘했었는지 정말 알고 싶구나. 아마 고아원에서 너를 돌봐 주셨던 분은 여러 아기를 보살피느라 무척 바쁘셨을 거야."

Alice는 반응하지 않았다. 다시 몇 분이 지난 후 나는 말을 이어 나갔다. "대부분의 아기들은 엄마와 아빠가 어떻게 놀이하는지를 알려 줘서 놀이를 배우거든. 그래서 엄마와 내가 이 게임을 함께하는 방법에 대해 알려 주려고 했었어. 우리 셋 모두 즐거울 수 있도록 말이야. 다음번에 이 게임을 다시 할 때는 엄마와 내가 자지 않고 깨어 있을 거야. 우리도 게임 말을 옮길 수 있어서 지루하지 않았으면 좋겠단다."

Alice는 바로잡고자 하는 나의 의도를 무시하는 것처럼 보였다. 그러나 시간이 말해 주듯 Alice는 점차 어머니와 내가 각자의 게임말을 옮길 수 있게 해 주었다. 우리는 놀이가 진행되는 동안 열정적인 놀이 파트너가 되면서 동시에 Alice에게 조율해 주기 위해 더 많은 노력을 기울였다. Alice가 혼자 하는 놀이에 지루해하는 척 가장하기는 했지만, 나는 Alice와 내 안에서 일어나고 있는 나의 감정에 세심한 주의를 기울였다. 나의 첫 개입은 그다지 유용하지 않았던 것으로 판명되었지만, 관계 안에서의 Alice와 나 자신에 대한 세심한 주의를 통해 결국에는 혼자 놀이가 진행되는 동안 Alice와 함께할 수 있는 더 나은 방법을 찾을 수 있었다.

이 예를 통해 우리는 놀이 안에서의 잠재적 신경 변화를 경험할 수 있었다. 보드게임을 했던 회기를 다시 생각해 보면, 내가 왜 '지루하다'는 언급을 했는지 이해할 수 있다. 그 순간 나의 존재는 관계의 밖에 있었던 것이다. Alice가 드러내고 있는 **정서적으로 생생한 경험**에 함께 머무르는 것이 아니라, "정확한 피드백을 제공해야 한다."는 오래된 생각에 사로잡혀 반응했던 것이다. 나는 관계에서 벗어나 기법에 빠져 있었고, Alice에게 이는 혼자 놀이할 수밖에 없었던 **초기 경험과 불일치하는** 것이 아니라, 오히려 초기 경험과 **일치**하는 반응이었던 것이다. 우리가 언제나 100% 옳은 길만을 갈 수는 없다. 그러나 잘못된 길로 갔다는 것을 알게 되면, 관계를 바로잡기 위해 애쓰며 다시 시도해야 한다. Stern(1977/2002)은 춤을 추는 과정에서 발생하는 잘못된 스텝은, 그에 필연적인 관계의 파열을 발견하고 그것을 바로잡을 수만 있다면, 회복력을 촉진할 수 있다고 말한 바 있다.

이런 의미에서, 정확한 피드백을 제공하는 것의 유용성에 대한 Carl Rogers의 개념 역시 상당히 중요하다. 특정 상황에서는, 예를 들어 Alice와 보드게임을 했던 다른 회기에서는 지루하다는 피드백이 적절할 수 있다. 그러나 Alice의 성장 과정과 Alice가 놀이하는 방식을 고려했을 때, 지루하다는 반응은 아마도 Alice가 함께 놀이하는 파트너로서 적합하지 않다는 것을 확인시켜 주는 의미만을 담고 있을 뿐이었다. 다른 한편으로는 상호성을 배우지 못한 나이든 아동과의 관계 속에 함께 머무르는 것이 부모나 치료사에게 얼마나 어려운 것이지를 다시 한번 깨닫게 되었다.

Alice와의 치료 과정에서 보드게임을 하는 동안 신경 변화가 일어날 수 있는 더 많은 기회가 생기기를 희망했다. 그리고 우리는 해 냈다. 그러한 기회들이 만들어졌다. Alice는 보드게임을 좋아했고, 보드게임이 제공하는 구조를 통해 모래상자에서 어머니와 함께 경험했던 정서적 접촉으로부터 한 걸음 물러설 수 있었기 때문이다. 오토바이가 친구가 되었던 모래상자 이후 Alice

에게는 구조가 필요했다. 그 다음번에 보드게임을 했을 때 어머니와 나는 각자의 차례를 지키기 위해 필사적으로 노력했다. 우리는 즐거운 방식으로 이 모두를 해냈다. 그 과정 속에서 Alice는 놀이 파트너를 가질 자격이 없다는 자신의 기대와 **불일치하는** 에너지를 경험할 수 있었다.

우리는 언제나 깨어 있어야 한다. 기민한 상태에서 내담자가 고통스러운 암묵기억과 연합된 신경망을 활성화시키는 것을 목격한 순간 그것과 **불일치하는** 에너지를 제공할 수 있어야 한다. 정서적으로 살아 있으며 과거의 기억과는 불일치하는 경험을 제공하는 치료사와의 만남을 통해 닫혀 있던 신경망이 열리고 고통스러운 경험으로 인해 잃어버렸던 것들을 다시 받아들일 수 있게 된다. 우리는 어떤 방법을 통해 내담자의 모든 언어적 그리고 비언어적 단서와 함께 머무를 수 있을까?

다음 장에서는 마음챙김 놀이와 우리가 길을 잃었을 때 실수를 바로잡는 방법에 대해 살펴볼 것이다. 더불어, 마음챙김 놀이가 각성 범위와 자기 조절의 확장에 미치는 영향력에 대해서도 탐색할 것이다.

제11장

마음챙김 놀이

다섯 살 Jennifer와의 만남을 준비하기 위해 의식적으로 몇 번에 걸쳐 깊은 숨을 내쉬었다. 호흡을 길게 하여 복측 미주 부교감신경(사회 관계 체계)을 자극하고, 호기심으로 충만하고 수용적이며 열린 상태로 의식을 확장시켰다. 이미 부모를 통해 Jennifer의 성장 과정에 대해 많은 것을 알고 있었고, 좌반구에 기초한 아이디어를 기반으로 Jennifer가 경험한 애착 상처를 치유하는 데 도움이 될 만한 구체적인 방안을 마련해 놓고 있었다. 그러나 이 순간 나의 우반구는 어떠한 계획도 갖고 있지 않은 채 Jennifer를 향해 열려 있었다. 명확한 목표와 개입방법을 특징으로 하는 인지적 전통의 틀 안에서 마음챙김을 실시하는 전문가들조차도 치료사는 변화에 대한 바람을 버려야 한다는 것을 인식하고 있다. 『Mindfulness-Based Cognitive Therapy for Anxious Children』의 저자인 Randye Semple과 Jennifer Lee(2011)는 이 책의 서문에서 다음과 같이 기술하였다. "훈련된 치료사들에게 있어 MBCT-C(아동을 위한 마음챙김 기반 인지치료)의 가장 어려운 요소는 변화에 대한 바람을 버리는 것이다. 변화에 대한 바람을 버리는 것 자체가 유의미한 변화를 촉진할 수 있다"(p. 3). 이것이 바로 마음챙김의 첫 번째 단계로, 아동이 놀이실로 들어섰을 때 어떠한 판단도 하지 않은 채 아동을 있는 그 자체로 수용하는 것이다. 내가 갖고 있는 기대가 방해가 되지 않도록 주의하면서 Jennifer가 자신의 내적 충동과 지혜를 기반으로 시작할 수 있도록 조용히 Jennifer를 초대했다. 무엇을 하는가와 상관없이 바로 이 순간 Jennifer는 자신이 어떤 상태인지에 대해 암묵적이고 체화된 진실을 말해 주고 있었다. 이 첫 번째 만남에서 중요한 것은 나 자신이 Jennifer와 온전히 함께 있는 것이었다.

우리가 만나는 내담자들이 자기 주도적이라는 것을 어떻게 확신할 수 있을까? 인간의 뇌는 복잡한 시스템으로, 자기 조직화 능력을 갖고 있으며 제약이 없는 한 언제나 통합을 향해 나아간다. 마음챙김 주의를 기반으로 안전을 제공하는 사람과 함께한다면, 중요한 관계적 상처로 인해 생긴 제약과 고통과 공포를 담고 있는 신경망일지라도 그것과 '불일치하는' 에너지를 받아들일 수 있도록 열릴 수 있게 된다. 닫혀 있던 문이 열리면 차단되어 있던 에너지와 정보는 통합적 흐름에 합류할 수 있게 된다.

치료사의 마음챙김 주의는 내담자가 안전감을 경험하는 데 있어 핵심적인 기반이 된다. Jennifer는 거울 뉴런과 공명 회로를 통해 내가 자신과 온전히 함께 있다는 것을 감지할 수 있었다(아마도 의식적 인식 아래의 수준에서). 나는 Jennifer가 장애나 결함을 갖고 있다고 보지 않았다. Jennifer가 태어나기 이전부터 아팠던 오빠로 인한 가족 스트레스에 Jennifer가 어떻게 적응을 해 왔는지에 대해 호기심을 갖고 관심을 기울였을 뿐이다. Jennifer의 행동적 문제는 이러한 비극적 환경에 대한 의미 있는 반응이라고 생각했다. 아무런 말도 하지 않았지만, 나의 판단하지 않고 존중하는 마음은 Jennifer의 내적 세계를 어루만졌으며 Jennifer를 안심시킬 수 있었다. 또한 나의 복측 미주신경 활성화 상태는 준비가 되면 언제라도 관계 속으로 들어올 수 있도록 Jennifer를 초대하고 있었다.

처음 두 회기 동안 Jennifer는 치료실 여기저기를 돌아다니며 놀잇감을 집어 들었다가 내려놓기를 반복했다. Jennifer는 병원 놀이 세트로 다가가면서 가쁜 숨을 내쉬기 시작했고 고개를 돌려 나를 쳐다보았다. 나는 내 몸에 주의를 기울였다. Jennifer의 교감신경계가 활성화되는 것에 맞춰 나의 교감신경계를 활성화시킨 후 몇 번의 호흡을 통해 복측 미주신경의 상태로 다시 되돌아왔다. 나의 신경계와 공명하면서 Jennifer 역시 안정을 되찾을 수 있었다. Jennifer는 부드러운 담요를 발견하고는 자신의 몸에 둘렀다. 그리고 2개의 테디베어 인형을 가져 오면서 말했다. "얘는 아프지만, 얘는 아프지 않아요." 내 마음속에서 슬픔과 함께 약간의 동요가 일어나는 것을 느낄 수 있었다. 나는 침묵 속에서 우리들의 이 감정들을 인식하고 담아 두었다. 이것이 바로 마음챙김의 두 번째 단계로, 치료사와 내담자를 연결하는 공명 회로를 통해 각성 범위가 확장되기 시작한다. 내가 Jennifer에게서 출현하는 마음의 동요를 느끼고 나의 각성 범위에 담아 두면서 Jennifer의 각성 범위가 점진적으로 확장되기 시작하며, 동시에 나의 각성 범위 역시 성장을 지속하게 된다. 많은 회기를 거치면서 이러한 과정을 통해 자기 조절의 신경 회로는 함께 엮여지고, Jennifer의 뇌는 공명을 통해 마치 나의 뇌가 그런 것처럼 함께 연결되기 시작한다. 마음챙김적 존재의 확장 능력은 특별한 기법이나 개입이 없이도 타인의 뇌의 구조와 기능에 강한 영향력을 미칠 수 있다.

조율 능력은 파열된 관계를 복구하는 데 있어 중요한 토대가 된다. 사회 관계 체계가 활성화되면 우리는 타인의 얼굴 표정을 읽고 경험하지 않은 것을 공감적으로 바라볼 수 있다. 어느 날, 나는 평상시와 마찬가지로 Jennifer를 맞이하기 위해 기쁨의 미소를 띤 채 문을 열었다. 그러나 곧 심난한 표정의 어머니를 발견했다. Jennifer가 웃고 있는 나를 보았을 때, 내 모습은 분명 Jennifer에게 상처를 주었던 것 같다. 왜냐하면 그 순간 나의 얼굴 표정은 Jennifer의 상태와 일치하지 않았기 때문이다. 나는 즉각적으로 고통을 느꼈고, 마음속에서 솟아난 걱정으로 인해 내 얼굴은 빠르게 근심 어린 표정으로 바뀌었다.

이와 같은 관계의 파열 그리고 복구는 인간사에서 늘 일어나는 일이다. 우리가 마음챙김에 집중하고 관계적인 존재가 되기 위해 더 많은 노력을 기울일수록 그 무엇보다 중요한 관계의 회복을 이루어 낼 수 있는 가능성이 커지게 된다. 관계의 복구는 안전한 관계와 회복탄력성의 기본 토대가 된다.

마음챙김은 보다 온전히 그리고 판단하지 않는 태도로 내담자와 함께하는 데 도움이 될 수 있으며, 치료사인 우리 자신에게도 중요하다. 마음챙김은 불안을 낮추고 마음을 조율적인 상태로 유지하게 하며 자기에 대한 수용을 높여 치료사를 소진으로부터 보호할 수 있다. 다양한 영역에서의 연구 결과는 마음챙김에 기반한 개입의 효과로 면역 기능 및 심장 건강의 향상, 불안과 우울 증상의 감소를 보고하고 있다(Baer, 2006; Baer, Smith, Hopkins, Kritemeyer, & Toney, 2006). 또한 Lazar 등(2005)은 통찰지향 명상과 중앙 전전두피질(유연한 반응과 정서 조절에 중요한) 및 우측 앞뇌섬엽(몸과 피질 간의 연결을 담당하는)의 강화 간에 상관관계가 있음을 보여 주었다. 강렬한 정서에 대한 각성 범위를 확장하는 데 마음챙김만큼 도움이 되는 것은 없을 것이다.

마음챙김과 친숙해짐으로써 마음챙김의 세 번째 단계로 접어드는 길이 열린다. 이것은 바로 우리와 작업하는 사람들, 즉 놀이치료를 하기 위해 우리를 찾는 부모나 아동, 혹은 성인들에게 마음챙김을 정식으로 교육하는 것이다. 우리의 몸과 뇌에서 일어나고 있는 것을 보다 깊이 이해할 수 있도록 돕기 위해 나는 재미난 방법을 통해 핵심적 뇌 회로의 기본 구조와 기능에 대해 알려 준다. Siegel(2012)의 손 모델을 사용하는데, 아동과 부모가 뇌의 다양한 회로를 탐색할 수 있도록 물감을 사용하여 손에 그림을 그리게 한다([그림 11-1]).

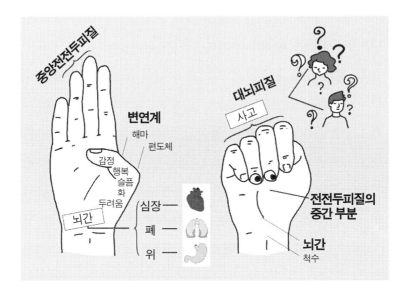

[그림 11-1] 뇌의 손 모델: 아동용 버전

Daniel J. Siegel, M. D. (2012). *Mindsight:*
The New Science of Personal Trasformation, p. 15에서 수정 · 적용함.

우선, 뇌간이 심장과 폐를 조절하는 기능을 담당하고 있다는 것을 나타내기 위해 손바닥 아래에 심장과 폐를 그린다. 그다음 엄지손가락에는 감정을, 그 아래 손바닥에는 변연계를 그린다. 그리고 사고하고 부분을 연결 짓는 기능을 담당하는 전전두 피질을 손가락 마디에 그린다. 일부 창의적인 아동들은 손목에 척수를 그리거나 손톱에 눈을 그려 넣기도 한다. 그다음 우리는 엄지손가락을 접은 후 나머지 네 손가락을 접었다가 펼치면서 '뚜껑 사고 열고 닫기' 놀이를 한다. 이는 조절이 잘되는 상태와 그렇지 않은

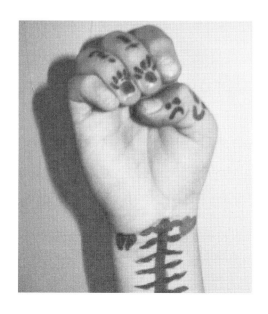

뇌를 그린 아동의 손

상태를 나타내기 위한 움직임을 해 보는 것이다. 아동들은 부모와 함께 이 활동을 하는 것을 좋아한다. 때로는 부모와 아동이 서로의 손에 그림을 그려 주게 하고, 손에 그린 그림이 무엇을 의미하는지 번갈아 가며 설명하게 한다. 이후부터 '손 안의 뇌'의 다채로운 이미지를 보여 주기 위해 나의 손을 예로 들어 설명한다.

　손을 사용하여 뇌가 어떻게 작동하는지를 구체적으로 설명하는 과정을 통해 내담자는 자신이 조절되지 않은 상태가 되어 가는 느낌을 인식할 수 있다. 또한 오래되고 익숙한 경로를 따르기보다 의식적으로 방향성을 바꿔야 하는 순간 역시 보다 분명하게 인식할 수 있게 된다. Jennifer가 슬픔을 느꼈을 때, Jennifer는 엄지손가락을 파란색으로 칠한 후 어머니에게 보여 주었다.

그러면 어머니는 함께 느끼고 있는 그 슬픔이 잦아들 때까지 조용히 Jennifer를 안아 주었다. 어머니와 Jennifer는 서로 연결되어 있었기 때문이다.

아동과 부모의 마음챙김적 인식과 조율 능력을 향상시키기 위한 많은 프로그램들이 있다. 로스앤젤레스 캘리포니아 대학교의 The Mindful Awareness Research Center(www.marc.ucla.edu)는 온라인으로 이용 가능한 많은 명상 관련 자료들, 특히 부모에게 유용한 자료들을 보유하고 있다. Susan Kaiser Greenland(2010)는 어린 연령의 아동을 대상으로 마음챙김을 훈련하는 프로그램을 개발했다(www.susankaisergreeland.com/inner-kids-program. html). 이 프로그램은 내적 자각과 외적 인식, 그리고 하나를 잃지 않으면서 이 둘을 온전한 채로 혼합하는 것을 강조하며, 이러한 과정은 주의력(Attention), 균형(Balance), 연민(Compassion)을 가져 온다고 가정했다. 이것이 바로 'New ABCs'이다. 아동에게 마음챙김을 가르치는 것은 성인을 가르치는 것과는 상당한 차이가 있다는 것을 기억해야 한다. Sample, Lee, 그리고 Miller(2006)는 마음챙김을 창의적으로 적용하기 위해서는 반드시 발달적 이슈를 고려해야 한다고 제안하며, 다음과 같이 재치 있게 설명했다. "성인들이 명상용 매트를 쌓아 요새를 만드는 경우는 거의 없다. 우리의 경험상, 성인들은 명상용 쿠션을 머리 위에 몇 개까지 쌓을 수 있는지 절대 실험하지 않는다"(p. 143). 아동은 결코 작은 어른이 아니라는 것을 강조하며, 아동에게 마음챙김을 가르칠 때 필요한 몇 가지 기술을 제안하였다. 이를 토대로 Semple

과 Lee(2011)는 아동을 위한 마음챙김 기반 인지치료(MBCT−C)를 기본 이론으로 아동기 불안에 대한 치료 매뉴얼을 개발했다. 이 매뉴얼에는 다양하고 풍부한 자료가 수록되어 있다.

마음챙김을 연습하는 방법 중 하나는 연민(compassion)과 평온함(calmness)을 동시에 기르는 것이다. 마음이 혼란스러울 때 한 손은 가슴에 다른 한 손은 배에 얹은 다음 내면을 향해 온정과 위안의 메시지를 보내면 즉각적으로 혼란스러움이 경감하면서 편안함을 느끼게 될 것이다. 뇌는 심장에도 있고 배에도 있으며, 두개골 안에도 있다. 배 안에 있는 뇌는 우리가 어느 정도의 안전함을 느끼고 있는지를 알려 주고, 심장의 뇌는 우리가 다른 사람들과 어떻게 연결되어 있는지에 대한 정보를 전달한다. 이렇게 몸 안에 있는 뇌와 가장 근접한 신체 부위를 직접 접촉함으로써 우리 자신이 뇌가 보내는 메시지에 집중하고 있으며, 또한 우리 안에 혼란스러움에 사로잡히지 않은 채 연민을 느끼고 있는 부분이 있다는 것을 확인할 수 있다. 이러한 과정을 통해 우리는 안심할 수 있는 상태에 접어들 수 있게 된다.

Jennifer 오빠의 상태가 악화됨에 따라 가족의 고통은 커졌고, 위로에 대한 갈망 역시 함께 커졌다. 나는 Jennifer와 어머니에게 2개의 뇌에 대해 가르치고 함께 연습해 나갔다. 우선 메시지를 보내기 위해 가슴과 배의 적당한 곳에 손을 얹게 했다. 그리고 우리의 도움을 필요로 하는 슬픔과 두려움을 그려 보았다. 우리는 함께 이러한 슬픔과 두려움에 필요한 위로의 말들을 찾았고, 내면을 향해 침묵 속에서 이 말들을 전달했다. 잠시 후 Jennifer

와 어머니의 얼굴에서 긴장과 슬픔이 녹아내리는 것이 보였다. 어머니는 처음에는 배에 힘 꽉 차 있는 것 같은 느낌이었지만 점차 편안해져 갔다고 말했다. Jennifer는 따뜻함이 가슴 한가운데부터 등을 관통하는 것 같은 느낌이었다고 말했다. 점점 더 편안해지면서 눈물이 흐르기 시작했다. 우리는 이러한 과정이 필요하고 적절했으며, 이를 통해 치유되고 있다는 것을 이해할 수 있었다.

놀이실에서 마음챙김을 경험했던 이 짧지만 중요한 순간을 마무리하면서, 모순적으로 보일 수 있는 입장에 대해 잠깐 살펴보고자 한다. 치료에는 일반적으로 주 호소 문제의 파악, 치료 계획 및 회기별 목표 설정 등의 요인이 포함되며, 이 모든 것에는 치료사의 객관성과 적절한 판단력이 중요한 영향을 미친다. 그러나 우리가 변화라는 목표를 갖고 누군가에게 접근한다면, 우리는 이미 그 사람에 대한 결함 모델을 가정하고 있는 것이다. 앞 장의 Alice의 사례에서 보았듯이 진정한 변화는 내담자가 깊은 수용을 느낄 때 가능하다. 진정한 수용을 통해 내담자는 끔찍함과 고통, 유기를 암묵기억의 형태로 담고 있는 해리된 신경망을 열 수 있게 된다. 우리 모두는 자신의 정서적 · 심리적 통합을 보호하기 위해 이러한 기억을 암묵적인 형태로 가지고 살아간다. 그리고 오직 안전 감지 신경지만이 그 기억을 한낮의 밝은 빛 속으로 가져 올 수 있다. 이러한 신경망의 시냅스는 변화하기 위해 누군가로부터 도움을 받을 때가 아니라 존재 그 자체로서 수용되고 사랑을 받을 때 잠금 상태에서 해제될 수 있다.

우리는 이렇게 서로 모순된 설명을 모두 받아들여야 한다. 즉, 치료적 목표와 치료 계획을 수립하는 것과 동시에 내담자를 변화시키려는 욕구를 포기하는 것을 모두 품고 있어야 한다. 우리의 분리된 뇌는 이중 처리가 가능하다. 좌반구와 우반구는 동시에 정보를 처리하기도 하고, 긴밀히 협력하기도 하며, 때로는 서로를 억제하기도 한다. 따라서 우리는 이러한 모순을 다룰 수 있는 능력을 갖고 있는 것이다. 좌반구를 통해 치료적 목표를 갖고, 다른 한편으로는 이 특별한 순간에 우리 자신을 가능한 활짝 열어 두어야 한다. 아동이 자신의 지혜를 발휘할 수 있도록 우리가 공간을 창조하고, 그 안에서 아동이 우리를 안내할 수 있게 되었을 때 변화는 일어날 수 있다. 이는 오직 우반구를 통해서만이 가능하다. 많은 경우, 우리가 '숙제'를 끝마쳤다는 것은(발달력에 대한 정보를 수집하고 과학적 증거를 기반으로 아동을 이해하는) 치료사의 좌반구가 치료적 구조를 유지하는 자신의 임무를 잘 수행하고 있다는 것을 의미한다. 치료적 구조가 적절히 유지되어야만 우반구의 직관적 의사결정 과정이 순조롭게 일어날 수 있다.

Higgins-Klein(2013)은 치료적 관계의 복잡성을 이해하는 데 있어 중요한 요인 중 하나인 고요함(stillness)에 대해 설명한 바 있다. "치료사와 아동이 함께 그들 각자의 내면의 고요함 속으로 깊숙이 들어갈 때 치유가 일어난다"(p. xxii). 내담자와 함께 하며 내담자의 아픔을 담아 줄 때 내담자가 삶의 힘든 경험들을 헤쳐 나갈 수 있도록 도울 수 있다. 우리는 존재 그 자체로의 내담자를 수용하고, 내담자의 각성 범위가 확장될 수 있도록 도우면서 함께 연결되며, 우리와 함께 하지 않는 순간에도 스스로 사용할 수 있는 대처기술을 가르쳐야 한다.

치료를 받기 위해 나에게로 왔던 아동과 가족, 성인들이 생각날 때가 있다. 또한, 모래상자 프로젝트를 함께했던 학생들에 대한 기억도 떠오르곤 한다. 그들이 여전히 자신의 발전과 창조성에 도움이 되는 방식으로 놀이를 하고 있을지 궁금하다. 또한 마음챙김 놀이의 치유적 힘에 대해 우리가 알고 있는 바를 어떻게 확장시킬 수 있을지에 대해 늘 고민한다. 그것은 바로 사람들에게 관계적으로 놀이하는 '방법'을 가르치는 것이다. **놀이** 체계는 태어날 때부터 이미 갖추고 있는 것이기 때문에 놀이를 가르친다는 것이 이상하게 여겨질 수 있다. 또한 놀이는 자연스럽게 발생해야 하는 것처럼 느껴질 수 있다. 강아지나 고양이, 아기 곰을 관찰해 보면, 놀이를 멈추는 것은 불가능해 보인다. 피질을 제거한 쥐마저도 기회만 있으면 언제나 놀이를 하며, 때로는 온전한 쥐보다 더욱 격하게 놀이를 하곤 한다(Panksepp, 1998).

나이가 들어가고 어른이 되어 감에 따라 자연스러운 놀이를 하는 것은 점차 어려워진다. 우리는 점점 더 심각해지고 놀이를 비생산적인 것, 즉 아이들의 시간 낭비와도 같은 것으로 격하시켜 버린다. 다음 장에서는 인류 문화에서 변화하고 있는 놀이의 위상과 이것이 우리 미래의 심리적 안녕감에 어떤 의미를 가지는지에 대해 살펴볼 것이다.

제3부

부모, 교사,
동료와
협력하기

제 12 장

과거의 놀이에서
다시 시작하기

Weston 씨는 쌍둥이 형제 Jacob과 Joshua를 위해 예약 전화를 걸었다. 나는 Weston 씨 부부가 아이들을 처음 위탁했을 당시부터 아이들의 치료를 맡았었기 때문에 이 가족에 대해 잘 알고 있었다. 당시 Jacob과 Joshua는 여섯 살이었는데 Weston 씨 가정으로 오기 전에 여러 위탁가정을 거쳤다. 외상과 유기는 이 아이들에게 일상처럼 느껴지는 현실이었다. 우리는 가족 놀이치료, 가족 상담치료, 각 아이에 대한 개별 놀이치료를 실시했고, 가끔씩은 형제 놀이치료도 했다. 치료 과정은 모두에게 어려운 과정이다. 하지만 아이들이 여덟 살이 되었을 때에는 Weston 씨 부부가 입양을 결정할 정도로 치료는 효과적이었다. 그때부터 우리는 치료 횟수를 줄이기 시작해 아이들이 아홉 살이 되었을 때에는 한 달에 한 번씩만 만나도 치료효과를 공고화할 수 있었다. 이때에는 회기 내에서 가족이 함께 놀이할 수 있음을 확인하였고, 놀이를 통해 가족 간의 연대감이 강화되고 유지되는 것을 볼 수 있어 개인적으로 상당히 기뻤다. 머지않아 Joshua와 Jacob은 열 번째 생일을 맞게 되었고, 나는 이때부터 치료가 필요하다고 느낄 때에만 회기를 갖자고 제안했다. 우리는 모래상자 놀이로 치료의 종결을 장식하기로 했다.

모래상자를 시작하기 전에, 우리는 이제껏 지나온 과정과 성과들을 짧게 돌아보는 시간을 가졌다. Weston 씨 부부는 이 치료가 가족의 여정에서 매우 중요한 주춧돌이 되어 주었다고 고백하면서 앞으로도 어려움이 생길 때면 언제든 나는 치료를 다시 시작할 수 있다고 아이들에게 분명히 전달했다. 나는 그들이 모래상자를 만드는 과정에서 함께 놀이하고 협동하면서 모래상자 세계에 필요한 것들을 정교하게 만들어 나가는 모습에 깊은 감동을 받았다. 그들은 4피트짜리 둥근 상자에 많은 사람, 동물, 나무, 정원, 영적인 존재들이 함께 어우러진 마을을 지었다. Joshua는 어머니의 도움을 받아 파란 보석들을 찾아냈고, 보석을 가지고 마을을 가로지르는 시냇물을 만들어 냈다. 그들이 만들어 낸 상자에서는 예술가인 Weston 부인의 영향이 선명하게 드러났다. 상자는 미적인 아름다움을 뽐내고 있었고, 우리 모두 결과에 대해 만족하였다.

종결 기념 가족 상자를 만들었던 날로부터 4년이 지난 후, Weston 부인에게서 예약을 위한 전화가 왔다. 나는 부인을 통해서 아이들이 이제 열네 살이 되었음을 알게 됐다. 그녀는 Joshua 의 학업 성적이 급격히 떨어지고 있으며, Jacob이 말썽을 피우고 있다고 말했다. 나는 아이들의 행동 변화에 영향을 미칠 만한 특별한 일이 있었는지 물었다. 그녀는 현재 부부가 재정적으로 스트레스가 많은 상황이긴 하나, 아이들에게 영향을 미칠 만한 것들은 떠오르지 않는다고 했다. 나는 지난 4년간의 근황을 파악하기 위해 아이들을 만나기 전, 부모님과 먼저 만날 것을 제안했다.

부모님과의 만남에서 나는 Weston 씨가 새로 시작한 건설사업과 관련해 상당한 스트레스를 받고 있다는 것을 알 수 있었다. 처음 회사를 시작했을 때는 매우 순조로웠으나, 사업 확장을 위한 계약을 체결하자마자 심각한 경기 불황에 빠지게 되었고, 현재는 사업체가 존폐 위기에 놓여 있었다. 이전에 부부가 경제적으로 안정적이어서 아이들에게 오락 활동이나 멋진 휴가 등 풍부한 기회를 제공해 줄 수 있었던 것에 비하면 최근의 가족의 생활양식은 상당히 달라진 것처럼 보였다.

나는 아이들이 간접적으로(vicarious) 스트레스를 경험하고 있다는 느낌이 들었고, Porges(2011)가 주장한 '각성 구간의 위계'(제2장 참고)에 대해 부모님들과 이야기해 보기로 결심했다. 나는 부모님에게 현재의 재정적인 스트레스가 Joshua와 Jacob에게는 유기와 외상에 대한 내재된 기억들을 촉발시킬 수 있다는 점을 설명했다. 나는 우리가 사회 관계 체계의 안전구역 밖으로 벗어나거나, 위험으로부터 스스로를 보호하기 위해 에너지를 들일 때, 우리의 인지적 자원들이 저해된다는 점도 설명했다. 나는 Jacob의 무단결석이 도망가기(flight) 반응이며, Joshua의 성적 하락은 과소흥분(경직) 상태를 지적하는 것이라는 가설을 세웠다. 듣고 있던 Weston 씨는 갑자기 "제 얘기 같아요! 제가 바로 그런 상태예요."라고 말했다. 이후 그는 수면문제와 직장에서의 집중곤란 등에 대해 자세히 이야기했다. 그는 자신의 인지적인 문제를 인식하고 있었고, 대화를 통해 아이들뿐 아니라 스스로의 상태에 대해서도 공감할 수 있게 되었다.

나는 놀이가 어떻게 아동 및 성인에게 인내력의 한계를 확장시키며, 이어서 자기 조절의 향상에도 도움을 주는지에 대해 설명했다. 이 과정에서 그들은 불현듯 가족으로서 함께 놀이한 지가 오래되었다는 사실을 깨달았다. Weston 부인은 "우리가 놀이를 안 한 게 언제부터였지?"라고 말했고, 부부는 이것이 금전적인 위기가 찾아왔을 때쯤이라는 것을 깨달았다. 나는 아이들이 가족 사업이 어떻게 되어 가는지에 대해 알고 있는지 물었고, 그들은 아이들이 걱정할까 봐 이야기하지 않았다고 말했다. 대화를 이어 가면서, 부부는 그들의 전략이 효과적이지 않았다는 것을 깨달았고, 곧 가족치료 일정을 잡았다.

다음 주가 되어 가족이 도착했을 때, 나는 아이들이 자란 모습에 놀랐고, 아이들이 말을 하지 않으려 한다는 사실에 다시 한번 놀랐다. 눈맞춤을 피하고 머뭇거리던 Jacob은 긴장한 것 같았고, 고개를 숙인 채 있던 Joshua는 들릴 듯 말 듯한 목소리로 부모님이 자신의 성적에 만족하지 못한다고 말했다. Jacob은 어느 정도의 거리를 원하는 것으로 보였고, 혼자 두었으면 좋겠다는 신호를 보냈으며, Joshua는 우울해 보였다. 나는 한 번도 결함에 초점을 둔 접근법으로 치료를 진행한 적이 없었지만, 두 아이들은 모두 마치 내가 그들의 결점을 보려는 것처럼 행동했다. 이러한 것들을 바로잡기 위해 우선 우리는 가정의 경제적 상황이 어떠한지에 대해 얘기하기 시작했다. 여가 활동들이 확실히 줄었기 때문에 아이들은 돈이 부족하다는 것을 이미 알고 있었다. 금전적 상황에 대해 어떻게 이해하고 있는지 물었을 때, Jacob은 "노숙자 같이 살 곳이 없어지는 거죠."라고 말했다. '직접 말하지 않았던 금전적인 스트레스'는 확실히 아이의 내재된 기억들을 자극하고 있었다. 나는 표정을 통해 어머니의 놀람과 아빠의 걱정을 확인할 수 있었다. Joshua는 아무 말도 하지 않았다.

나는 Jacob과 Joshua가 이해할 수 있는 말로 우리가 스트레스를 경험할 때 신경계에서는 어떤 일들이 일어나는지를 설명했다. 이전에 치료를 받을 때 나는 손바닥을 사용해 뇌에 대해 가르쳐 준 적이 있었고, 얼굴용 물감들을 가지고 함께 그림도 그려 보았다. 그 모델에 대해 상기시켜 준 뒤, 이와 같이 어려운 시기에 우리의 몸이 우리를 얼마나 잘 보호하는지에 대해 설명해 주니 아이들의 긴장이 눈에 띄게 풀렸다. 아이들의 경계가 허물어지기 시작했을 때, 나는 가족 놀이 회기를 제안했다. Joshua와 Jacob은 이제 10대에 접어들었으니 이전과 같은 패턴의 놀이치료를 원치 않을 것이라는 생각이 들었다. 나는 레고 장난감이 든 상자를 가져 와 "가족 프로젝트를 만들어 봅시다." 하고 말했다. 나는 어머니와 아버지도 함께하도록 지시를 했기 때문에 이들이 10대라 하더라도 이 장난감을 사용하는 것에 그다지 반대하지 않을 것이라 생각했다. 이 가족 회기에서 레고를 선택했던 이유 중 하나는 이 책을 쓰기 시작했을 때 인터넷에서 보았던 내용 때문이었다. 당시에 나는 놀이와 놀이 태도에 대한 신경과학적 분야의 관점에 대해 찾고 있었는데, 그중 하나는 바로 기업과 정부 등의 기관에서 성인들로 하여금 심각한 문제들을 창의적으로 해결하는 방법을 고안하도록 도울 때 레고(Lego Serious Play: LSP)를 사용한다는 것이었다. 나는 이것이 매우 흥미롭다고 느꼈고, Weston 가족과 작업하는 데 활용할 수 있을 것 같다고 생각했다.

진지한 레고 놀이라고?

나는 진지함과 놀이라는 단어를 한 구로 결합해 냈다는 사실에 실소를 금치 못했다. 하지만 한편으로는, 특히 기업과 정부 기관에 있는 성인들을 독려해서 문제 해결에서의(그리고 당연히 생산성 증가에서의) 놀이의 가치를 볼 수 있게 하려면, 놀이와 진지함을 한데 묶는 것이 어쩌면 당연한 일이라는 생각도 들었다. 또한, LSP를 치료에 접목시켜 성인, 청소년, 아동이 함께 가족치료 장면에서 가족의 문제에 대한 작업을 이어 갈 수 있을 것이라는 생각도 들었다. 모래상자치료처럼, LSP는 다양한 변인(소근육-마음 협응, 비유적 사고, 스토리텔링)을 하나로 통합시킬 수 있고, 이는 정신적 통합과 안녕감을 위한 두뇌 개발 치료를 목표로 하는 Weston 가족에게 매력적인 선택이라고 생각했다.

물론 우리는 어떠한 종결 지점으로 가기 위한 수단으로서의 LSP가 과연 진정한 놀이일까를 고려해 보아야 한다. '결과에 대한 염려 없이 놀이는 그 자체로 가치가 있는 활동'이라는 진술에 동조하는 대부분의 놀이치료사들이 정의하는 놀이와 비교해 보면, 이 진지한 레고 놀이는 과연 무엇일까? 그리고 이것이 진지한 것이라면, 놀이이면서도 진지할 수 있는 것일까? 어른들에게 심각한 문제에 대한 창의적 해결책을 찾을 수 있도록 해 주는 것이라면, 가족 내 있었던 일들에 대해 탐색할 때에도 레고 놀이에 Weston 가족을 초대하는 게 맞지 않을까? 이러한 궁금증들을 해결하기 위해, 나는 보편적인 놀이(재미만을 위한)에 대한 정의를 잠시 미루어 두고, 레고 놀이가 어른들의 진지한 문제 해결을 어떻게 돕는지 알아보고자 했다. 그 결과 내가 발견한 것들은 다음과 같다.

레고 그룹은 덴마크 빌룬의 평범한 목수였던 Ole Kirk Christiansen의 공방에서 탄생했는데, 그는 1932년에 목재 장난감을 만들기 시작한 지 얼마 되지 않아 덴마크어 구문인 leg godt('잘 놀다'라는 뜻)를 따서 자신의 회사 이름을 Lego라고 지었다. 라틴어로 lego가 '조립한다(I assemble)'라는 뜻이라는 것을 알게 된 것은 수년이 지난 후였다. 수십 년간 레고 회사는 한정된 개수의 레고 블록을 가지고 아이들이 자신만의 꿈을 짓도록 하는 놀이 체계를 제공했고, 이는 아이들이 자신의 미래를 시각화하는 데 도움을 주었다. 1998년경, 레고 회사가 도산 위기에 처했을 때, 사내 문제에 대한 혁신적 방안을 마련하고자 하는 과정에서 진지한 레고 놀이(Lego Serious Play)가 탄생했다. 그들은 아이들에게 이제껏 이야기했던 말들을 그대로 지키고자 했다. 이는 블록을 가지고 '잘 놀고' 본인이 어떤 사람이고 어떻게 될 수 있는지에 대한 비전을 '조립'하는 것이었다. LSP는 각자의 구성원들이 자신의 손 안에 놓인 것들에 대해 생각하고, 이를 통해 마련된 협력적인 지혜에 접근할 수 있을 때 문제에 대한 답은 '이미 이 안에 있다'는 가정하에, 1998년부터 2010년까지 다양한 여정을 거쳐 왔다. Weston 가족에게 적용해 보자면, 나는 놀이 도구를 가족들의 손에 맡김으로써 문제를 해결할 수 있는 이 가족만의 탄력성을 그들은 한 가족으로서의 사회 관계 체계를 회복시켜야 했다(Porges, 2011). 찾아낼 수 있게 돕고 싶었다. 정확히 말하면, 그들은 한 가족으로서의 사회 관계 체계를 회복해야만 했다(Porges, 2011).

　Weston 씨네 아이들이 레고 장난감을 가지고 놀기 시작했을 때, 나는 자주 인용되는 Carl Jung의 문구를 떠올렸다. "머리로 풀지 못했던 문제들이 손으로는 쉽게 풀린다"(Jung, 1969, par. 180-CW 8:180). 신체 내 신경이 어떻게 분포되어 있는지와 각 손이 뇌의 반대편(왼손은 우뇌, 오른손은 좌뇌)과 연결되어 있다는 점에 대해 알고 있는 지금, 우리는 Weston 가족이 양손(즉, 양측 두뇌)을 사용하면서 동시에 쥐고 있는 문제들에 대해 생각하거나 놀이하면서 얻을 수 있는 이점들이 얼마나 많은지를 짐작해 볼 수 있다. 놀이치료 장면에서 LSP를 접목시킴으로써 나는 가족 간 문제 해결에 필수적인 요소들을 첨가할 수 있었고, Weston 씨의 가족이 경제적 어려움으로 인해 얻은 스트레스를 해소하는 데에도 상당한 도움이 되는 것 같았다. 신경과학 및 놀이치료를 통합적으로 고려한 관점에서 볼 때, 체계적인 레고 놀이를 가족 기반 치료 개입에 활용하는 것은 다음과 같은 점에서 의미가 있다.

1. 신체를 활용한 사고(레고 모델을 만들면서 발생하는 소근육—정신 협응)는 현재 신경과학계에서 상당한 지지를 받고 있다.

2. 우—좌—우 처리(right-left-right progression; McGilchrist, 2009)를 자극해 의미 있고 창의적인 두뇌활동이 촉진된다[우반구(블록 만들기)에서 시작해, 좌반구로 옮겨 가고(스토리텔링), 다시 우반구로 돌아오기(고차적인 은유적 이해)].

3. 모든 구성원들이 블록을 만들고 이야기함으로써 놀이 수준에서 가족(또는 집단)이 지닌 통찰력에 접근할 수 있다. 따라서 연령과 지위에 관계없이 모든 구성원이 각자 독특한 방식으로 기여하며, 집단 문제 해결이 극대화된다.

4. 재료가 한정되어 있어서 각자가 쉽게 숙달할 수 있다는 것이 안전 감지 신경지를 증진시키며, '놀이'의 정신으로 인해 적극적으로 탐색하고(SEEKING), 놀이하고(PLAYING), 돌보고자(CARE) 하는 체계들이 활성화된다. 따라서 안전한 영역에서의 놀이를 통해 가족 간의 관계가 강화된다(Porges, 2011).

이 책의 앞부분에서 다루었던 것처럼, 이러한 피질하 수준의 동기적 체계들(이 경우 **탐색하기**, **놀이**하기, **돌보기**)의 활성화는 고차적인 뇌 부위에서 관장하는 판단과 행동에 지대한 영향을 미친다. 피질하 활동은 피질 활동 중에서도 관찰되며, 피질의 활동 역시 피질하 활동에 영향을 미치는데, 이는 다시 한번 Panksepp(2011)이 고안한 뇌마음 위계(BrainMind Hierarchies, 제3장 참고)를 떠올리게 한다. 나는 "손가락으로 생각한다"는 LSP의 아이디어를 높이 사며, 이는 성인이나 아동 모두의 놀이치료 장면에서 모래 놀이 상자가 너무도 유용했던 이유들 중 하나와도 중첩된다. 비록 LSP 모델은 모래상자 기법에서 하는 것보다는 조금 더 지시적이지만, 손과 정신의 협응, 은유적인 사고, 스토리텔링을 결합해 통합적인 두뇌 활동을 증진시킨다는 점에서는 유사하다. LSP에서는 모든 사람이 레고 블록(은유적인 블록을 포함한)을 사용해서 훈련된 치료자가 제안한 특정한 문제에 대한 본인의 생각을 발견하고 구성한다. 이러한 구성 단계는 당면한 문제에 대해 어떻게 해결해야 할지 이야기를 나누기 전에 일어나며, 이때는 각자가 앉은 자리에서(문자 그대로도, 은유적으로도) 보는 관점들이 동등하게 드러난다. 다음 글은 LSP 치료자가 내담자들에게 말만 하는 것이 아니라 손으로 무언가를 만들게도 해야 하는 이유들에 대해 잘 나타내고 있다.

연구 결과 무언가를 만든 다음 그에 대한 논의를 하는 것이 훨씬 더 가치 있고 통찰력 있으며 진솔한 대화로 이어진다는 것이 밝혀졌다. …… 무언가를 만들어 내는 창의적이고, 반영적인 활동은 두뇌를 다른 방식으로 작동하게 하여 새로운 관점을 이끌어 낸다. ……

우리가 상상력에 형태와 모양을 부여할 때, 개념들을 형성하고 외현화할 때—즉, 이들이 손에 잡히고 공유할 수 있게 될 때—우리는 스스로를 돌아볼 수 있을 뿐 아니라, 반영의 과정에 타인을 초대할 수도 있다. 진지한 레고 놀이는 직접적으로 참여할 수 있는 환경을 제공한다. 여기에서는 활동들이 의미 있는 것으로 지각되며, 개인의 능력이 직면한 문제들과 균형을 이루고, 떠오르는 지식들을 표현할 수 있는 도구가 주어진다.

여기에서는 개인이나 집단에게 어떠한 방식을 따르도록 하기보다 떠오르는 생각들을 수용하고 지지해 주며, 이러한 것들이 강화되도록 발달과 협력을 촉진한다. LSP의 각 단계에서는 레고 블록 쌓기, '소근육-정신 협응' 활용하기 등이 이루어진다. 참가자들이 먼저 블록을 만들지 않은 상태에서 단순히 앉아서 문제에 대해 글을 쓰거나 잡담을 하는 일은 결코 일어나지 않는다. 따라서 논의되는 모든 것들은 만들기 과정으로부터 나오고, 손과 정신은 의미 있는 물건, 감정, 관계에 대한 시각적이고 은유적인 모형을 만드는 작업에 가담한다.

'몸을 가지고 생각한다'는 아이디어는 심리학과 신경과학계에서 점점 지지 근거를 얻고 있다. 이러한 이론들에서는 학습과 기억 등의 인지적 과정들이 우리가 신체를 통해 물리적 세계와 상호작용하는 방식에 크게 영향을 받는다는 것을 강조한다(http://seriousplaypro.com/about/about-serious-play/lsp-open-source/).

앞의 글에서는 떠오른다는 단어가 수차례 사용되고 있다. 떠오른다는 것은 새로운 경험이 일어나고 있는 지금 이 순간 벌어지고 있는 일들에 주의를 기울이는 우반구적 정보처리 방식을 대표하는 단어이다. 이것이 이미 활성화되어 있는 우리의 좌반구적 처리방식에 더해졌을 때, 우리는 창의성의 영역에 진입하게 된다. 업무상의 문제나 가족 간의 갈등에 대처함에 있어 우반구 모드가 인도하는 대로 미처 생각지 못했던 것들을 우리의 손으로 직접 만들어 '떠오르게' 함으로써, 이미 본질적으로 통합성을 띠는 두뇌가 이전에는 상상하지 못했던 무언가를 만들어 낼 수 있게 된다. 우반구에 접촉한다는 것은 좌반구의 전략적인 사고에 감정과 관계적인 맥락을 더한다는 장점도 있으며, 이를 통해 우리는 보다 완성된 그림을 얻을 수 있다. 또한 언어로만 가득한 좌뇌적 환경에서 안전한 **놀이** 영역으로 옮겨 갈 때, **탐색** 체계 또한 매우 활성화될 것이라 생각한다.

🗣️ 가족 레고 놀이

David Gauntlett(2007)은 LSP를 "제약이 없이 자유롭게 사고하기 위한 생산적인 은유법(metaphor)으로, 정답과 오답이 없다는 전제하에 즐겁게 다양한 것들을 시도해 볼 수 있는 상태"(p. 134)로 정의할 때 놀이를 위한 목적으로 가장 잘 활용될 수 있을 것이라 보았다. 이러한 관점은 선형적이고 논리적인 사고가 우세한 좌반구적 정보처리 방식에만 빠져 있지 않도록 '해방'시키는 역할을 한다. 체계적으로 모형을 구성하도록 되어 있는 레고의 놀이 방식이 가족치료에 적용됨으로써, 가족들은 좌반구가 갖는 경직되고 구태의연한 사고 패턴에 매여 있지 않게 된다.

우리는 Panksepp(1998; Panksepp & Biven, 2012)의 연구로부터 **놀이**의 가장 큰 동력은 두뇌의 피질하 부위로부터 기반한다는 점을 알게 되었다. 피질하 수준에서 부모와 아이들은 하나의 공유된 체계에 공존한다. 두뇌가 발달해 가면서 놀이에 대한 원초적인 욕구는 이차적 · 삼차적 정보처리 방식 등의 높은 수준의 두뇌 활동과 하나로 엮이게 된다. 따라서 제3장에서 다루었던 것과 같은 은유적 정보처리 과정이 다양한 수준에서 가능해지고, 이 때문에 아이들과 어른들의 수준을 모두 아우를 수 있게 되는 것이다. 비록 대부분의 아이는 은유의 바다에서 헤엄을 칠 뿐이지만, 대부분의 부모는 은유적 사고가 어떻게 이루어지는지를 이해할 만한 인지적 자원과 복잡성을 지니고 있다. 따라서 대부분의 부모는 함께 만들고 놀이하는 모델을 통해 가족 간 유대가 얼마나 증진되는지를 이해할 수 있는 것이다. **놀이** 체계가 가동되고 나면, 이는 부모와 아이들 모두의 인지적 과정에 지대한 영향을 미치게 된다. LSP를 가족치료에 적용하는 것은 부모들로 하여금 가족 고유의 정보들을 발견할 수 있게 하며, 이는 재미있는 시간을 보내는 동시에 창의력과 생산성을 증진시킬 수 있는 효과적인 방식이기도 하다. 더불어 이는 다시 한번 놀이가 전 생애(주 양육자와 놀이하는 아기들부터 치료 회기 내에서 놀이하는 아동, 청소년, 부모들까지)에 걸쳐 핵심이 되는 발달적 과정이라는 것을 보여 준다.

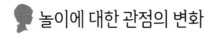
놀이에 대한 관점의 변화

개인적으로는 우리의 서구문화가 가정, 학교, 직장 내에서 전 생애 주기 동안 경험할 수 있는 놀이의 이점과 가능성에 대한 비전을 잃어버린 것 같아 보인다. 역사적으로, 우리는 놀이를 아이들의 고유 영역으로 여기고 아이들이 놀이하는 것에 대해 호의적이고 관용적인 태도를 보여 왔지만, 최근 들어서는 아이들의 놀이에 대해서도 관용성을 잃고 보다 제한적인 시선을 갖게 된 것 같다. 대부분의 성인은 전반적으로 소란스러운 놀이에 대해 불편함을 느끼고, 빠른 성장을 압박하는 사회 또한 가족과 또래 집단 내에서 탐색적으로 놀이할 기회를 빼앗아 가는 것으로 보인다. 게다가 대부분의 교육환경에서도 놀이를 차츰 없애고 있는 실정이며, 부상에 대한 염려나 학업적으로 '뒤처지는 것'에 대한 우려로 인해 휴식 시간도 줄어들고 있다. 우리는 마치 음악, 미술, 연극, 놀이와 같은 과외 활동들을 줄임으로써 아이들이 더 많은 것을 배울 수 있다는 생각(아무런 근거도 없이)을 차용한 것 같다.

하지만 항상 이래 왔던 것은 아니다. Jeremy Rifkin(2000)은 산업화 시대의 도래가 놀이에 대한 우리의 관점을 변화시킨 전환점이었다고 주장한다. 그는 다음과 같이 말했다.

하지만 인류학자들은 인류가 존재하게 된 시점부터 산업화 시대에 이르기까지, 인류는 일보다 놀이에 훨씬 더 많은 시간을 할애했다고 말한다. 예를 들어, 중세시대에는, 기독교 달력의 1년 중 거의 반 정도는 공휴일, 축제, 또는 안식일로 채워져 있었다. 프랑스 공화국이 공휴일이 훨씬 적은 달력으로 기존의 기독교식 달력을 대체하는 포고령을 내렸을 때, 노동자 계급은 반발했고 정부에게 방침을 철회할 것을 촉구했다. 산업화 시대에 이르러서야 일이 주요 업무가 되었고, 놀이가 뒤로 물러나게 된 것이다(p. 261).

놀이에 대한 이런 배경을 알고 난 뒤에도 진정 놀이를 배경으로 밀어내야만 하는 것일까? LSP를 가족치료에 적용함으로써 우리는 창의적이고 깊게 고민한 생각들에 접근할 수 있는 놀이의 힘을 입증할 수 있고, 놀이에 대한 우리 사회의 관점을 되돌아볼 수도 있다. Rifkin(2000)은 사회를 구성하는 데 있어 놀이의 중요성에 대해 가장 처음으로 주장한 사람 중 한 명으로, 네덜란드 역사가인 Johan Huizinga를 인용하고 있다. 그는 모든 문화가 놀이에서부터 시작된다고 주장한다. "놀이를 통해 사회는 삶과 세계에 대한 해석을 밖으로 표출한다"(Huizinga, 1955, p. ix). Rifkin은 이어서 "인류 사회의 모든 핵심적인 활동들—언어, 신화, 의식(ritual), 민속문화, 철학, 춤, 음악, 연극, 법, 그리고 전쟁의 규칙에 이르기까지—의 탄생에는 놀이가 있었다."고 설명한다(Rifkin, 2000, p. 261). 이 글을 처음 읽었을 때 나는 내용이 마음에 들기는 하지만 다소 과장된 진술일 수 있다고 생각했다. 하지만 놀이에 대한 책을 저술하는 이 과정을 겪고, 특히 LSP 프로젝트에 대해 연구하면서 나는 이것이 결코 놀이에 대한 과대평가가 아니라는 것을 알게 되었다. 나는 놀이를 통해 건강한 가족 문화를 형성할 수 있다는 점과, 놀이의 생산적 에너지를 통해 전체 문화의 발전에도 기여할 수 있다는 점을 깨달았다.

🗣 놀이를 평가절하하는 좌반구와 대화하는 법

모래상자 사용법을 치료사들에게 가르치는 강의에서 나는 그들에게 손으로 무언가를 만들어 보도록 한다. 그것은 전부 미니어처를 사용해 마음속 깊은 곳에서 상상한 세계를 만들어 보는 것이다. 우리가 우반구적 두뇌활동이 이끄는 방식을 따라가면서 벌어지는 돌발 상황들을 열린 마음으로 경험해 보는 것이 어떤 느낌인지 알 수 있도록 하기 위해 그러한 활동을 제안한 것이다. 나는 이와 같은 기본적인 직접 체험을 통해서 어려운 신경과학적 개념들에 쉽게 접근할 수 있다는 것을 알게 되었고, 치료사들 역시 추상적인 개념들을 신체 감각과 경험으로 느껴 봄으로써 쉽게 이해할 수 있기 때문에 더 잘 배울 수 있었다고 생각한다. McGilchrist(2009)는 이러한 우반구적인 관점이 우리가 실제 삶을 살아가는 방식이라고 말한다. 한 명의 내담자와 함께 있을 때나 치료자 집단을 가르칠 때 모두, 나는 우반구의 경험적인 정보처리 모드에 온전히 젖어들 수 있도록 충분한 시간을 갖는 것이 중요하다는 것을 깨달았다. 온전히 경험할 수 있는 기회를 우반구에 허락할 때, 좌반구로의 연결은 매우 자연스럽게 이루어진다. 좌반구에서는 우반구에서의 경험들이 '풀어지게(unpack)' 되는데(McGilchrist의 표현을 빌리자면), 이때에는 서사적이고 분석적인 정보처리 과정을 통해 의식적 수준에서의 이해가 깊어진다. 좌반구는 우반구가 어떤 경험을 했는지에 대한 스토리를 서술하게 된다. 경험이 부재할 때에는, 좌반구는 할 이야기가 없어지는데 적어도 진정한 이야기는 어려울 것이다.

내가 처음으로 비유적 사고법의 중요성을 깨닫게 된 것은 모래상자 기법을 활용했을 때인데, McGilchrist(2009)가 설명한 대로 우-좌-우 처리방식(제9장, [그림 9-1] 참고)을 활용한다면 이와 같이 우반구에서 신체적인 경험을 하고 좌반구에서 풀어지는 경험들이 거의 모든 놀이에서 가능하다는 것이 지난 몇 년간 점점 더 명확해지고 있다.

나에게 가장 어려웠던 점은 치료사들이 그들의 우반구에 접근할 수 있게 돕는 놀이를 스스로 해 보도록 자극할 방법을 찾는 것이었다. 나는 동료의 권유만으로 모래상자를 사용했던 치료자들에게서 모래상자에 대해 많은 회의감을 갖게 된다는 말들을 많이 들어 왔던 터였다. 대개는 제대로 된 모래상자 하나만으로도 우반구의 목소리를 충분히 들을 수 있다. 이러한 경험을 한 후에 치료사들은 아이들이나 부모님들과 치료실에서 적극적으로 모래상자를 활용할 수 있게 된다. 모래와 장난감의 힘을 충분히 경험해 보았을 때, 비로소 말로는 표현되지 않는 깊이 내재되어 있던 것들에 대한 가치를 확신하게 된다. 이러한 확신은 내담자들의 참여를 독려하는 무언의 격려로 작용한다.

놀이치료에서 집중적으로 훈련을 받아 왔다 해도, 놀이에 반하는 사회적 분위기 탓인지 놀이 자체의 가치를 깊이 느끼기 어려울 수 있다. 우리는 무언가를 성취하기 위해서라면 진지한 태도를 가져야 한다는 말들을 직간접적으로 수도 없이 듣고 있다. 또한 아동 및 가족과 작업하는 치료사들을 교육하는 많은 대학원들에서조차 노는 것은 접어 두고 학업에 매진하라고 이야기한다. 우리는 좌반구적인 방식으로 동기화되어 있고, 때로는 우반구의 활동이 아예 배제되기도 한다. McGilchrist(2009)에 따르면 우리가 이러한 방식에 고착되어 있는 것에는 많은 이유가 있다고 한다. 좌반구에는 예측의 능력이 있어 주변에서 일어나는 힘든 것들을 차단하여 정보의 홍수 속에서 한 가지 작은 것에 집중할 수 있도록 도와줌으로써 압도적인 세상 속에서 우리에게 허위적인 안정감을 준다. 이런 방식으로 집중하는 것에는 문제가 없지만, 이것이 유일한 초점의 대상이 된다면 우리는 다른 사람들과 관계하고 살아가는 방법을 금방 잊게 된다. Huizinga(1955)의 말이 맞다면, 우리는 모두가 원하는 방식의 삶을 살 수 있도록 해 줄 문화를 창조할 길을 잃을 수도 있다.

Panksepp(1998, 2010; Panksepp & Biven, 2012)의 연구는 우리가 놀이하고자 하는 원초적 욕구를 가지고 태어났다는 점을 매우 명확히 보여 준다. 좌반구가 우세한 문화에서, 우리는 매 순간에서의 경험들로부터 차단되며, 따라서 즐거운 순간 안에 머무르는 것이 핵심인 놀이는 평가절하되고 버려지게 된다. 또한 우리의 핵심적인 생물학적 체계는 비유적 사고에 근간이 되는 우-좌-우 처리방식을 하도록 두뇌를 고안해 놓았는데, 독재적인 좌반구적 사고의 우세함이 환경을 통제하는 강력한 수단으로 사용되면서 고통스럽고 해로운 불균형이 유발된 것일지도 모른다.

근거 기반 또는 과학적으로 알려진

정신건강 분야에서의 놀이 사용에 대해 우리가 어떻게 접근해 왔는지와, McGilchrist(2009)가 분리된 두뇌에 대해 저술한 입장들을 함께 고려해 볼 때, 놀이에 대해 사회가 평가절하하고 있는 것에는 우리 분야에서 과학적인 방법을 어떻게 적용하고 있는지에 대한 문제들도 일면 기여하고 있다는 생각이 든다. 행동학적 과학의 한 부분으로 인정을 받기 위해 몰두하다 보니, 우리는 '근거 기반'이라는 좌반구적 관점의 용어를 너무 쉽게 차용한 것 같다. 정신보건 기관, 가족 기관, 학교 상담 프로그램들은 모두 치료방법이 사람들의 행동을 변화시키는 데 효과적인 것으로 증명되었는지에 대한 과학적인 '근거'를 요구한다. 하지만 이와 같이 '근거'를 잡으려 하는 노력으로 인해 우리는 과학을 대함에 있어 좌반구적 모드에 치우지게 되었고, 쉽게 측정되지 않는 측면들까지 모두 포함시키고자 하는 절박함에 눈이 멀게 되었다. 치유에 대한 관계의 힘, 언어가 도달할 수 없는 경험적 측면을 다루고자 하는 놀이의 능력, 자유로운 놀이 안에서 새로운 방식으로 존재하고 행동할 수 있도록 돕는 우반구적인 자원들도 측정 불가한 측면에 포함되는 것들이다.

우리는 우반구와 연결되지 않은 좌반구는 그 자체로 서사의 기능—단순히 이야기를 만들어 내는—을 한다는 것을 알고 있다. 좌반구적인 관점만을 가지고 진정한 과학에 접근하는 것은 불가능한 일이다. 이제 우리는 우반구가 어떻게(부분적으로는 사실관계를 정리하는 좌반구의 능력에 의해) 작동하는지에 대한 양질의 과학적 정보들을 확보했다. 또한 우반구 독립적으로는 환경 내에서 새로운 정보들을 수용하는 역할을 한다는 것을 알게 되었다. 뿐만 아니라 우반구가 관계적이고, 통합적이며, 정서적이고, 유희적이라는 것—따라서 삶을 가치 있게 하고 잠재적으로 즐거움을 줄 수 있는 모든 것과 관련되어 있다는 것—역시 알고 있다. 개인적으로는 좌반구적인 관점이 아니라는 이유만으로 이와 같이 깊이 있는 과학적 사실을 간과하는 것이 너무나도 슬프다.

최근 발행한 「미국 놀이학회지」에서는 연구실 형태의 환경에서 이루어진 실험적 연구에 대한 편견과 관련된 문제들에 주로 초점을 두면서 온전히 놀이에 대한 과학적인 연구들과 관련된 문제들만을 한 부에 걸쳐 다루었다. Lillard 등(2013)이 게재한 놀이 연구에 대한 비판적인 평론 논문에 대해서, 많은 저자들이 깊이 있고 통찰력 있는 방식으로 이러한 문제에 대해 반응을 보였다. 이들 중 놀이와 아동의 자기통제력 발달, 집행기능 간의 관계에 대해 다룬 2개의 논문은 특별히 이 책의 내용과 깊은 관련이 있다. 그중 하나는 집행기능 발달에서의 가장 놀이의 역할(Berk & Meyers, 2013)이고, 다른 하나는 놀이와 자기 조절능력에 대한 Vygotsky의 이론에 착안한 연구였다(Bodrova, Germeroth,

& Leong, 2013).

자갈밭에서 옥수수 한 알을 찾는 새를 예로 들면서 다른 새에게 점심을 빼앗기지 않으려면 환경 전체에 대한 파악을 위해 다른 쪽 두뇌반구가 반드시 필요하다고 진술했던 McGilchrist(2009)의 주장대로, 우리의 정신보건치료의 적합성을 결정함에 있어 우리의 용어에 변화를 준다면 상당한 차이를 이끌어 낼 수 있을 것이라 생각한다. '근거 기반'이라는 용어만 고집할 것이 아니라, '근거 기반' 또는 '과학적으로 알려진'을 대신 사용할 수 있을 것이다. 이러한 용어를 통해 우리는 이전과 같이 과학적인 방법을 존중하고 의존하면서도 동시에 빠르게 발전하고 있는 신경과학 분야에서 제안되고 있는 유망한 치료법에 대한 개방성도 높일 수 있을 것이다.

신경계의 딜레마

교육과 정신보건 분야들은 근거 기반 치료법에 기반을 둔다는 것에 자부심을 갖고 있지만, 예외의 경우도 종종 발생한다. 휴식에 대한 논쟁이 좋은 예시이다. 아이들의 정신적 · 정서적 균형을 유지하기 위해 휴식이 필수적이라는 충분한 연구 근거에도 불구하고(아이들의 인지 능력을 향상시키고 더 잘 집중하고 정보를 보유할 수 있도록 해 준다는 점은 말할 것도 없이)(Pellegrini, 2005, 2008; Pellegrini & Bohn-Gettler, 2013; Ramstetter, Murray, & Garner, 2010), 1990년도부터 학교 운동장에서의 휴식을 줄이거나 심지어는 없애고자 하는 경향이 생겨나기 시작했다. 더욱 혼란스러운 점은, 신설 학교들에서는 운동장이 없이 학교를 짓기도 한다는 점이다. 세계 무대에서 학업 수준이 뒤처지고 있다는 것에 대한 국가적 공포가 학교 내에서의 놀이 시간을 줄이는 데 가장 큰 원인인 것으로 보이며, 이는 명백히 아이들의 정신건강을 해치며 학습 능력 또한 저해한다(Gray, 2011). Panksepp(2007, 2008)은 주의력결핍 과잉행동장애(ADHD) 유병률에는 놀이 부족이 일부 영향을 미친다고 주장한다. 그의 과학적 연구에 의하면, 그는 놀이에 대한 동기적 욕구가 충족될 수 있도록 학교 일과를 휴식 시간으로 시작할 것을 권하고 있으며, 이를 통해 학교 일과에 대한 집중력이 향상되고 동시에 추후 정신건강에 큰 역할을 하는 관계 능력의 발달을 위한 기회와 환경도 제공할 수 있다고 주장한다.

어쩌면 이러한 사회적 두려움이 학교로 침투해 대인 간 교류를 방해하고, 변화를 일으키는 우리의 능력을 저해해 딜레마의 핵심이 되는 것일지도 모르겠다. 두려움을 경험하는 신경계로서는 새로운 생각을 받아들이거나 놀이를 하는 선순환에 접근하지 못하며, 이는 특히 많은 에너지가 필요한 상황, 즉 새로운 것을 만들어 내야 하는 상황에서 더욱 그러하다. 우리는 이러한 문제들을 치료실에서도 마주하게 된다. 가슴이 아프지만 어려움을 겪고 있는 아이를 치료실로 데려오면서 많은 부모님들은 이러한 문화적 영향이 깃든 질문을 한다. "어떻게 놀이로 학교 적응이나 행동문제를 치료할 수 있죠?"

의식적으로 놀이를 선택하기

이와 같이 고질적인 문제들을 어떻게 해결해야 할까? 우리가 놀이를 할 때 우반구가 알고(그리고 경험하는) 있는 것에 대해 좌반구는 알 수 없다. 놀이 학자들이 놀이에 대한 하나의 정의에 동의하기가 거의 불가능하다는 사실로 인해, 놀이할 때 일어나는 일들을 정확히 측정함에 있어 좌반구적 관점만을 차용하기는 어렵다. 하지만 과학은 타인과 놀이하기 위해서는 복측 미주 부교감신경계(사회 관계 체계) 내에 있어야 한다고 말한다. 이 회로가 심장의 속도를 경감시키면(미주신경 브레이크), 우리의 싸우기-도망가기-얼어붙기 반응을 감소시키고, 따라서 스트레스 호르몬인 코르티솔의 분비도 감소시킨다(Porges, 2011). 놀이치료 전문가인 Marc Otto(2010)는 상호적인 신체 놀이에 대해 걱정하는 아이를 통해 깨달은 점에 대해서 훌륭하게 설명하고 있다.

> 당면한 놀이와 수많은 아이의 마음에 익숙해져 가면서, 나는 모든 순간에 선택권이 있다는 사실을 깨닫는다. 그것은 싸우거나, 도피하거나, 얼어붙거나, 아니면 관계 속으로 흘러들어가는 것이다. 이것이 바로 놀이의 미학이다.
>
> **놀이**에 익숙해진다는 것은 모든 순간에 민감한 마음과, 정신의 충만함과, 신체의 부드러움을 포용한다는 것이다. 그리고 하나의 가족이 되기 위해 이곳에 함께 있다는 점을 기억하는 것이다(p. 75).

의식적으로 관계 속으로 흘러들어가는 선택을 하는 것은 아마
도 놀이에서 배울 수 있는 가장 중요한 교훈일 것이다. 놀이치
료실에서, 안전과 대인 간 교류에 대한 욕구는 우리가 하는 모든
것의 근간이 된다. 우리가 상대와 함께 안전한 관계 내에 있을
때 신경학적 변화들이 일어난다는 사실을 기억할 수만 있다면,
관계를 위한 장소인 복측 미주신경계 내에 머물러야겠다는 의식
적인 선택을 하기가 더욱 쉬워질 것이다. 놀이를 하거나 일을 함
에 있어 놀이적인 관점을 갖는 것은 모두 우리로 하여금 최적의
학습과 치료적인 치유가 일어날 수 있는 관계의 장소로 들어가
고 그곳에 머무를 수 있게 한다.

좌반구 중심적인 관점에서 **놀이**와 **돌봄**의 정서적-동기적 순환
구조가 학습에 있어 필수적이라는 사실을 받아들인다는 것은 쉽
지 않을 것이다. 비록 우반구가 알고 있는 것을 좌반구는 경험할
수 없지만, 우리의 두뇌가 대자연의 실수가 아닌 명백한 이유로
인해 두 부분으로 나뉘어 진화해 왔다는 점을 이해한다면, 우리는
더 큰 그림을 보고 느낄 수 있는 우반구의 기능을 신뢰하도록 의
식적으로 선택할 수는 있다. 이 과정에서 McGilchrist(2009)가 우-
좌-우-처리방식(제9장, [그림 9-1] 참고)의 시각화를 돕기 위해 만
들어 낸 그림을 떠올려 보자. 이 그림을 떠올렸을 때, 나는 놀이를
통해 외부에서의 경험들(기다리고, 궁금해하고, 놀라고, 발견하고, 관
점을 전환하고, 새로운 감각을 수용하고, 웃고, 예상치 못했던 것을 마
주하는 기쁨을 느껴 보는 등)이 내부로 들어오는 놀이의 소용돌이가
그려진다. 이러한 놀이 경험들이 우리의 우반구로 들어와 지도

가 형성되고, 이를 근간으로 해서 우리는 그 순간에 외부에서 경험하는 것들을 은유적 관점으로 볼 수 있게 된다. 이러한 과정을 통해 내부로 들어온 경험들은 좌반구로 옮겨지고, 이해가 생겨나며, 우리의 경험들이 좌반구에서 분석과 합성, 통합을 통해 '풀어짐'으로써 우리는 세상이 어떻게 돌아가는지에 대한 새로운 이해와 지식을 얻게 된다. 이렇게 양측 반구의 역동적인 협업과 통합을 이루어 내고자 하는 우리의 노력은 보다 높은 수준의 숙달감과 역량으로 이어진다. 회오리는 자동적으로 우반구의 은유적 이해력(이전보다 높고 발달된 수준의) 속으로 우리를 끌어들일 것이며, 이와 같이 새로운 수준의 이해력을 바탕으로 우리는 새로운 놀이의 순환을 시작할 수 있게 된다.

회오리의 이미지는 무한한 복잡성을 가진 양측 반구가 끊임없이 선형적으로 흐르는 모습을 형상화해 주기 때문에 나에게는 꼭 맞는 비유였다. McGilchrist(2009)가 제안한 것처럼, 양측 반구가 이렇게 역동적인 관계 내에서 협업하게 될 때 그 효과는 '불요불굴'(p. 428)이지만, 그렇지 않을 경우 좌반구는 우반구의 힘을 모두 빼앗아 가고 이는 양측 반구 모두에 고통과 손상을 안겨 줄 것이다.

Rifkin(2000)은 놀이의 경제적인 측면에 있어서도 이와 같은 방식의 불균형이 존재한다고 지적한다. 그는 우리가 놀이를 '상품화'하는 위험에 처해 있다고 생각한다. 문화적 자본주의(상업적 자본주의 이후 발생한)에서 새로운 경제를 창출해 낼 만한 가치가 있는 방식으로 놀이를 시장에 내놓고 있다는 것이다. 그는 테마

도시, 유흥 센터, 스포츠와 게임, 가상 세계, 영화, 텔레비전 등 모든 삶의 경험에 '비용을 지불'하게 되는 상황에 대해 묘사하고 있다. 이는 관계가 핵심이 되며 문화적인 환경에서 항상 발생하는 놀이, 즉 그가 '성숙한 놀이'라고 부르는 것과는 대비되는 개념이다. 그는 다음과 같이 기술하고 있다. "성숙한 놀이는 공유된 공동체 속으로 사람들이 함께 모이게 한다. 이는 현존하는 가장 친밀하고도 가장 복합한 형태의 의사소통 방식이다. 성숙한 놀이는 정치적이거나 상업적인 성격을 띠는 제도적인 권력의 행사에 대한 해독제로 작용하기도 한다"(p. 265).

Rifkin은 '순수한 놀이'를 "인간의 자유에 대한 최고의 표현"이라 칭하면서, 자유는 돈으로 살 수 없는 것이라는 사실을 지적한다. 또한 "인간은 존재에 대한 충만감이 있을 때만이 놀이하며, 놀이를 할 때만이 존재가 충만해진다."고 말한 Friedrich Schller(1975)의 말을 인용했다(Rifkin, 2000, p. 264). Rifkin은 문화적 영역 내에서 발생하는 순수한 놀이가 대인 간 애착(bonding)에 대한 최상의 표현이라고 믿었다. 그는 다음과 같이 기술한다.

우리는 대인 간 의사소통에 대한 애정으로 타인과 함께 놀이한다. 이는 가장 깊이 있는 대인과의 활동이며 집단적인 믿음—각 놀이자가 벽을 허물고 자신을 내려놓으며 그 순간 타인을 배려하면 공동체에서 오는 기쁨을 경험할 수 있다는 느낌—을 바탕으로 한다. 개인이 완벽한 고립 속에서 진정한 기쁨을 느낄 수 없다는 같은 이유에서 개인은 혼자서 놀이할 수 없다. 이는 모두 공유적 경험이다.

　따라서 자유와 놀이는 하나의 근간을 공유한다. 문화적인 공간에서 일어나는 순수한 놀이의 경험을 통해 개인은 타인과 개방적으로 함께 하는 법을 배운다. 우리는 서로에게 서로를 드러냄으로써 진정한 인간이 된다. 인간은 순수한 놀이에 온전히 들어가기 전까지 결코 자유로울 수 없다(2000, p. 264).

이와 같이 놀이와 자유와 같은 근간을 공유한다는 점을 생각하면, 우리 사회에서 놀이를 평가절하하고 있다는 사실을 결코 간과할 수 없을 것이다. 개인적으로는, 내가 어렸을 때처럼 자유롭게 탐색놀이를 하는 것이 안전하지 못하다고 생각하는 부모님들로 이루어진 동네에서 성장하는 많은 아이가 있다는 사실이 마음을 아프게 한다. 내 손자들은 내가 텔레비전이나 디즈니랜드가 없이 성장했다는 것을 상상하기 힘들어 한다. 하지만 Plato가 말한 것처럼 스스로 자유롭게 놀이와 활동을 만들어 냈던 자연적인 '놀이의 피난처' 속에서 우리는 실제로 성장했으며, 이것이 정말 행운이었다고 생각한다. 우리 형제들은 걱정 없이 동네에 있는 다른 아이들과 밖에서 뛰어놀 수 있는 작은 동네에 살았다.

현관문을 잠그지 않아도 되는 안전한 동네였기 때문에 부모님들도 우리가 어디에 있는지 걱정할 필요가 없었다.

나는 안전한 놀이를 할 충분한 기회를 누렸다는 것에 진심으로 감사한 마음을 갖고 있다. 그럼에도 불구하고, 나는 '좋았던 옛 시절'로 돌아가고 싶은 마음은 없다. 현재 우리는 아이들을 위해 다양하고 풍부한 놀이 활동들을 구축해 놓은(상품화한) 상태이다. 나는 손자와 함께 여러 가지 많은 놀이 활동들을 경험할 수 있는 아동 전용 박물관인 Explora에 가는 것을 좋아한다. 하지만 동시에 Rifkin이 말한 것처럼 놀이의 상품화 문제에 대해 염려가 되기도 한다. 내 손자들과 그 아이들이 경험하는 모든 정형화된 놀이들에 대해 '값을 지불해야 하는' 시대에 살게 될 수 있다는 것을 받아들이기 힘들다. 이런 시대가 오게 된다면, 우리의 정서적인 안녕감의 수단이 되고, 어쩌면 Rifkin이 말한 인간 고유의 삶의 방식일지도 모르는 놀이를 잃어버릴 수도 있다.

다시 시작하기

　놀이를 과도하게 상품화하는 위험에도 불구하고, 이전으로 돌아가는 것은 불가능해 보인다. 우리는 놀이가 안녕감에 매우 중요하다는 과학적인 사실과, 뒤처질지 모른다는 두려움 속에서 성취를 위해 무언가 희생해야 한다면 가장 쉬운 것이 놀이라는 사실 사이에서 발생하는 갈등을 잘 해결해 내야 한다고 생각한다. 좌반구적 관점에서 볼 때, 물질적인 것(놀이 활동을 포함)을 상품화 시키는 것은 자연스러운 해결책인 듯 보인다. 좌반구는 수량화 할 수 있는(측정과 검증이 가능하고 따라서 예측 가능한 것들) 방식으로 어떠한 것들을 포장하는 데 능하다. 게다가 Rifkin은 문화적 자본주의에서 이러한 것들이 잘 팔릴 것이라고 덧붙이고 있다.

이러한 갈등을 어떻게 헤쳐 나갈 것인가? 우리는 놀이가 멸종될지 모른다는 두려움을 잠재울 수 있는 이유들이 있다고 지적하는 연구(science-informed)적인 관점에서 출발해 보도록 하겠다. 우리는 놀이의 순환적 구조가 본태적이라는 것을 알고 있고, 아주 적은 기회만을 가지고도 완전한 놀이가 발현될 수 있다는 것을 쉽게 관찰할 수 있다. Panksepp(2007)에 따르면 놀이 결핍 상태의 아이들에게서 종종 ADHD의 형태로 나타나는 것처럼, 놀이는 기회가 주어지지 않더라도 자연히 발생한다. 놀이의 생물학적인 근거에 대해서는 어떠한 이견도 존재하지 않는다.

과학적인 연구에서는 놀이에는 예측 불가능한 세상에 살고 있는 우리를 훈련시키는 관계적인 핵심 요소가 있다는 점도 보여 준다(Panksepp & Biven, 2012; Pellis & Pellis, 2009; Pellis, Pellis, & Bell, 2010; Brown & Vaughn, 2009). 운동, 인지, 사회, 정서적 능력의 발달은 놀이학자들이 놀이의 순환을 담당하는 두뇌 영역이 존재한다고 믿는 이유들 중 하나이다. 그러나 Pellis와 Pellis(2009)는 정서적인 측정이 운동, 인지, 사회 기술 향상의 주된 창구라고 주장한다. 그들은 "겁먹고 불안한 동물은 어떠한 상황에서도 운동과 인지 기능을 충분히 발휘할 수 없다."(p. 162)고 말한다. 그들은 이러한 정서적인 측정—다른 사람을 얼마나 자극할 수 있는지, 언제 물러서야 하는지, 어떻게 내 감정을 다스려야 하는지를 아는 것—이 놀이의 주된 목적이라고 믿으며, 이러한 능력이야말로 예측 불가능한 세계에서 우리를 대처할 수 있게 해 준다고 주장한다. Pellis와 Pellis는 **놀이** 체계에서 나온 웃음이 불확실함에 대처하는 좋은 예라고 지적한다. 그들은 다음과 같이 설명한다.

> 기능적인 관점에서 볼 때, 웃음은 두뇌에 쾌락 관련 영역을 활성화
> 시키며, 때로는 타인이 웃는 것을 지켜볼 때에도 긍정적인 상태가 유
> 발된다. 따라서 웃음은 불확실한 사회적 상황을 마주할 때 자주 사용
> 되며, 긍정적인 기분을 자극하고 오해를 피하기 위한 견인차 역할을
> 한다. 하지만 웃음의 가장 큰 촉발인인 유머는 스트레스를 줄이고 관
> 계를 촉진할 뿐 아니라, 지위를 얻을 때에도 사용된다. 따라서 "그냥
> 농담한 거야"라는 전략은 "장난이었어요"와 별반 다르지 않은 것이다
> (pp. 142-143).

웃음과 놀이는 각자의 인내 수준을 조절하면서 사회적 관계 내
에서 서로 협상을 할 수 있게 한다.

나는 많은 사람이 놀이의 능력을 잃어 가고 있는 문화에 관련
된 문제들을 해결함에 있어 양측 두뇌반구를 모두 활용하려는
의식적인 선택을 하게 될 때 놀이가 다시 각광을 받을 것이라고
확신한다. 오리건주 포틀랜드에서 '연극 후 놀이(Play after Play)'
라는 연극/놀이 프로그램을 개발한 Marc Otto와 그의 부인인
Melanya Helene과 같은 실질적인 선구자들도 희망을 주고 있
다. 이들의 프로그램에서는 아이들과 부모님들이 깊이 있는 의
사소통을 가능케 하는 놀이의 본질을 배우게 된다. 작은 극장에
서 청중들은 무대 주변에 놓인 몇 개의 큰 놀이용 매트 끝에 둘
러앉아 전문 배우들이 연기하는 전래동화 공연을 보게 된다. 극

이 끝나고 나면, 배우(훈련받은 놀이 전문가)들은 아이들과 부모님을 놀이용 매트 위로 초대하고, 그때부터 진짜 놀이가 시작된다. 이와 같이 참여적인 연극 놀이는 신체적이지만, 배우/놀이 전문가들이 놀이를 통한 관계를 경험할 수 있도록 의식적으로 유도한다. 이 놀이의 초점은 '이 순간 각 아이들에게 조율하고, 안전하며 부드러운 놀이를 모델링'함으로써 의사소통을 하는 것에 있다. 아이들과 함께한 이들의 놀이 방식이 궁금하다면 웹 사이트를 통해 동영상으로 확인할 수 있고(www.playafterplay.com), 다음과 같은 놀이의 목적 또한 확인할 수 있다.

* 우리의 놀이는 경쟁과 저항이 아닌 협동과 공감에 초점을 둔다.
* 우리의 놀이는 안전과 믿음을 바탕으로 하며, 친절과 소속감을 전달한다.
* 우리의 놀이에서는 아동을 전인적으로—아동의 모든 감각과 상상 등—다룬다.
* 놀이치료 전문가로서, 우리는 모든 순간과 상호작용에서 안전과 친절을 모델링할 수 있게 돕는다(www.playafterplay.com).

이러한 놀이를 상품으로 분류할 수도 있지만(극에 대한 관람권을 구매해야 하기 때문에), 좋았던 옛 시절로 돌아가는 것보다는 놀이에 대한 딜레마를 헤쳐 나가는 훌륭한 예라고 생각한다. 이러한 놀이 프로그램은 상품으로 구매해야 한다는 단점도 있지만, 단순히 재미와 이익을 위해 포장되어 있는 놀이들과는 확연히 다르다. 연극 후 놀이 경험을 통해, 부모들과 아이들은 일상생활에 적용시킬 수 있는 새로운 기술들을 얻게 될 뿐 아니라, 이러한 기술을 자유로운 탐색 놀이에도 적용시켜 즐거운 시간을 보내고 서로간 유대를 강화할 수 있다. 연극 후 놀이와 같은 수많은 프로그램들을 통해, 우리는 즐거운 관계를 통해 자유를 탐색하기를 독려하는 건강한 사회를 만들기 위한 건강한 두뇌를 가질 수 있다.

레고로 다시 시작하기

치료실에서 몇 회기 동안 레고 놀이를 하고, 어려운 상황들 속에서 놀이가 잠시 동안 휴식이 된다는 점에(Sivy, 2010) 대해 부모님들과 수차례 이야기를 나눈 뒤에, Weston 씨 가족은 가정 내에서 놀이를 다시 시작했다. 우리가 의식적으로 의사를 결정하면서 복측 미주신경에 안전함을 알리는 '초록 불'이 켜지고, 이러한 이유에서 놀이 자체가 스트레스를 경감시키는 데 도움이 된다는 점에 대해서도 설명했다. 금전적인 스트레스로 인해 자신의 인내심이 낮아졌다는 점과, 이것이 공명 회로를 통해 아이들에게 어떻게 영향을 미쳤는지를 인식하게 됨으로써 아빠는 의식적으로 가족 간 놀이 활동에 참여하도록 결심하게 되었다. 재정적인 문제가 정리되기까지는 약 6개월이 걸렸지만, 이들은 다시 놀이를 시작했다. 그리고 나중에 그들은 놀이 활동을 다시 시작한 것과 신경과학적인 교육이 진정에 도움이 되었다고 이야기해 주었다.

🗣 물감으로 놀이하기

　나는 이 책을 개인적인 놀이 이야기로 마무리 짓고 싶다. 나는 한 번도 나 자신을 캔버스에 그림을 그리는 작가와 같은 예술가로 생각한 적이 없었다. 그렇지만 학부에서 음악을 전공했기 때문에 창의적인 활동에 대한 열망은 항상 가지고 있었고, 오랫동안 시각적 예술에 대한 관심도 가지고 있었다. 중학교 미술시간이 끝나고 난 뒤 나는 미술가가 될 수 없다는 것을 깨달았다. 적어도 Donna Hanna-Chase를 만나기 전까지는 말이다. 그녀는 전문적인 화가이자 결혼 및 가족치료사이고, 나에게는 동료이며, 멘토이고 친구이다. 수년간, 우리는 미술과 특히 모래상자 치료에 대해 많은 대화를 나누었다. 어느 날 그녀는 미술선생님으로서 느낀 점에 대해 이야기하면서, 학생들에게 미술을 가르칠 때 가장 어려운 점 중 하나는 아이들에게 '예쁜 꽃'이나, '풍경'이나 어떤 특정한 대상을 그려야 한다는 강박을 버리도록 하는 것이라고 했다. 그녀는 "물감을 캔버스에 묻히게만 할 수 있다면, 미술을 가르칠 수 있다."고 말했다.

　순진하게 나는 (속으로), "어렵지 않지!"라고 생각했다. Donna와는 언제나 편안함을 느꼈기 때문에, 나는 (입 밖으로) "나 그림 배우고 싶어." 하고 말했다. 그녀는 기뻐하면서 "좋아!" 하고 답했다. 우리는 그녀가 다른 작가들과 모여서 그림을 그리는 공동작업실에 갈 시간과 날짜를 정했다. 작업실에 도착했을 때, 그녀는 수채화 물감과 크고(18"×24") 멋진 수채화 종이를 꺼내 주었다. 그 종이는 내가 그동안 미술시간에 봐 왔던 것들과는 달랐기 때문에 한번에 비싼 종이라는 것을 알 수 있었다. 그녀는 색을 섞는 방법을 알려 주고 붓 한 세트를 주었다.

그리고 나는 바로 굳어 버렸다. 어떻게 시작해야 할지, 이렇게 비싼 종이에 어떻게 해야 하는지 생각나지 않았다. 내가 망설이고 있는 것을 눈치 채고 Donna는 "자, 내가 도와줄게." 하고 말했다. 그녀는 크고 멋진 내 종이를 조심스럽게 바닥에 내려놓고, 종이 위에 올라서서 나를 조심스럽게 종이 위로 끌어들였다. 나를 이끌고 몇 번의 '스텝'을 밟고 난 뒤, 그녀는 종이를 들고 다시 나에게 건네면서 "이제 그려 봐." 하고 말했다. 나는 너무 당황스러웠다. 멋진 그 종이에 더러운 발자국들이 묻어 있었다. "이런, 그냥 써야지 뭐. 자국을 덮어 보고 어떻게 되나 봐야겠다." 하고 생각했다. 나는 파란색을 넓게 두 번 칠해 첫 번째 발자국을 지웠다―그다음에도 차례차례 색을 칠해 나갔다. 곧 나는 다양한 색과 붓과 모양들을 가지고 놀이하고 실험해 보는 내 자신을 발견했다. 나는 그저 붓과 물감으로 놀이를 하고 있을 뿐이었다. 이것은 매우 즐거운 경험이었고, 내면에 무언가 깊은 것들이 채워지는 것 같았다.

그날 이후 나는 여러 번 그림을 그렸고, 항상 재미로 그림을 그렸다. 나는 여전히 스스로를 예술가(전문적인) 타입이라고 생각하지 않지만, 이제는 물감을 가지고 노는 것이 재미있고 매우 만족스럽다는 것을 알게 되었다. 때로 적당한 말이 떠오르지 않을 때, 그냥 재미를 위해 그림을 그리고, 나는 또다시 내가 찾던 표현을 떠올릴 수 있다.

이렇게 나는 놀이를 다시 시작했다.

교육자료 #1

뇌의 동기* 회로
Jaak Pansepp

의미 있는 대상과의 관계가 **단절** 되었을 때 활성화되는 회로	의미 있는 대상과의 관계가 **연결** 되었을 때 활성화되는 회로
• 격노(분노)	• 돌봄(양육)
• 두려움(불안)	• 성욕(성적 흥분)
• 공포/슬픔(분리불안)	• 놀이(사회적 즐거움)
• 탐색하기(기대)	

*Panksepp은 위의 일곱 가지 동기 체계를 '정서 체계' 혹은 '정동 체계'라고 지칭하였다.

일곱 가지 일차 정서 체계

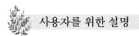 사용자를 위한 설명

이 그림은 뇌의 깊숙한 부분(피질하 영역)에 위치해 있는 일곱 가지 일차 정서 체계에 대한 것이다. 이 그림의 배치를 보면, 각 체계가 활성화되는 데 있어서 관계의 연결(혹은 단절) 여부가 중요하다는 것을 강조하고 있다. Panksepp은 이들 체계를 '생존을 위한 도구'라고 불렀으며, 우리는 출생 시부터 이러한 도구를 가지고 태어난다. 일곱 가지 정서 체계 각각은 자신만의 신경 회로를 가지고 있다. 탐색하기 회로는 기본적인 정서-동기 회로로, 분노(탐색하기가 방해받았을 때 활성화됨)를 제외한 다른 모든 회로의 활성화에 영향을 미친다. 안전하다고 느끼거나 관계가 연결되어 있다고 느껴지면 돌봄, 성욕, 놀이를 일으키는 탐색하기가 활성화되고, 안전하지 않다고 느끼거나 관계가 단절되어 있다고 느껴지면 두려움, 공포/슬픔/분리불안을 일으키는 탐색하기가 활성화된다.

추가 정보: 1장, pp. 29-33.

Sunderland, Margot (2006). *The science of parenting: How today's brain research can help you raise happy, emotionally balanced children.* New York , NY: DK Publishing.

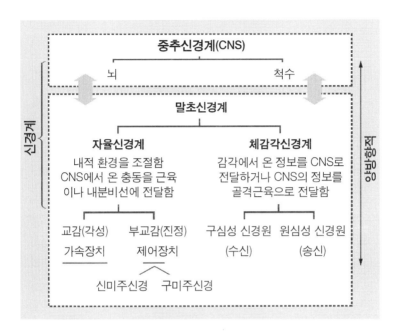

신경계

 사용자를 위한 설명

이 그림은 신경계의 분화와 통합을 모두 보여 주고 있다. 신경계는 크게 중추신경계(춘)와 말초신경계(PNS)로 구분되며, 이들은 양방향적으로 서로에게 영향을 미친다. CNS와 PNS 간의 주고받는 정보는 자극의 수신과 송신, 그리고 행동 반응을 조절하는 데 도움을 준다. 이러한 단순 구조에 익숙해지면, 다미주신경 이론(Porges, 2011)의 관점에서 놀이가 어떻게 기능하는지 이해하는 데 도움이 될 것이다. 양육적인 관계 안에서 영아와 어린 아동이 하는 놀이는 긍정적인 정서 경험을 제공하여 잘 조절된 신경계 발달에 도움을 줄 것이다.

추가 정보: 1장, pp. 36-38.

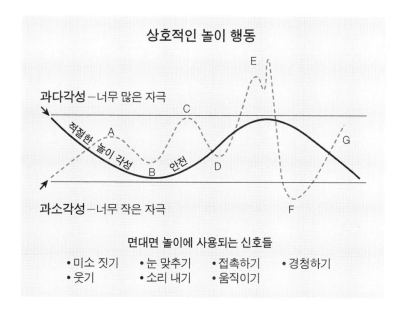

상호적인 놀이 행동

영아의 놀이와 신경계의 반응

 사용자를 위한 설명

이 그림은 영아와 양육자가 놀이를 할 때 신경계에서 어떠한 일이 일어나는지를 보여 준다. 적절한 놀이 각성 구간에서는 가속장치(교감신경계)와 제어장치(부교감신경계) 간의 균형을 이루고 있음을 볼 수 있다. 그러나 영아가 과도한 자극(과다각성)을 경험하거나 과소 자극(과소각성)을 경험할 때는 어떠한 일이 어나는지도 볼 수 있다. '까꿍 놀이'나 '잡기 놀이'와 같은 부모−영아 상호작용을 보면, 양육자와의 안전하고 양육적인 관계 속에서 영아가 놀이를 통해 어떻게 복잡한 신경계 조절을 도움 받는지를 알 수 있다.

추가 정보: 2장, pp. 53–56.

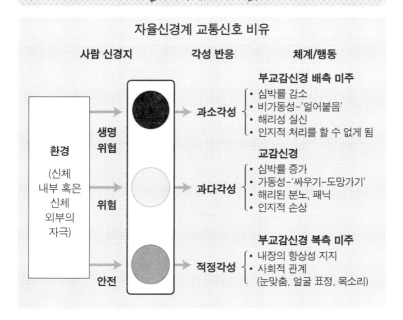

자율신경계: 교통신호 비유

 사용자를 위한 설명

놀이 체계가 신경계[환경(외부에서든 내부에서든)의 도전에 빠르게 반응하도록 함]의 발달에 도움을 줄 수 있다는 개념을 설명할 때, 뇌의 동기 회로를 다룬 1번 교육자료와 함께 본 교육자료를 결합하여 사용할 수 있다. 교통신호는 Porges의 다미주신경 이론의 세 가지 자율신경계 체계를 소개할 때 사용되는 비유이다. 초록(안전), 노랑(위험), 빨강(생명 위협). 우리는 하지 못하지만

이 체계는 환경의 변화를 감지하며 위계적으로 작동하며, 우리의 생물행동적 탐색을 조절하는 데 도움을 주며 다른 사람과의 관계에서 안정감을 유지할 수 있도록 한다. '체계/행동' 열을 보면, 안정감이 결여되어 있을 때 인지적 처리가 손상되거나 심지어 파괴될 수도 있다는 것을 명료하게 시각적으로 보여 준다. 또한 놀이 체계가 잘 발달되어 있다면, 적절한 방식으로 사회적 관계(적절한 각성)로 되돌아갈 수 있다.

추가 정보: 1장, pp. 39–47.

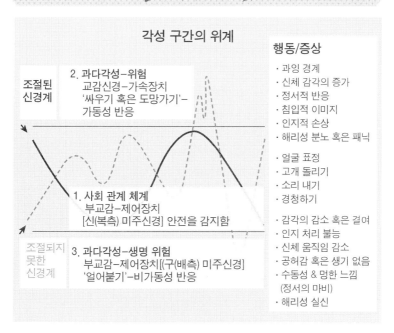

교통신호 비유와 각성 범위

© Theresa Kestly. From Kestly, T. (2014). *The Interpersonal Neurobiology of Play: Brain-Building Interventions for Emotional Well-Being.* New York: W. W. Norton. May not be reproduced without permission.

 사용자를 위한 설명

다미주신경 이론을 좀 더 온전한 그림으로 도식화하고자 할 때, 교육자료 4의 교통신호 비유와 교육자료 3의 적절한 놀이 각성 그림을 조합하여 위의 그림 같이 나타낼 수 있다. 즉, 초록(적정 각성)을 그림의 중간에 배치하고, 노랑(주의)을 그림의 상단에, 빨강(멈춤)을 그림의 하단에 배치하여 제시할 수 있다. '행동/증상' 열을 보면, 상대방이 사회관계 체계에서 벗어났을 때 우리 자신의 행동에서 무엇을 모니터하고 측정해야 하는지를 알려 주고, 사회적 관계와 적절한 인지적 기능을 회복할 수 있도록 도와주기 위해 어떻게 개입해야 하는지를 알려 준다. 본 교육자료는 트라우마 문헌에서의 '각성 범위' 개념(2장, pp. 69-71)과 다미주신경 이론 관점에서의 놀이의 정의(2장, pp. 71-75)를 소개할 때 도움이 될 것이다.

추가 정보: 2장, pp. 69-75.

자서전적 명시기억

- 24개월 이후 발달한다.
- 4~5세가 되어서야 견고해진다.
- 부호화하기 위해 의식적인 주의를 필요로 한다.
- 이야기에 자기(self)와 시간에 대한 감각이 더해진다.

  (예: "어제 기차 탔을 때 신났어요.")
- 해마와 전전두피질이 관여한다.
- 회상할 때 시간 흐름에 따라서
  사건의 순서를 서로 비교하면서
  내러티브를 만들어 낼 수 있다.

과거　　　　현재　　　　미래

명시기억

- 12~18개월 사이에 발달한다.
- 4~5세가 되어서야 견고해진다.
- 해마와의 연결이 필수적이다.
  - 좌반구(LH)는 사실과 관련된 기억을 처리함
  - 우반구(RH)는 자신과 관련된 일화 기억을 처리함
- 부호화하기 위해 의식적인 주의를 필요로 한다.
- 회상할 때, 회상한다는 감각이 있다.
- 시간적 요소가 추가된다. 과거시제의 사용이 가능하다.
- 의미(사실) 기억과 일화(시간에 따른 자기) 기억을 포함한다.

암묵기억

정신 모델과 점화

- 태어나기 전부터 12~18개월까지
  (암묵기억만 있음)*
- 편도체 중심
- 부호화하기 위해 의식적 주의를
  요구하지 않는다.
- 행동 충동, 정서, 지각, 신체 감각, 이미지들을 포함한다.
- 시간의 흔적이 없다.
- 회상할 때 회상한다는 내적 감각이 없다.

* 우리는 항상 암묵기억을 한다.

기억의 수준

사용자를 위한 설명

이 그림은 뇌가 기억을 만들어 내는 두 가지 주요 방식인 암묵기억과 명시기억의 차이를 시각적으로 제시해 준다. 이 그림에서 보면 암묵기억(하단)의 중심에는 편도체가 있으며, 명시기억(중간과 상단)의 중심에는 해마 기능이 있는데, 이들은 위계적으로 작동한다는 것을 알 수 있다. 각 수준 간에 역동적인 흐름과 통합의 가능성이 있음을 표현하기 위해 점선으로 표시하였다. 이 그림은 정신 모델을 소개하거나 초기 영아-부모 놀이가 긍정적 정서 경험이 연합되어 어떻게 뇌와 마음의 기억체계를 형성하는지를 소개할 때 사용될수 있다.

추가 정보: 5장, pp. 149-158.

우반구 → 좌반구 → 우반구 나선순환

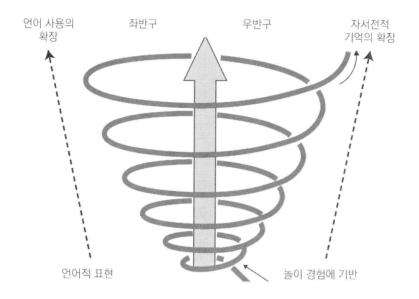

언어 사용의
확장

좌반구

우반구

자서전적
기억의 확장

언어적 표현

놀이 경험에 기반

놀이의 나선순환 모델: 스토리텔링 뇌의 신경생물학

 사용자를 위한 설명

놀이의 나선순환 모델은 스토리텔링을 통해 **좌우반구**가 통합되는 과정을 보여 준다. **외부 세계**와 상호작용하면서 발생하는 체화된 경험(우반구)과 우반구의 생생한 경험에 대해 이야기하고자 하는 열망(좌반구)은 스토리텔링을 통해 통합되어 간다. **좌우반구**의 통합은 나선의 순환을 그리며 계속된다. 통합의 과정에서 이전 수준으로의 역행은 일어나지 않으며, 통합의 수준은 점차 높아져 간다.

추가 정보: 9장, pp. 209–219. 12장, pp. 297–299.

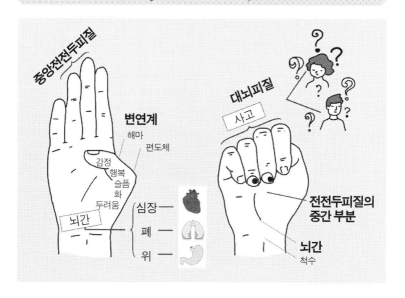

손을 활용한 뇌의 구조와 기능의 이해: 아동용 버전

Adapted from Mindsight: *The New Science of Personal Transformation*, by Daniel J. Siegel, M. D. (2012), p. 15.

뇌의 손 모델: 아동용 버전

 사용자를 위한 설명

이 그림은 부모와 아동, 교사를 대상으로 뇌의 구조와 기능을 설명할 때 사용할 수 있는 활동자료로, Daniel Siegel의 '손 안의 뇌'의 비유를 적용한 것이다. 페이스페인팅용 물감이나 수용성 마커를 사용하여 아동에게(혹은 아동과 부모에게) 손과 팔에 뇌의 여러 부분(뇌간, 변연계, 피질)을 그리게 한다. 그리고 손바닥 아래에는 심장, 폐, 위를 나타내는 그림을 그리게 하고 뇌간이 이 기관들을 어떻게 조절하는지 설명해 준다. 다음에는 엄지손가락에 감정을, 엄지손가락 아래쪽 손바닥에 변연계를 그리게 한다. 마지막으로 전전두엽 피질의 주요 기능인 사고하기와 부분 연결하기를 손가락 마디에 그려 넣도록 한다. 일부 아동은 손목에 척수를, 손톱에 눈을 그리며 자신들의 창의성을 발휘하기도 한다. 그리기가 모두 끝나면, 이제 '뚜껑 열고 닫기' 놀이를 할 준비를 마친 것이다. 먼저 엄지손가락을 접고 주먹을 쥐는 식으로 나머지 손가락을 접었다 펼치기를 반복하며 조절된 상태와 조절되지 않은 상태를 나타내 보도록 한다.

이 활동은 부모와 함께할 때 더 재미있을 수 있다. 이 놀이 활동은 개별적으로(자신의 손에 그리기) 혹은 짝을 이루어(서로의 손에 그려 주기) 실시할 수 있다. 이 활동은 '손 안의 뇌' 개념을 이해하는 데 상당히 유용하다.

추가 정보: 11장, pp. 265–268.

Siegel, D., & Bryson, T. (2011) *The whole-brain child: Revolutionary strategies to nurture your child's mind. New York,* NY: Delacorte Press.

Ainsworth, M. D. S., Blehar, J. C., Waters, E., & Wall, S. (1978). *Patterns of attachment: A psychological study of the strange situation.* Hilsdale, NJ: Erlbaum.

Badenoch, B. (2008). *Being a brain-wise therapist: A practical guide to interpersonal neurobiology.* New York, NY: Norton.

Badenoch, B. (2011). *The brain-savvy therapist's workbook.* New York, NY: Norton.

Baer, R. A. (Ed.). (2006). *Mindfulness-based treatment approaches: Clinician's guide to evidence base and applications.* Burlington, MA: Academic Press.

Baer, R. A., Smith, G. T., Hopkins, J., Krietmeyer, J., & Toney, L. (2006). Using self-report assessment methods to explore facets of mindfulness. *Assessment, 13*(1), 27-45.

Beckoff, M., & Byers, J. (1998). *Animal play: Evolutionary, comparative, and ecological perspectives.* New York, NY: Cambridge University Press.

Berk, L. E., & Meyers, A. B. (2013). The role of make-believe play in the development of executive function: Status of research and future directions. *American Journal of Play, 6*(1), 98-110.

Bodrova, E., Germeroth, C., & Leong, D. J. (2013). Play and selfregulation: Lessons from Vygotsky. *American Journal of Play*, 6(1), 111-123.

Bowlby, J. (1953). *Child care and the growth of love*. London: Penguin Books.

Bowlby, J. (1969). *Attachment and loss: Vol. 1. Attachment*. New York, NY: Basic Books.

Brown, S., & Vaughan, C. (2009). *Play: How it shapes the brain, opens the imagination, and invigorates the soul*. New York, NY: Avery (Penguin Group).

Damasio, A. (1999). *The feeling of what happens: The body and emotion in the making of consciousness*. San Diego, CA: Harcourt.

Damasio, A. (2010). *Self comes to mind: Constructing the conscious mind*. New York, NY: Random House.

Dobbs, D. (2006, April/May). Human see, human, do. *Scientific American Mind*, 22-27, Vol. 294.

Ecker, B., Trcic, R., Hulley, L., & Neimeyer, R. A. (2012). *Unlocking the emotional brain: Eliminating symptoms at their roots using memory reconsolidation*. New York, NY: Routledge.

Gauntlett, D. (2007). Creative explorations: New approaches to identities and audiences. New York, NY: Routledge.

Gray, P. (2011). The decline of play and the rise of psychopathology in children and adolescents. *American Journal of Play*, 3(4), 443-463.

Greenland, S. K. (2010). *The mindful child: How to help your child manage stress and become happier, kinder, and more compassionate*. New York, NY: Free Press.

Gusnard, D. A., & Raichle, M. E. (2001). Searching for a baseline: Functional imaging and the resting human brain. *National Review of Neuroscience, 2*, 685-694.

Harlow, H. (1962). The heterosexual affection system in monkeys. *American Psychologist, 17*, 1-9.

Hawkins, J., & Blakeslee, S. (2004). *On intelligence: How a new understanding of the brain will lead to the creation of truly intelligent machines.* New York: NY: Times Books.

Heath, R. (1996). *Exploring the mind-body relationship.* Baton Rouge, LA: Moran Printing.

Hebb, D. O. (1949). *The organization of behavior: A neuropsychological theory.* New York: Wiley.

Higgins-Klein, D. (2013). *Mindfulness-based play-family therapy: Theory and practice.* New York: NY: Norton.

Huizinga, J. (1955). Homo ludens: *A Study of the play element in culture.* Boston, MA: Beacon Press.

Jung, C. (1969). *The collected works of C. G. Jung. Vol. 8. The structure and dynamics of the psyche* (2nd ed.). Princeton, NJ: Princeton University Press.

Jung, C. (1989). *Memories, dreams, reflections.* New York, NY: Vintage Books. (Original work published 1961).

Kalff, Dora (1980). Sandplay: *A psychotherapeutic approach to the psyche.* Boston, MA: Sigo Press.

Kalff, Dora (2003). Sandplay: *A psychotherapeutic approach to the psyche.* Cloverdale, CA: Temenons Press. (Original work published 1980)

Kestly, T. (2010). Group sandplay in elementary schools. In A. Drewes & C. Schaefer (Eds.), *School-based play therapy* (pp. 257-281). New York, NY: Wiley.

Lazar, S. W., Kerr, C. E., Wasserman, R. H., Gray, J. R., Greve, D. N., Treadway, M. T., et al. (2005). Meditation experience is associated with increased critical thickness. *NeuroReport, 16*(17), 1893-1897.

LeDoux, J. E. (1996). *The emotional brain.* New York, NY: Simon & Schuster.

Lillard, A. S., Lerner, M. D., Hopkins, E. J., Dore, R. A., Smith, E. D., & Palmquist, C. M. (2013). The impact of pretend play on children's development: A review of the evidence. *Psychological Bulletin, 139*, 1-34.

Lowenfeld, M. (1993). Understanding children's sandplay: *Lowenfeld's World Technique.* Cambridge, Great Britain: Margaret Lowenfeld Trust. (Original work published 1979)

Mahler, M., Pine, F., & Bergman, A. (1975). *The psychological birth of an infant.* New York, NY: Basic Books.

Main, M. (1996). Introduction to the special section on attachment and psychopathology: 2. Overview of the field of attachment. *Journal of consulting and Clinical Psychology, 64*, 237-243.

Main, M. (2000). The Adult Attachment Interview: Fear, Attention, Safety, and Discourse Processes. *Journal of the American Psychoanalytic Association, 48*, 1055-1096.

Main, M., & Hesse, E. (1999). Second-generation effects of unresolved trauma in non-maltreating parents: Dissociated, frightened, and threatening parental behavior. *Psychoanalytic Inquiry, 19*, 481-540.

Marks-Tarlow, T. (2012). *Clinical intuition in psychotherapy: The neurobiology of embodied response.* New York, NY: Norton.

McGilchrist, I. (2009). *The master and his emissary: The divided brain and the making of the Western world.* New Haven, CT: Yale University Press.

Ogden, P., Minton, K., & Pain, C. (2006). *Trauma and the body: A sensorimotor approach to psychotherapy.* New York, NY.: Norton.

Otto, M. (2010, Autumn/Winter). A meditation on play: Connections & Reflections: *The GAINS Quarterly*, 71-75.

Panksepp, J. (1985). Mood changes. *Handbook of clinical neurology: Vol. 1. Clinical neuropsychology* (pp. 271-285). Amsterdam: Elsevier Science Publishers. New York, NY: Norton.

Panksepp, J. (1998). Affective neuroscience: *The foundations of human and animal emotions.* New York. NY: Oxford University Press.

Panksepp, J. (2005). Affective consciousness: Core emotional feelings in animals and humans. *Consciousness & Cognition, 14,* 19-69.

Panksepp, J. (2007). Can PLAY diminish ADHD and facilitate the construction of the social brain? *Journal of the Canadian Academy of Child and adolescent Psychiatry, 16*(2), 57-66.

Panksepp, J. (2008). Play, ADHD, and the construction of the social brain: Should the first class each day be recess? *American Journal of Play, 1*(1), 55-79.

Panksepp, J. (2009). Brain emotional systems and qualities of menual life: From animal models of affect to implications for psychotherapeutics. In D. Fosha, D. Siegel, & M. Solomon (Eds.), *The healing power of emotion: Affective neuroscience, development, and clinical practice* (pp. 1-26). New York. NY: Norton.

Panksepp, J. (2010). Science of the brain as a gateway to understanding play: An interview with Jaak Panksepp. *American Journal of Play, 2*(3), 245-277.

Panksepp, J. (2011). Cross-species affective neuroscience decoding of the primal affective experiences of humans and related animals. *PLoS One, 6*(9), e21236. doi:10.1371/journal.pone.0021236.

Panksepp, J., & Biven, L. (2012). *The archaeology of mind: Neuroevolutinary origins of human emotions.* New York, NY: Norton.

Pellegrini, A. D. (2005). *Recess: Its role in education and development.* Mahwah, NJ. Erlbaum.

Pellegrini, A. D. (2008). The recess debate: A disjuncture between educational policy and scientific research. *American Journal of Play, 1*(2), 181-191.

Pellegrini, A. D., & Bohm-Gettlet, C. M. (2013). The benefits of recess in primary school. *Scholarpedia, 8*(2), 30448.

Pellis, S., & Pellis, V. (2009). The playful brain: *Venturing to the limits of neuroscience.* New York, NY: Oneworld Publications.

Pellis, M., Pellis, V., & Bell, H. C. (2010). The function of play in the development of the social brain. *American Journal of Play, 2*(30), 278-296.

Perry, B. (1997). Incubated in terror: Neurodevelopmental factors in the "cycle of violence." In J. Osofsky (Ed.), *Children, youth, and violence: The search for solutions* (pp. 124-148). New York, NY: Guilford Press.

Perry, B. (2009). Examining child maltreatment through a neurodevelopmental lens: Clinical applications of the neurosequential model of therapeutics. *Journal of Loss and Trauma, 14*, 240-255.

Perry, B., & Szalavitz, M. (2006). The boy who was raised as a dog: What *traumatized children teach us about loss, and healing.* New York, NY: Basic Books.

Porges, S. (2009). Reciprocal influences between body and brain in the perception and expression of affect: A polyvagal perspective. In D. Fosha, D. Siegel, & M. Solomon (Eds.), *The healing power of emotion: Affective neuroscience, development, and clinical practice* (pp. 27-54). New York, NY: Norton.

Porges, S. (2011). *The polyvagal theory: Neurophysiological foundations of emotions, attachment, communication, and self-regulation.* New York: Norton.

Porges, S. (2012). Negotiating safe places in therapeutic settings and social relationships: *A polyvagal perspective.* Brain-Body Center, University of Illinois at Chicago.

Porges, S., & Cartler, S. (2010). *The love code: Social engagement and social bonding.* http://www.eabp.org/pdf/The_Polyvagal_

Theory_S_Porges.pdf

Raichle, M. (2010). The brain's dark energy. *Scientific American, 302*(3), 44-49.

Ramstetter, C. L., Murray, R., & Garner, A. S. (2010). The crucial role of recess in schools. *Journal of School Health, 80*(11), 517-526.

Rifkin, J. (2000). *The age of access: The new culture of hypercapitalism where all of life is a paid-for experience.* New York, NY: Tarcher/Putnam.

Roges, F. (1994). *You are special.* New York, NY: Viking (Penguin Group).

Schore, A. N. (1994). *Affect regulation and the origin of the self: The neurobiology of emotional development.* Hillsdale, NJ: Erlbaum.

Schore, A. N. (2009). Right-brain affect regulation: An essential mechanism of development, trauma, dissociation, and psychotherapy. In D. Fosha, D. J. Siegel, & M. Solomon (Eds.), *The healing power of emotion: Affective neuroscience, development and clinical practice* (pp. 112-144). New York, NY: Norton.

Schore, A. N. (2012). *The science of the art of psychotherapy.* New York, NY: Norton.

Schore, A. N., & Newton, R. (2011). Using regulation theory to guide clinical assessments of mother-infant attachment relationships. In Schore, A. N. (Ed.), *The science of the art of psychotherapy.* New York, NY: Norton.

Semple, R. J., & Lee, J. (2011). *Mindfulness-based cognitive therapy for anxious children: A manual for treating childhood anxiety.* Oakland, CA: New Harbinger.

Semple, R. J., & Lee, J., & Miller, L. F. (2006). Mindfulness-based cognitive therapy for anxious children: In R. A. Baer (Ed.),

Mindfulness-based treatment approaches: Clinician's guide to evidence base and applications. Burlington, MA: Academic Press.

Siegel, D. J. (1999). The developing mind: *How relationships and the brain interact to shape who we are.* New York, NY: Guilford Press.

Siegel, D. J. (2006). An interpersonal neurobiology approach to psychotherapy: Awareness, mirror neurons, and neural plasticity in the development of well-being. *Psychiatric Annals, 36*(4), 247-258.

Siegel, D. J. (2007). *The mindful brain: Reflection and attunement in the cultivation of well-being.* New York, NY: Norton.

Siegel, D. J. (2010). *Mindsight: The new science of personal ransformation.* New York, NY: Bantam Books.

Siegel, D. J. (2012). *The developing mind: How relationships and the brain interact to shape who we are* (2nd ed.). New York, NY: Guilford Press.

Siegel, D. J., Bryson, T. P. (2011). *The whole-brain child: 12 revolutionary strategies to nurture your child's developing mind.* New York, NY: Delacorte Press.

Siegel, D. J., & Hartzell, M. (2003). *Parenting from the inside out: How a deeper self-understanding can help you raise children who thrive.* New York, NY: Tacher/Penguin.

Sivy, S. M. (2010). Play and adversity: How the playful mammalian brain withstands threats and anxieties. *American Journal of Play, 2*(3), 297-314.

Spitz, R. A., & Wolf, K. M. (1946). Anaclitic depression: An inquirty into the genesis of psychiatric conditions in early childhood. *Psychoanalytic Study of the Child, 2,* 313-342.

Stern, D. N. (2002). *The first relationship: Infant and mother.* Cambridge, MA: Harvard University Press. (Original work published 1977)

Sunderland, M. (2006). *The science of parenting: How today's brain research can help you raise happy*, emotionally balanced children. New York, NY: DK Publishing.

Vaillant, G. E. (2002). *Aging well*. Boston: Little, Brown.

Wheatley-Crosbie, J. R. (2006). Healing traumatic reenactment: Psyche's return from soma's underworld. *USA Body Psychotherapy Journal, 5*, 10-28.

Winnicott, D. W. (1971/2005). *Playing and reality* (new revised edition). New York, NY: Tavistock Publications.

찾아보기

인명

B
Badenoch, B. 242, 250

D
Damasio, A. 209

J
Jung, C. 243

K
Kalff, D. 173

L
Lowenfeld, M. 206, 209

M
McGilchrist, I. 194, 210, 212, 291

P
Panksepp, J. 29, 198
Perry, B. 84
Porges, S. 29

R
Rifkin, J. 288, 299
Rogers, C. 259

S
Schore, A. 142, 196
Siegel, D. J. 105, 265
Stern, D. 50, 202, 248

내용

Panksepp의 내재된 뇌 위계 88
Perry의 신경순차 모델 84

ㄱ

가장 놀이 197

각성 구간의 위계 70

각성 범위 70, 200, 264

거울 뉴런 263

경직성 107

고요함 271

공명 회로 263

공포 30

교감신경계(SNS) 37

근거 기반 293

기억의 통합 124

ㄴ

내러티브 242

내러티브 통합 128

놀이 171, 175, 198, 278, 288, 290, 297, 299, 304

놀이 공간 176

놀잇감 176, 177, 180

ㄷ

다미주신경 39

대뇌 편재화 194

대인관계 신경생물학 209

대인관계 통합 122

돌봄 30

두려움 30

디폴트 네트워크 243

ㄹ

레고(LSP) 280

레고 놀이 280

ㅁ

마음챙김 262, 265

마음챙김 놀이 261

마음챙김 주의 263

명시기억 157

모래상자 놀이 218

모래상자 스토리텔링 209

무시형 애착 137

ㅂ

배측 미주신경 43

보호 173

복잡성 이론 105

복측 미주신경 41

부교감신경계(PNS) 37

분노 30

분리불안 30

불안정–저항 애착 136

불일치하는 경험 232

불일치하는 에너지 255

비선형적 111

ㅅ

삼차 정동 94

상태의 통합 124

상호 응시 248

상호 조절 255

상호 주관성 229, 234

상호적 놀이 248

상호적 옹알이 237

생성적 112

성욕 30

손 모델 265

수직적 통합 124

수평적 통합 128

순환적 인과관계 101

스토리텔링 209, 211

스토리텔링 놀이 205, 231

스토리텔링 뇌 2 43

슬픔 30

시간적 통합 129

신체 놀이 198, 200

심리적 안전구역 171

싸우기-도망가기 249

싸우기-도망가기-얼어붙기 반응 44

ㅇ

안전 감지 신경지 66, 168, 270

알아차리기 229

암묵기억 146

암묵기억의 분화 251

연민 269

예측 가능성 182

우반구 194, 294

우반구-좌반구-우반구 나선순환
　　모델 214

우반구-좌반구-우반구 순환 228

은유 213

은유법 286

은유적 사고 212

의식의 통합 122

이미지로 사고하기 206

이차 과정 정서 92

일차 과정 본능 정서 89

ㅈ

자기 조절 178

자기 조직화 108

자유 173

자유롭고 보호된 공간 173

자율신경계(ANS) 37

재공고화 251

재귀적 112

정리하기 183

정서 의식화 89

정서 체계 30

정서적으로 생생한 경험과의 접촉
　　254

정신 모델 146

제한 173

조율 169, 196, 264

조직화 182

좌반구 194, 294

중간 대상 177
집착형 136

ㅊ

체화된 경험 216, 232
체화된 놀이 244최적의 놀이 각성
    248

ㅌ

탐색하기 30

통합의 경로 106
평온함 269
피질 불변 표상 103

ㅎ

허용 183
혼란 107
혼란형 애착 137
회피 애착 137
후성설 20

| 저자 소개

Theresa A. Kestly, PhD

심리학자 · 교육자 · 상담자이자, 미국놀이치료학회(APT) 공인 놀이치료 슈퍼바이저(RPT-S)다. 미국 뉴멕시코주(州) 코랄레스에서 아동과 성인, 부부 및 가족을 위한 상담실을 운영하고 있으며, 전문상담 영역은 놀이치료와 모래상자치료이다. 미국놀이치료학회 뉴멕시코 지부 회장을 역임한 바 있으며, 뉴멕시코 모래상자교육연구소의 설립자로서 현재 소장을 맡고 있다. www.sandtraytraining.com을 통해 만날 수 있다.

| 역자 소개

이순행(Lee, Soon-Hang)

이화여자대학교 심리학 박사
한국심리학회 공인 발달심리 전문가
한국발달지원학회 공인 놀이심리상담 수련감독자
한국기독교상담심리학회 놀이치료 수련감독자
전 인간발달복지연구소 부소장
현 이화여자대학교 아동발달센터(구 발달장애아동센터) 심리치료실 연구원
　　가천대학교 특수치료대학원 초빙교수
　　이화여자대학교, 상명대학교 출강
〈주요 역서〉
　　인간의 발달(공역, 학지사, 2015)
　　놀이치료 1: 이론과 기법편(공역, 학지사, 2018)
　　놀이치료 2: 임상적 적용편(공역, 학지사, 2019)

윤진영(Yun, Jinyoung)

이화여자대학교 심리학 박사
여성가족부 공인 청소년상담사 1급
한국발달지원학회 놀이심리상담 수련감독자
전 금천아이존 센터장
　　이화여자대학교 심리학과 겸임교수
현 세명대학교 교양과정부 교수
〈주요 역서〉
　　자폐 아동·청소년을 위한 놀이 기반 심리치료(공역, 시그마프레스, 2017)
　　놀이치료 1: 이론과 기법편(공역, 학지사, 2018)
　　놀이치료 2: 임상적 적용편(공역, 학지사, 2019)

박랑규(Park, Ranggyu)

이화여자대학교 심리학 박사
미국 공인 놀이치료 전문가 슈퍼바이저
전 한양대학교 대학원 아동심리치료학과,
　　이화여자대학교 교육대학원 교육학과 겸임교수
현 아이코리아 아동발달교육연구원 명예원장
〈주요 저서 및 역서〉
　　내일을 기다리는 아이(공저, 이랑, 2013)
　　자폐 아동·청소년을 위한 놀이 기반 심리치료(공역, 시그마프레스, 2017)
　　발달장애아동 통합치료교육(공저, 학지사, 2019)

놀이의 대인관계 신경생물학

The Interpersonal Neurobiology of Play

Brain-Building Interventions for Emotional Well-Being

2021년 6월 15일 1판 1쇄 발행
2023년 9월 20일 1판 2쇄 발행

지은이 • Theresa A. Kestly
옮긴이 • 이순행 · 윤진영 · 박랑규
펴낸이 • 김진환
펴낸곳 • (주) **학 지사**

04031 서울특별시 마포구 양화로 15길 20 마인드월드빌딩
대표전화 • 02)330-5114   팩스 • 02)324-2345
등록번호 • 제313-2006-000265호

홈페이지 • http://www.hakjisa.co.kr
인스타그램 • https://www.instagram.com/hakjisabook

ISBN 978-89-997-2417-6 93180

정가 17,000원

출판미디어기업 **학 지사**

간호보건의학출판 **학지사메디컬** www.hakjisamd.co.kr
심리검사연구소 **인싸이트** www.inpsyt.co.kr
학술논문서비스 **뉴논문** www.newnonmun.com
교육연수원 **카운피아** www.counpia.com